자본주의
에서
살아남기

일러두기

본문의 각주는 옮긴이가 달아둔 것입니다.

I SURVIVED CAPITALISM AND
ALL I GOT WAS THIS LOUSY T-SHIRT

by Madeline Pendleton

찢어진 티셔츠 한 벌만 가진 그녀는
어떻게 CEO가 되었을까

자본주의
에서
살아남기

넥톨리 셰플린 김미란
지음
옮김

Capitalism
CONDENSED

MONEY
SOUP

와이즈베리
WISEBERRY

자본주의: 재산과 사업의 사적 소유를 기반으로 하는 경제 시스템. 사업주에게 최대한의 이윤을 창출하는 것을 목표로 한다.

-케임브리지사전

우리가 저녁을 먹을 수 있는 이유는 푸줏간 주인, 양조장 주인, 빵집 주인의 자비심 때문이 아니라 자신의 이익을 추구하는 그들의 이기심 때문이다.

-애덤스미스

물감으로 칠한 듯 선명한 파란색 하늘이 펼쳐진 로스앤젤레스의 여름은 정경 하나하나가 아름답기만 하다. 마치 캘리포니아에서 누릴 수 있는 최고의 꿈을 실현하기 위해 지은 영화 세트장처럼. 나는 얼굴 위로 쏟아지는 따사로운 햇살에 잠에서 깼다. 사방이 고요했다. 몇 분이라도 하루를 더 늦게 시작하고 싶은 마음에 눈은 그대로 감고 있었다. 나의 작은 모독이 옆에서 바스락대며 소리를 냈다.

"이상하네"라고 중얼거리며 눈을 떴다. 침실 모습이 서서히 선명해졌다. 천장에서 바닥까지 이어진 창문을 통해 뒷마당 풍경이 눈에 들어왔다. 온수 욕조에서 떨어지는 물줄기가 잔잔한 물길을 내며 풀장으로 흘러가고, 비단잉어가 연못에서 유영하는 소리가 멀리서 희미하게 들려왔다. 모독이 담요를 떨쳐내고 침대 위로 걸어와 꼬리를 흔들며 내 얼굴을 핥았다. 나는 웃으며 몸을 일으켰다. 일어날 시간인 듯했다.

"여기서 뭐 해?" 모독에게 물었다. 몸을 발라당 뒤집고 비벼대는 모독 아래로 이불이 둥글게 패였다. 모독이 자기 발을 물어댔다. 이른 아침인데 집에 있는 모독이 낯설었다. 평상시 모독은 해가 뜰 때 드루와 함께 일어났다. 드루는 집 안을 돌아다니며 아침 일과를 진행하는 동안 기분 좋은 목소리로 모독에게 다정하게 말을 걸었다. 드루가 주방에서 내게 줄 커피를 내릴 때면 옆에서 폴짝거리는 모독의 목걸이 이름표에서 달랑거리는 소리가 들려왔다. 그런 다음 드루는 커피를 침대 옆에 놓고 내 이마에 키스한 후 아침 하이킹을 위해 모독을 데리고 집 근처 협곡으로 나갔다. 그런데 오늘 아침은 커피도 없고, 모독만 집에 남아서 무슨 일이 일어나기를 바라는 간절한 눈빛으로 나를 쳐다보고 있었다.

"산책 안 갈 거야." 모독에게 속삭였다. "난 바깥에 나가는 거 싫어하잖아!"

모독이 크고 검은 눈으로 나를 애절하게 쳐다보며 연신 꼬리를 흔들어댔다.

"그렇게 졸라도 소용없다고!" 다시 장난스럽게 말했다.

나는 커피를 내리기 위해 부엌으로 걸어갔고 모독은 깡충거리며 따라왔다. 평소에는 주방에서 커피를 홀짝이며 드루와 모독이 돌아오기를 기다렸다. 드루가 현관문을 열면 모독은 쏜살같이 달려와 내 다리를 핥으며 흥분과 에너지를 주체하지 못하고 빙글빙글 돌았다. 모독보다 늘 한 발짝 뒤에 오는 드루는 운동하느라 젖은 티셔츠를 벗고 내게 키스하며 잘 잤는지 물었다. 그리고 하나의 의식처럼 우리는 매일 아침 같이 샤워했다. 드루가 내 머리를 감겨주고, 그날 일정을 이야기하고, 우리끼리만 아는 농담에 서로 킬킬거리며 저녁 식사 계획을 세웠다. 가끔은 샤워를 끝낸 드루가 욕실 거울에 '사랑해'라는 글자와 함께 작은 하트를 그려 넣기도 했다. 나는 혹시 거울에 메시지가 남겨져 있는지 궁금했다. 침실로 돌아가 드루가 나를 위해 짜준 옷장을 지나쳐 커다란 샤워부스가 있고 벽면이 거울로 가득 찬 욕실에 들어갔다. 하지만 메시지는 없었다. "흠." 나는 생각했다. 뭔가 이상한데.

욕실에서 나오니 침대 옆 의자에 드루의 오래되고 냄새나는 부츠와 찢어진 청바지가 아무렇게나 걸쳐진 게 보였다. 나는 청바지를 집어 들고 드루가 하던 대로 벨트를 낀 채로 청바지를 갰다. 바지에서 드루의 감귤 향과 우리 집 비누 냄새가 나서 미소가 지어졌다.

한 시간이 지나도록 드루는 소식이 없었다. 혹시 회사에 급한 볼일이 생긴 건 아닐까. 드루는 하던 사업이 금전 문제에 부닥쳐 파산보호 신청을 하고 친구에게 사업을 매각하는 중이었다. 그 때문에 많은 서류를 준비하고 다양한 보고서를 작성해야 했다. 혹시라도 회의가 있는 걸 깜빡한 건 아닌지 확인하기 위해 서둘러 집 앞 진입로를 확인했다. 드루의 커다란 파란색 픽업트럭이 전날 내 생일 맞이 저녁 식사를 하고 돌아왔을 때 세워둔 자리에 그대로 주차되어 있었다. 그의 친구 폴에게 문자를 보냈다.

"드루 어디 있는지 알아?"

곧장 답장이 왔다. "내가 갈게."

나는 이마를 찌푸렸다. 온다고? 무슨 뜻이지?

모독을 보았다. 나와 마찬가지로 아침 루틴이 사라져 혼란스러운 것 같았다. 아침 조깅 중에 무슨 일이라도 생긴 걸까? 사고를 당해서 다치기라도 했으면 어쩌지? 모독에게 목줄을 채우고 집을 나와 모퉁이 끝까지 가서 우회전한 다음 꽉 막힌 멀홀랜드 도로를 지나 프라이먼 협곡으로 내려갔다. 경찰차 한 대가 보이고, 등산로 입구는 노란색 테이프로 봉쇄되어 있었다. 경찰 한 명이 협곡 꼭대기를 지키고 있었다. 나는 모독을 데리고 그에게 다가갔다.

"실례합니다. 혹시 등산객이 다치기라도 했나요? 남자친구가 집에 오지 않았는데 협곡 아래서 다쳐서 못 오고 있는 건 아닌가 해서요."

"부상자가 있습니다." 경찰이 무뚝뚝하게 대답했다.

안도감이 밀려왔다. 드루인 게 분명했다. 발목을 삐었을 수도 있다. 이곳은 가파른 데다 울퉁불퉁한 길도 워낙 많았다. 자칫하면 발목을 접질리기 쉬워서 한 발로만 협곡을 올라오는 게 쉽지 않았을 것이다. 나도 드루와 함께 협곡을 달릴 때면 매번 돌이나 나무뿌리에 발이 걸려 넘어지곤 했다.

"제 남자친구가 맞는지 확인해 주실 수 있을까요? 조깅할 땐 휴대폰을 두고 가거든요. 인상착의를 설명해 드릴까요?"

경찰이 고개를 저었다. "신원을 아직 정확히 모릅니다. 그래도 사진을 보여주시면 부상자와 비슷한지는 말씀드리죠."

"아, 네. 잠시만요." 나는 휴대폰을 꺼내 사진첩을 열었다. 가장 위에 전날 둘이 우스꽝스러운 표정을 짓고 찍은 사진이 나왔다. 우리는 그 사진을 내 친구에게 전송했다. 경찰관에게 보여주기에는 적절치 않은 것 같아 스크롤을 아래로 내려 며칠 전 '로큰롤을 원한다면 정상까지 갈

길이 멀다'*라고 적은 그라피티 앞에서 찍은 드루의 독사진을 찾았다. 긴 머리카락이 얼굴까지 내려오고 양팔에 가득한 문신이 보였다. 나는 휴대폰을 돌려 경찰관에게 내밀었다.

"여기, 이 사람이에요."

경찰관이 눈을 가늘게 뜨고 사진을 짧게 들여다보더니 고개를 끄덕였다. 맞다는 뜻이었다.

"다행이네요." 내가 말했다. "그럼 됐어요. 저는 바로 근처에 살아요. 남자친구가 올라올 때까지 집에 가 있어도 될까요? 와서 알려주시겠어요?"

딱딱한 표정으로 고개를 끄덕이는 경찰관에게 집 주소를 건넸다.

"고맙습니다!" 나는 밝게 인사한 후 모독을 데리고 집으로 돌아왔다.

집에 오니 폴이 처음 보는 여자와 도착해 있었다. 폴의 새 여자친구 같았다. 두 사람은 어쩐지 침울하고 말이 없었다.

"괜찮아." 나는 웃으며 폴에게 말했다. "아침 조깅 갔다가 다친 것 같아. 그냥 발목이나 좀 삐었겠지. 여기 언덕이 엄청 가파르잖아."

폴은 순간 얼굴을 일그러뜨리더니 입술을 꽉 다물었다. "어쨌든 확실해질 때까지 기다릴게." 폴이 말했다.

우리는 다 같이 거실에 앉았다. 폴의 새 여자친구와 잡담을 나누려고 열심히 말을 걸었지만, 그녀는 필요 이상으로 긴장한 듯했다. 커피를 마시고 우스갯소리를 건넸지만, 그녀의 표정은 그럴 때마다 어색하게 일

---

* It's a long way to the top if you want to rock and roll. 호주의 록 밴드 AC/DC의 노래 제목이기도 하다.

그러졌다. 몇 분 후, 문 두드리는 소리가 났다. 폴이 벌떡 일어나 현관문을 열자 아까 협곡에서 본 경찰관이 서 있었다. 두 사람은 조용히 말을 나눴다. 나는 폴의 어깨 너머로 고개를 빼고 경찰관이 하는 말을 들으려고 애썼다.

"돈 문제가 있었어요." 폴의 말이 들렸고 경찰관은 고개를 끄덕였다. 잠시 후 폴이 문을 닫았다.

폴이 나를 향해 돌아섰다. "매들린, 드루가 죽었대." 그의 목소리는 부드러웠지만 단호했다.

숨이 멎는 것 같았다. 숨을 내쉬자 가슴이 조여와 그대로 바닥에 쓰러졌다.

"힘들겠지만, 내 말 들어." 폴이 말했다. 나는 차가운 타일 바닥을 움켜잡으며 숨을 찾기 위해 애썼다. "드루는 오늘 아침 자살했어. 등산객이 길에서 죽은 폴을 발견하고 경찰에 신고했대."

우리 집 옆 협곡에서, 드루가 기타를 치며 내게 노래를 불러주고 함께 긴 저녁 산책을 하며 우리의 미래를 계획했던 그 협곡에서, 금전적 스트레스에 압도되어 탈출구를 찾지 못했던 드루는 자기 심장을 쏴버렸다. 다 알고 있었는데 나만 몰랐다. 그날, 나는 끔찍한 교훈 하나를 얻었다. 바로 자본주의는 생사의 문제라는 것을. 판돈이 큰데 진다면, 그것은 전혀 예상치 못한 방식으로 우리를 집어삼킬 수도 있다는 것을.

차례

서문

우리 모두 오래 살아남을 수 있도록

스물여덟 살에 나는 로스앤젤레스에서 연간 1만 9000달러를 벌며 간신히 생활하고 있었다. 빚만 6만 5000달러였다. 학자금 대출과 1997년식 새턴의 잦은 고장 같은 비상사태로 인해 한도 초과된 신용카드, 게다가 새턴이 계속 고장나리란 걸 깨닫고 새로 뽑은 2001년식 볼보의 차 할부금까지 있었다. 스포일러지만, 볼보는 좀 믿을 만하리라 기대했는데 실상은 그렇지 않았다. 그리고 흥미롭게도 앞 유리 뒤쪽에 실제 스포일러, 즉 고속으로 달릴 때 차가 들리지 않게 해주는 부가물이 달려 있었다. 그걸 보고 내 차가 볼보에서 좋은 모델이 아니란 것을 눈치챘어야 했다.

때는 2014년이었다. 로스앤젤레스에서 원룸 아파트의 평균 월세는 896달러로, 세금 공제 전 내 수입의 절반을 훌쩍 넘었다. 미국 주택도시개발부는 소득의 30퍼센트 이상을 주거비로 지출하면 비용 부담이 커지고, 50퍼센트를 초과하면 심각한 비용 부담이 된다고 말한다. 나는 심각한 범주에 속했다. 거의 매일 밤 한밤중에 숨을 헐떡이며 잠에서 깼다. 신용카드 청구서와 퇴거통지서가 날아오는 악몽을 꿨다. 불안은 내 동맥을 타고 흘러 피부 바로 아래를 간지럽히고 긁어댔다. 때로는 과호흡에 시달렸고, 때로는 울었다. 그리고 종종 이 두 행동을 같이 했다.

돈은 실용적이면서 매우 감정적인 것이다. 한편으로는 수학 문제 같다. 지출액을 합산해 그것을 월수입에서 빼면 되기 때문이다. 냉정하고 계산적이며 정확하다. 그러나 원하는 방식대로 숫자가 더해지지 않으면 돈은 더 이상 수학 문제가 아닌 *나의* 문제처럼 느껴진다. 우리는 생계유지에 대한 두려움, 더 많이 벌지 못한 것에 대한 수치심, 그리고 돈 쓰는 방식에 대한 죄책감을 느끼며 살아간다. 우리는 이전 세대가 저지른 재정적 실수로 인한 트라우마를 안고 있으며, 우리 자신의 재정적 실수를 주변 세상에 투영해 우리와 밀접하게 접촉하는 모든 사람의 삶에 영향을 미친다.

재정 문제는 미국에서 다섯 번째로 큰 이혼 원인이자 우울증의 주요 예측 인자이기도 하다.[1] 2021년 미국인의 73퍼센트가 정치, 직장, 가족 문제보다 재정 문제를 가장 큰 스트레스의 원인으로 꼽았다. 이 수치는 MZ 세대(1980년대 초부터 2000년대 초에 태어난 세대)에서 가장 높았는데, 1980년 이후 출생자의 80퍼센트 이상이 스트레스의 원인으로 재정 문제를 꼽았다.

나는 결코 돈에 관한 책을 쓰고 싶지 않았다. 돈에 관한 책을 읽고 싶었지. 우리 세대의 재정 현실을 인정하는 책 말이다. 그러나 내가 찾은 건 나보다 훨씬 나이가 많은 남자들이 더는 존재하지 않는 세상에서 살아남는 법에 관해 쓴 책들뿐이었다. 주거비는 월 소득의 25퍼센트만 지출하라는, 과거에는 현명하고 지혜롭게 들렸을지 모르는 조언이 내가 성인이 되었을 때는 우스꽝스럽고 현실과 동떨어진 것처럼 느껴졌다. 2022년 미국의 최저임금은 여전히 시간당 7.25달러, 연간 1만 5080달러에 머물러 있다. 즉 월세로 월급의 25퍼센트만 지출하라는 기준에 맞추려면 314달러만 내야 하지만, 현재 미국의 평균 임대료는 월 1253달러로 거의 네 배에 달한다. 연방 최저임금은 역사상 가장 긴 기간 동안 동결 상태이며, 이는 노동자 최저임금의 실질적인 가치가 10년 전보다 17퍼센트 낮아졌다는 의미다. 그 이전의 최저임금을 살펴보면 더욱 암울하다. 오늘날 최저임금은 1968년보다 31퍼센트나 낮은 수준이기 때문이다. 반면 주택 가격은 두 배 이상 올랐다.

현재 미국에서 MZ 세대는 전례 없는 재정 현실과 맞서 싸우고 있다. 주택 가격은 임금과 비교했을 때 미국 역사상 그 어느 때보다 비싸다. CEO의 보수는 1978년 이후 1322퍼센트 증가한 반면, 일반 노동자는 18퍼센트 증가했다. 대공황이 시작되기 전인 1928년 이후 빈부 격차가 가장 크다. 대학교 학비는 1980년 이후 거의 169퍼센트 증가했는데, 이는 같은 기간 일반 노동자 임금 상승률의 약 열 배에 가까운 수치다. 대학 학위를 따기 위한 비용은 그 어느 때보다 비싸졌다. 또한 2020년 기준 미국인의 의료 부채는 사상 최고치인 50퍼센트에 달했다. 간단히 말해, 생활비는 나날이 비싸지지만 임금은 이러한 상승 비용을 감당할 만큼 오르지 않는다. MZ 세대의 재정적 고민은 우리 부모 세대의 고민과 다르다. 우리는 더 적은 비용을 받고 더 많은 일을 해야 하는 압박에 직면하고 있다. 그렇기에 우리 이전 세대가 작성한 오래된 가이드북은 도움이 되지 않는다.

이 책은 내가 이 전례 없는 시대에 어떻게 재정을 관리하는 방법을 배웠고, 어떻게 밤잠을 설치며 괴로워하던 시기를 거쳐 내 집을 갖게 되었으며, 어떻게 수백만 달러 규모의 사업을 운영하고 이 사업에서 얻은 수익과 임금을 나와 모든 직원이 균등하게 나눠 가져 나뿐만 아니라 우리 모두에게 더 나은 삶을 제공하게 되었는지에 관한 이야기다. 계급, 돈, 경제 분야에 대한 지식, 기업 소유권, 재정 계획을 알아가는 동시에 현재 경제 체제는 지나치게 모순이 많아 생존이 거의 불가능하다는 걸 인정하게 되는 나의 고군분투기다.

내 인생에 관한 책이지만 빚, 저소득, 고비용, 계급 정체성 투쟁, 미래에 대한 절망으로 얼룩진 삶을 살아온 내 또래의 수많은 사람에 관한 책이기도 하다. 그리고 우리 모두가 참여해야 하는 게임인 자본주의의 규칙을 내가 어떻게 이해하게 되었는지, 내 주변 사람들이 행복하고 안전하며 안정적인 삶을 살 수 있도록 그 규칙을 유연하게 만드는 법을 어떻게 깨달았는지에 관한 이야기이기도 하다. 자본주의에 관한 이 책은 운이 좋으면 더 나은 시스템, 더 밝은 미래가 자본주의의 자리를 차지할 때까지 충분히 오래 살아남을 수 있는 방법을 담았다.

어디 출신이세요?

I Survived
Capitalism
and All
I Got Was
This Lousy
T-Shirt

1

"야, 이거 우리 노랜데!" 사촌이 엄마 집의 다이닝룸에서 스테레오 볼륨을 높이며 소리쳤다.

때는 1998년, 뉴 래디컬스의 〈주는 만큼 받는 것 You Get What You Give〉이 방송 어디에서나 흘러나왔다. 나보다 세 살 위인 사촌이 노래를 따라 부르며 다이닝룸에서 춤을 추었다. 당시 엄마와 함께 살던 이모가 다이닝룸으로 들어왔다. 이모는 머리를 검게 염색하고 반짝이는 장신구를 차고 있었는데, 그 모습이 마치 고트족 같았다.

"이 노래가 우리 노래라고?" 이모가 음악 소리 너머로 물었다.

"응!" 사촌이 소리쳤다. "빈털터리지만 하고 싶은 대로 산다. 완전히 우리잖아!"

나는 금색과 검정색 스프레이로 칠한 중고 물품들로 채워진, 거의 100년 된 엄마의 작고 낡은 집을 둘러보았다. 우리가 빈털터리라고? 나는 몰랐다. 그도 그럴 것이 나는 부자를 만나본 적이 없었으니까.

엄마 집이 있던 곳은 캘리포니아주 프레즈노의 타워 지구였다. 프레즈노는 인구 50만 명 이상이 거주하는 꽤 큰 도시로, 캘리포니아 중앙을 가로지르는 두 개의 길고 곧게만 뻗은 지루한 고속도로 I-5와 CA-99의 한가운데에 자리한다. 도시 외곽으로 뻗어 있는 고속도로를 타느라 매일 프레즈노를 지나쳐도 과수원과 소 목장 외에 그곳에 뭐가 있는지 알 길이 없다.

나는 프레즈노가 숨겨진 보석 같은 곳이라고 생각하지만, 그렇게 여길 사람이 얼마나 될는지 잘 모르겠다. 프레즈노는 주민의 약 4분의 1이 빈곤층으로, 내가 가장 최근에 확인했을 때도 전국에서 가장 가난한 도시 중 하나였다. 빈곤층 집중률이 너무 높다 보니 이곳은 캘리포니아에서도 가장 빈곤한 도시로 널리 알려져 있다. 그러나 가난한 곳에서 자란 사람은 실제로 그곳이 가난한 곳이란 걸 알아차리지 못하는 법이다. 그냥 평범한 느낌이다. 한 친구가 프레즈노는 '구명정 정신'에 딱 들어맞는다고 한 적이 있다. 배는 한참 전에 침몰했는데, 우리는 모두 작은 구명정에 다닥다닥 들어앉아 가라앉지 않으려고 안간힘을 쓴다는 뜻이었다. 썩 좋은 상황은 아니지만 적어도 우리 모두 배 안에 함께 있었다.

내가 태어난 해인 1986년은 로널드 레이건이 두 번째 대통령직을 수행하던 시기다. 레이건의 '낙수 효과'가 실시간으로 프레즈노 주변 곳곳에 스며들던 때였다. 레이건은 사회 프로그램 비용을 삭감하고 부유층에 대한 세금을 낮추면 빈곤층에 도움이 된다고 생각했다. 그렇지만 프레즈노의 상황이 항상 그렇게 나빴던 것만은 아니다.

1958년에 비자는 여기서 처음으로 신용카드를 시범 운영했다. 당시에는 프레즈노의 중산층이 살아나는 등 모든 것이 미국의 전형적인 도시처럼 보였다. 1900년대 중반에는 한동안 외지인의 유입이 너무 늘어나서, 주택 수요를 따라잡기 위해 시에서 보조금을 지원해 건축 프로젝트를 시행하기도 했다. 1980년 프레즈노 중심 지역 대부분은 빈곤율이 20퍼센트 미만이었다.

그렇지만 내가 10대였던 2000년 무렵에는 그 수치가 대략 두 배로 늘어났다. 레이건의 경제 정책 이후인 1980년대 말과 1990년대 초에 걸쳐 집중빈곤율(concentrated poverty, 인구의 40퍼센트 미만이 빈곤 임계값 이하로 살고 있는 지역의 분포도)이 가장 가파르게 증가했기 때문이다. 범죄율도 따라서 급증했다. 현재까지도 프레즈노의 범죄 지수는 9로, 이는 미국의 다른 도시 중 9퍼센트보다 안전하다는 의미다. 그렇게 불과 수십 년 만에 프레즈노는 전미 최고의 도시에서 천하의 웃음거리로 전락하고 말았다.

이제 누군가에게 내가 그곳에서 자랐다고 말하면, 그 사람은 "안됐네요"라고 대답할 공산이 크다. 그럴 때면 기분이 좀 이상하다. '그래, 거긴 공원보다 맥도날드가 두 배나 많고 범죄로 가득한 소굴이지'라는 생각이 들어서다. 하지만 *나의* 프레즈노가 범죄로 가득 찬 맥도날드 쓰레기통이라는 걸 누가 무슨 자격으로 판단할 수 있을까? 어렸을 때 나는 패스트푸드 체인점의 네온 불빛을 보며 안전하다고 느꼈다. 그곳은 프레즈노의 여느 곳과 마찬가지로 내게는 집처럼 느껴졌다.

내가 6학년이었을 때 필라델피아에서 이사 온 여자애와 친구가 되었다. 가끔 방과 후나 주말에 그 애 집에 놀러 갔는데, 냉장고에 있는 유일한 음식이라곤 얼린 맥도날드 햄버거뿐이었다. 친구와 여동생은 햄버거를 전자레인지에 데워서 매 끼니를 때웠고, 심지어 아침으로 먹기도 했다. 가끔 키우던 개들도 개밥 대신에 햄버거를 먹었다.

1990년대에 맥도날드는 월요일과 수요일마다 햄버거는 29센트, 치즈버거는 39센트에 판매하는 프로모션을 진행했다. 건설 현장에서 일하며 혼자 아이들을 키우던 친구의 아빠는 매주 월요일과 수요일이 되면 픽업트럭에 아이들과 개들을 태우고 맥도날드 드라이브 스루로 향했다. 한 번은 나도 같이 갔는데, 친구 아빠는 할인하는 햄버거를 한 번에 수십 개 주문한 다음 다시 드라이브 스루를 통과해서 똑같이 주문했다. 우리는 그런 식으로 주차장을 지나 드라이브 스루 라인으로 서너 번 들어갔다. 차 한 대당 구매 제한이 있었지만, 직원들은 보통 네다섯 번까지는 잘 기억하지 못한다고 친구 아빠는 말했다. 머리를 잘 쓰면 30달러 정도에 햄버거를 거의 100개까지 살 수 있었고, 이는 아이들이 학교에서 무료 점심을 먹고 오는 경우 3인 가족이 하루 1.8달러로 끼니를 때울 수 있다는 의미였다.

먹고 살기 위해 아등바등 노력하는 사람들로 가득한 프레즈노 같은 곳이 존재한다는 사실을 필사적으로 잊으려고만 하는 세상에서 맥도날드 같은 기업들은 그런 식으로 우리를 보살펴 주었다. 물론 직원들에게 최저임금을 지급해서 서민이 빈곤에서 벗어나지 못하게 하는 데도 한몫 거들었지만, 적어도 한 달에 네 번 29센트짜리 햄버거를 파는 식으로 이를 상쇄했다.

프레즈노의 빈곤을 이해하려면 쇼 애비뉴라는 거리부터 알아야 한다. 동서를 가로지르는 쇼는 도시를 양분한다. 즉 절반은 북쪽 쇼, 또 절반은 내가 자란 남쪽 쇼다. 쇼 애비뉴는 1970년대 도시계획 문서에서 프레즈노의 '메이슨-딕슨 라인'*이라 불린 곳으로, 부유한 백인들이 사는 지역과 가난한 유색인종들이 사는 지역을 나누었다. 인종차별의 역사를 가진 미국 같은 나라에서 인종차별이 지속되는 건 놀라운 일이 아니다. 하지만 프레즈노가 소위 '다수와 소수'의 도시라고 불릴 정도로 인종차별이 지속되는 건 조금 놀랍기도 하다. 쇼 북쪽을 방문하면 소수의 부유한 백인 주민들이 모여 사는 동네를 발견할 수 있는데, 이들의 평균 기대 수명은 무려 90세로 쇼 남쪽 주민의 기대 수명보다 20년이나 더 길다.

나는 대부분의 도시에 부유층이 가난한 사람들의 가혹한 현실로부터 격리되는 쇼 같은 거리가 있다고 생각한다. 우리 동네에는 이런 현상의 이름을 딴 록 밴드도 있었는데, 한 밴드는 내가 살던 동네의 이름을 따서 '사우스 오브 쇼(쇼의 남쪽)'라고 불렸다. 프레즈노에서 쇼 애비뉴의 분리는 너무 극단적인 나머지 1973년에 미국 보건교육복지부는 프레즈노 학교의 인종분리정책이 민권법을 위반한다고 보았다. 오늘날까지 쇼 북쪽의 학교는 쇼 남쪽에 위치한 학교에 비해 백인 학생들의 집중도가 더 높고 일반적으로 '더 나은' 학교로 여겨진다.

---

* Mason–Dixon Line. 미국의 식민지 시대에 펜실베이니아와 메릴랜드의 경계 다툼을 해결하기 위해 설정한 경계선으로, 훗날 미국의 남과 북을 나누는 정치적·문화적 경계선이 되었다.

1990년대 들어 프레즈노의 빈곤층은 쇼 남쪽에서 급증했고, 도시는 마약 중독으로 악명을 떨쳤다. 어느 해 이 지역은 각성제인 메스암페타민 남용이 지나치게 높아져 '미국의 마약 수도'로 불렸는데, 프레즈노 사람들 사이에서는 수치심을 느끼기보다 적어도 무언가로 알려지게 되어 기분 좋다는 것이 일반적인 공감대였다.

2009년에 영국의 한 유명 기자가 프레즈노에 와서 이 지역의 메스암페타민 사용에 관한 다큐멘터리를 촬영한 적이 있다. 그는 엄마 집이 있던 타워 지구 같은 쇼 남쪽 동네의 낡은 건물들을 찾아다니며 그곳에 진을 쳤다. 그리고 길거리에 지나가는 사람들을 멈춰 세우고 그들의 썩어가는 치아를 촬영했다. 그는 프레즈노를 내 기억보다 더 추잡하고 더러워 보이게 만들었다. 그래도 나는 가끔 사람들에게 그 다큐멘터리를 보여주면서 "이것 봐, 우리 동네가 TV에 나왔어!"라며 배경에 나오는 거리 표지판을 열심히 가리키곤 했다.

"저 주유소까지 항상 걸어서 가곤 했는데. 다큐멘터리에 나오다니! 그것도 영국에서 말이야!"

2019년, 영국 다큐멘터리를 보며 내가 가리켰던 그 주유소가 인터넷에서 화제가 된 적이 있다. 한 직원이 주유소 단골들의 모습을 동영상으로 촬영했는데, 내 눈에는 그저 평범한 사람들로 보였다. 하지만 댓글을 읽고 나서 나는 다른 사람들의 시각으로 그것을 보게 되었다. 프레즈노는 가난한 사람들이 힘겹게 살아가는 슬픈 장소였다. 시청자들은 우리 동네 사람들이 더 이상 길거리에서 잠을 자지 않도록 복권과 감자칩, 심지어는 레저용 자동차를 살 돈을 기부했다. 나는 가끔 로스앤젤레스, 뉴욕, 샌프란시스코에 사는 친구들에게 휴대폰으로 그 동영상을 보여줬다.

"이것 봐! 여기가 내가 자란 동네 주유소야!"라고 말하면, 친구들은 몇 초 동안 화면을 바라보다가 "아, 난 전혀 몰랐어"라고 말하는 듯 얼굴을 찡그리며 안타까운 표정을 지었다.

어렸을 때, 어느 해에 미래 전기차에 대한 광고가 전국으로 방영되었다. 그 광고 마지막에 내레이터가 산뜻한 목소리로 밝고 빛나는 미래에는 프레즈노 주유소에 정차할 필요가 없다고 말했다. 지역 뉴스 방송국에서는 해당 광고에 대한 보도를 내보냈다. 그들은 거리에서 사람들을 인터뷰하며 이 광고에 대해 어떻게 생각하는지 알아보았다. TV 화면 속의 프레즈노 사람들은 광고의 의미를 다 아는 표정이었다.

"그렇죠. 프레즈노가 가장 살기 좋은 곳은 아니죠"라고 그들은 인정했다. "하지만 그렇게까지 조롱할 필요가 있었을까요?"

자본주의가 농담이라면, 프레즈노는 농담의 결정적 한 방일지도 모른다. 수십 년 동안 나는 그 이유를 알 수 없었다. 그냥 내게는 집처럼 느껴졌기 때문이다. 로스앤젤레스, 뉴욕, 샌프란시스코와 같이 다른 곳에서 온 친구들은 종종 자기들이 지금까지 만난 그 어떤 사람보다도 내가 돈에 집착한다고 말한다. 내가 돈이 많지 않다는 점을 고려하면 이는 퍽 흥미로운 부분이다. 하지만 실제로 돈에 대한 나의 집착은 사회적 상호작용을 포함해 내가 인생에서 하는 거의 모든 일의 지침이 된다. 나이가 들면서 프레즈노에서 자란 사람들한테 그런 일이 많이 일어난다는 것을 알게 되었다.

20대 중반이었을 때 프레즈노 출신의 오랜 친구가 내게 전화를 한 적이 있다. 우리는 둘 다 로스앤젤레스에 살고 있었는데, 2008년 대침체 이후 일자리를 찾기 위해 어쩔 수 없이 이사를 온 상황이었다. 그녀는 코리아타운에서 내가 살던 집의 길 아래쪽에 있는 작은 아파트에 살았다.

"프레즈노 출신이 아닌 사람들과는 대화를 못 하겠어." 친구가 전화 너머로 말했다. "내가 그들을 이해하지 못하든가, 그들이 나를 이해하지 못하든가 그래. 너도 그런 느낌 받아?"

나는 오리건주 포틀랜드에 3층짜리 집이 있는 부유한 부모를 둔 남자 친구와 사귀었을 때나 가족이 집세를 내주던 뉴잉글랜드 출신 애와 알고 지내던 때를 떠올렸다.

"나도 그래." 나는 친구에게 말했다.

"지난번에 한 여자애를 만났거든." 친구가 다시 말했다. "그 애가 루이뷔통 캐리어를 갖고 있더라고. 그건 놀랍지 않았어. 부자는 어디에나 있으니까. 그렇잖아? 그런데 내 머리가 하얘진 건 그 애가 자기 가족을 중산층이라고 말했다는 거야. 중산층이 루이뷔통 캐리어를 산다고? 나는 내가 중산층이라고 생각했거든. 그런데 난 루이뷔통 캐리어는커녕 그냥 짐가방을 살 돈도 없는걸."

무슨 뜻인지 잘 알았다. 프레즈노에서 나와 비슷한 사람들에 둘러싸여 자라면서 나는 우리도 중산층이라고 생각했다. 쇼 북쪽의 아이들은 부자였다. 나머지 우리는 이따금 가족 집에 얹혀살아야 할 때도 있었지만, 거처할 곳이 있으니 중산층이라 여겼다. 이제 돌이켜 보면 진실이 보인다. 쇼 북쪽에 사는 아이들은 중산층이었다. 나머지 우리는 그냥 가난했다. 다만 가난이 우리 주변 가까이 있었기에 볼 수 없었을 뿐이다. 그건 그냥 평범한 느낌이었다. 지금도 엄마에게 내가 가난하게 자랐다고 말하면 엄마는 고개를 저으며 웃을 것이다.

"오, 매디. 너무 극적으로 굴지 마"라고 말하면서.

내가 자주 생각하는 농담이 하나 있다. 코미디언 크리스 록이 한 농담인데, 그는 "가난한 사람들이 부자가 얼마나 부유한지 안다면 거리에서 폭동이 일어날 것이다"라고 말했다. 나는 이 말이 부와 돈에 대한 우리의 이해를 잘 나타낸다고 생각한다. 그러니까 우리는 우리가 무엇을 모르는지 알지 못한다는 말이다. 부자들은 과연 얼마나 부자일까? 10억 달러란 얼마쯤 될까? 100만 달러와 비슷할지도 모른다. 둘 다 상상이 안 되기는 마찬가지다. 그런데도 자신이 가난하다는 사실을 인정하지 못하는 건 바로 혼탁하고 이상한 세계관에서 비롯되었다.

우리는 가난이라는 개념을 신화화한다. 왜냐하면 나보다 가난한 사람이 항상 존재하기 때문이다. 덜 가진 사람이 있는 한 우리는 자신이 중간에 있다고 상상하며 잘 지낸다. 문화적으로 신화화된 '가난한 사람'은 세상에서 가장 비참하고 굶어 죽기 직전인, 찰스 디킨스 소설에 나올 법한 극빈자 같은 이미지다. 이는 우리가 떠올릴 수 있는 가장 극단적인 이미지로써, 물론 당연히 존재할 수 있지만, 현대 미국 사회에서 찾을 수 있는 빈곤의 형태와는 전혀 다르다.

우리는 스스로를 가난한 사람, 즉 재정적으로 거의 파탄에 직면한 노동자 계층이라고 여기지 못한다. 우리가 집이 없어도 그것은 *실제 노숙자*와는 다른 식으로 집이 없는 것이다. 우리가 배고프다면 *실제로 배고픈 사람*들과는 다른 방식으로 배고픈 것이다. 우리가 빈털터리여도 실

제로 가난한 사람들과는 다른 방식으로 돈이 없는 것이다.

나 역시 내 삶을 평가할 때 이런 문제에 직면한다. 잠잘 곳이 없던 그날 밤, 나는 정말로 노숙자였을까? 찬장에 먹을 만한 건 유통기한이 지난 팝콘과 먹다 남은 케이크 프로스팅밖에 없던 그날, 난 정말 배고픈 사람이었던 걸까? 통장이 비어 출근할 때 버스비가 없어서 버스 뒷문으로 몰래 타야 했던 그날, 나는 정말 가난했던 걸까? 가난이라는 단어는 내 삶에 적용하기에 너무 거창하고 가난은 제한된 범주에 속해서, 내 인생을 그 범주로 분류하면 마치 더 자격 있는 사람에게서 그것을 빼앗는 것 같은 기분이 든다.

확실한 건, 나의 어린 시절과 나의 성장 과정이 나와 돈과의 관계에 영향을 미쳤다는 점이다. 이제는 다른 사람들과 이야기를 나누다 보면 그들의 부모와 성장 과정에 대해서도 꼭 알고 싶어진다. 우리가 비슷한 부류인지, 서로 공감할 수 있는 처지인지를 측정하고자 하는 것이다. 나는 대놓고 사람들의 신발 브랜드를 확인하고 어떤 차를 타는지 묻는다. 부모님은 어떤 분인지, 아직도 일하시는지, 사회보장급여 전자카드[EBT, Electronic Benefits Transfer]('푸드 스탬프'라고도 부른다)를 받은 적이 있는지 묻기도 한다. 질문은 부모, 가족, 집, 돈에 관한 것이지만 실제로는 모두 같은 것을 알아내려는 다른 방법일 뿐이다.

1억 달러가 넘는 재산을 갖고 태어난 사람들이 여전히 언론에서 '자수성가'한 것으로 도장 찍히고, 부모로부터 100만 달러 '소액 대출'로 시작한 비즈니스 거물이 우리에게 자력으로 일어나라고 말하는 세상에서, 부모에 관한 질문은 실제로는 한 가지를 묻는 것이다. "당신을 믿어도 되나요?" 내가 어디 출신인지 당신에게 안심하고 알려줘도 될까요?
당신이 현실적인 조언을 해줄 거라 믿어도 되나요? 진짜 시작점에서 나
를 이끌어줄 거라 믿어도 될까요? 당신도 전에 나와 같았던 때가 있었
다고 믿어도 되나요?

내 어린 시절은 쇼 애비뉴가 프레즈노를 반으로 가로지르는 것처럼
하나의 사건을 중심으로 반으로 나누어진다. 전반기는 열두 살이 될 때
까지 주로 아빠와 함께 살았던 시간이다. 후반기는, 엄밀히는 절반이 아
니고 열두 살에서 열일곱 살까지 엄마와 함께 살았던 5년 정도인데, 아
빠의 재정 상황이 너무 좋지 않아서 나를 키울 수 없던 때다. 나를 이해
하려면, 즉 나와 돈의 관계를 이해하려면 우리 아빠 이야기부터 해야
한다.

빚지고도 좋은 사람,
우리 아빠

아빠는 키 183센티미터에 건장한 체격의 소유자로 손가락 마디부터
목까지 문신이 있다. 양손 손가락 마디에는 'GAME OVER DOLL FACE'
라고 새겨져 있는데, 손가락 마디를 경계로 'GAME OVER' 아래에
'DOLL FACE'가 손가락 하나씩에 쓰여 있다. 바에서 너무 소란을 피우
면 아빠의 주먹맛과 함께 이 글자를 마지막으로 보게 될 거란 농담이다.
아빠는 때때로 술집 경호원으로 일했다.

아빠는 거칠고 거침없지만 재미있는 사람이다. 고등학교도 겨우 졸업했다고 한다. 그리고 앞니가 벌어진 1980년대의 지저분한 펑크족이었다. 나는 그 앞니를 물려받았다. 내가 두 앞니 사이에 혀를 집어넣는 건 아빠에게 표하는 존경의 표식이다. 고등학교 시절에는 할머니가 앞마당에서 아빠의 모호크 머리를 직접 잘라주었다. 할머니는 아빠가 12학년 때 마을을 가로지르는 고속도로의 미완성 진입로에서 스케이트보드를 타고 내려가는 모습을 찍은 사진을 가지고 있었다. 그 고속도로가 나중에 확장되면서 할머니는 몇 년 동안 살았던 집을 허물어야만 했다. 사진 속의 아빠는 자신이 규칙을 어기고 있다는 걸 알면서도 개의치 않는 듯 마냥 행복해 보였다. 그 사진은 동네 신문에 실렸었는데 무엇 때문에 그랬는지는 잘 모르겠다.

아빠는 동네에서 모르는 사람이 없었다. 타워 지구에서는 그런 사람을 일컬어 '프레즈노 유명인'이라고 불렀다. 이는 영구차 여왕 에이미나 시인 아가씨, 사탄의 육체 피어싱사 뚱보 제리처럼 동네 사람들끼리만 부르는 별명이었다. 아빠는 프레즈노 유명인이기는 하나 돈벌이가 괜찮은 사람은 아니었다. 타워 지구에서 아빠의 이름을 말하면 누군가가 "두에인? 그 사람 좋지! 나한테 20달러 빚졌어"라고 화답했다. 이 반응은 아빠가 얼마나 호감이 가는 사람인지 알려주는 대목이다. 도대체 누가 자신에게 빚진 사람을 사랑할 수 있단 말인가? 아빠는 그게 가능하단 걸 알게 한 지구상의 유일한 사람일 것이다.

몇 년 동안 아빠와 단둘이 살던 시절, 우리는 동네 오락실 건너편에 있는 작은 아파트에 오락가락하며 살았다. 아빠는 가끔 나를 오락실에 데려가 티켓을 집어삼키기 일쑤던 구식 게임기로 〈스키볼〉, 〈팩맨〉, 〈하우스 오브 더 데드〉 같은 게임을 시켜주었다. 아파트 안에는 1980년대 후반과 1990년대 초반에 유행한 갈색 카펫이 깔려 있었다. 카펫에는 여기저기 얼룩과 담뱃불 자국이 있었다. 그래도 헌 물침대와 인형을 보관할 수 있는 나만의 침실이 있었다. 이웃들이 매일 밤 파티를 여는 시끌벅적한 아파트였는데, 일주일에 한 번은 밖에 세워둔 빨간색, 보라색, 은색 삼각형이 칠해진 1980년대식 아빠의 픽업트럭을 도난당했다. 그러나 도색이 워낙 독특해서 며칠 만에 찾아내곤 했다.

가끔 아빠는 저렴하고 양이 푸짐한 햄버거를 파는 '실버 달러 호프브라우'라는 이상한 식당에 나를 데려가기도 했다. 아빠는 내가 혼자 햄버거 하나를 다 먹지 못한다는 데에 20달러를 걸었다. 나는 매번 내기에 응했지만 실제로 이긴 건 딱 한 번뿐이다. 음식이 나올 때까지 기다리는 동안 아빠의 손은 '토르'라는 작은 생물로 변신했다. 토르는 엄지, 검지, 약지, 새끼손가락으로 만든 네 개의 다리로 서 있었다. 가운뎃손가락은 토르의 목과 머리처럼 튀어나와 있었다. 토르는 테이블 위에서 이리저리 냄새를 맡으며 먹을 것을 훔치려고 했다. 조심하지 않으면 음식이 나온 후에 토르가 감자튀김을 모두 훔쳐 갔다.

어른이 되고 아빠와 나는 주의력결핍 및 과잉행동장애, 즉 ADHD 진단을 받았다. 곰곰이 생각해 보면 그 시절 아빠와 나는 잠시도 가만히 앉아 있지 못했던 것 같다. 음식이 너무 오랫동안 나오지 않으면 아빠는 테이블에 있는 양념들을 커피 크림 팩에 섞어 역겨운 혼합물을 만들었다. 크림 팩에 소금, 후추, 케첩, 렐리시 소스를 섞어 이쑤시개로 저으면 나는 비명을 지르고 아빠는 "으으음……" 하며 음미하는 소리를 냈다. 그리고 그 섞은 것을 먹으면 내게 돈을 주겠다고 했다.

"25센트?" 아빠는 흥정했다. "싫어? 50센트 어때? 조금밖에 안 돼. 알았어, 1달러!"

아빠는 항상 약간의 현금을 갖고 다녔는데, 그건 아마도 우리가 차를 타고 하릴없이 시내를 돌아다니다가 '친구들' 집에 잠깐 들렀다가(나는 차 안에서 음악을 들으며 기다렸다) 나오던 일과 관련이 있는 것 같았다. 나는 아빠가 친구들 집에서 무엇을 하는지 몰랐고, 물어볼 생각도 하지 않았다. 하지만 몇 년 후 엄마에게 물어볼 기회가 생겼다.

"아빠는 마약상 아니었을까?" 나는 띄엄띄엄 생각나는 기억의 퍼즐을 맞춰 물었다.

"마약상이 아닌 사람이 있었나?" 엄마는 웃으며 대답했다. "그땐 다 마약상이었어." 엄마의 대답은 흡족했다. 난 뭐 낸시 레이건*이었나? 당시 마약과의 전쟁은 가난한 사람들, 유색인종, 도덕적 다수에 속하지 않은 사람들과의 전쟁이나 다름없었다. 곧 우리와의 전쟁이었다.

아빠가 낯선 집으로 달려가는 동안 나는 차에 앉아 라디오 소리를 최대한 크게 올렸다. 아빠가 다시 오기까지 두세 곡이면 충분했고, 그 후에 우리는 타워레코드나 샘구디에 가서 카세트테이프나 CD를 샀다. 한번은 아빠가 키보드와 드럼패드를 사주었는데, 키보드나 드럼패드 같은 것들은 내 삶과 어울리지 않았다. 당시에 우린 내가 이해할 수 없는 이

---

*   Nancy Reagan, 마약 퇴치 캠페인을 주도한 미국의 40대 영부인.

유로 자주 이사를 했고, 이사하는 과정에서 물건들은 사라졌다. 보통 아파트에서 나오면 조부모님 집으로 들어갔다. 그리고 몇 달 동안 거기서 머물곤 했다. 아빠는 빈방을 차지했고, 나는 아빠의 용맹한 시저와 함께 거실에 있는 접이식 소파에서 잤다. 시저는 소파 밑에서 나를 지키며 한밤중에 화장실에 가거나 물 마시러 나오는 사람들을 향해 으르렁거렸다. 그러다가 운이 좋으면 다시 원래 살던 곳으로 돌아오곤 했는데, 대개는 오락실 길 건너편 단지의 다른 아파트였고, 거기에는 항상 똑같은 얼룩진 갈색 카펫이 깔려 있었다.

그러다 아빠는 신분 상승에 집착하는 여자와 결혼했다. 그녀에게 신분 상승은 도시 외곽의 오래된 과수원 폐허에 똑같은 모양으로 새롭게 지어진 택지 주택으로 이사하는 걸 의미했다. 프레즈노는 낙후된 시골 위주로 주택을 점점이 흩어지도록 개발해서 지역을 확장해 나갔다. 택지 주택은 다섯 개 정도의 모델이 있었다. 모델 하우스를 방문해서 마음에 드는 배치를 고른 다음 바닥과 조리대, 수납장 색상을 직접 선택하면 원하는 대로 건축해 주었다. 다섯 집마다 배치가 똑같았지만, 거울에 비친 스타일로 뒤집어서 다르게 보이도록 했다. 나는 돌봄교실 친구들에게 부모님이 13만 9000달러짜리 집을 사서 도시 반대편에 있는 새 학교로 전학할 거라고 말하고 다녔다. 이 말은 뭔가 있어 보였다. 그때는 나나 친구들 모두 작고 비좁은 아파트에 살거나 문화적 전통보다는 생존을 위해 지어진 다세대 주택에서 조부모와 함께 살았기 때문이다.

우리는 새집에서 4년을 살았다. 아빠가 직장을 잃고 새엄마와 이혼한 후 집이 은행에 압류당할 때까지. 새엄마는 떠날 때 가구를 전부 가져갔다. 그 바람에 내가 엄마한테 가기 전까지 집에 남아 있던 가구는 반짝 이로 장식된 보라색 공기 주입식 의자가 유일했다. 우리는 내 방에 있던 공기 주입식 의자를 거실에 놓고 앉아 바닥에 설치된 작은 TV로 비디오 게임을 했다. 어느 날, 공기 주입식 의자에 앉아 〈동키콩〉을 하다가 집 안을 둘러보았다. 그 순간, 마치 처음으로 집을 제대로 보는 것 같은 기 분이 들었다. 가끔 일상적인 현실에 눈을 뜨면 마치 모든 게 낯설게 느 껴지는 것처럼, 더는 모든 게 정상적으로 보이지 않았다. 우리는 매일 저 녁으로 시리얼을 먹었다. 가끔 전기가 끊기기도 했다.

"이제 아빠는 나를 감당할 수 없을 것 같아." 나는 아빠에게 말했다. "당분간 엄마랑 같이 살까 싶어."

엄마에게 전화를 건 바로 그 순간, 내 어린 시절의 경계선이 그어졌다.

청구서는 제때, 우리 엄마

엄마는 항상 아름답고, 옷을 잘 차려입고, 내 인생 안팎을 오가며 잘 못된 길에 있는 나를 위해 노력하는 사람이었다. 1990년대에 엄마는 짧 은 앞머리와 턱 길이의 머리를 검게 염색하고, 긴 드레스 위에 작은 거 울이 꿰매어진 뜨개질 카디건을 걸치고 닥터마틴을 신었다. 엄마는 집 에서 더 큐어, 더 스미스, 콕트 트윈스, 콘크리트 블론드 등 록밴드의 음 악을 틀어놓고 춤추며 마법에 걸린 듯 노래를 따라 불렀다. 가끔 나는 읽을 책을 찾으러 집 안을 돌아다니곤 했는데, 엄마 집에 있는 건《아메리칸 사이코》와 앤 라이스의 뱀파이어 소설 전집뿐이었다.

아빠와 살던 때도 주말에는 엄마와 지냈는데, 주말이 끝난 월요일에는 학교 도시락 싸는 것이 늘 골칫거리였다. 엄마 집 냉장고는 항상 텅 비어 있었기 때문이다. 먹다 남은 초밥과 이상한 스튜를 섞어서 가져간 날도 있었다. 그런 점심 도시락에도 엄마는 애정을 표현하는 쪽지를 넣어두곤 했는데 그걸 펴는 게 너무나 창피했다. 거기에는 해골 그림과 함께 아래에 새빨간 립스틱으로 키스 마크가 찍혀 있었다. 나는 쪽지를 대충 훑고 재빨리 공 모양으로 구겨서 가방 바닥에 쑤셔 넣었다. 해골이나 핏빛 입술은 내가 원하는 게 아니었다. 다른 아이들 엄마처럼 올드네이비에서 쇼핑하고 도시락을 챙겨주는 평범한 엄마로 있는 듯 없는 듯한 존재이길 바랐다.

내가 태어났을 때 엄마는 캘리포니아에서 시간당 3.35달러의 최저임금을 받으며 미술품 가게에서 일했다. 엄마는 내가 '복지 아기'였다고 말했다. 정부가 출산 의료비를 지원했는데, 그게 없었으면 1986년에 의료비로 2500달러 정도, 즉 엄마가 746시간 정도 일한 돈을 내야 했다. 내가 좀 더 컸을 때 엄마는 보험청구 업무로 직업을 바꾸었다. 대학 학위가 없어도 되고 생활하기에 나쁘지 않은 돈을 버는 괜찮은 일자리였다. 이후 엄마는 직장에 어울리는 금발로 머리를 염색하고 카디건과 펜슬 스커트를 입고 출근하기 시작했다.

"일이라고 부르는 데는 이유가 있는 거야"라고 엄마는 가끔 말했다. "놀면서 일하려고 하면 안 돼."

내가 그토록 원하던 엄마의 모습이었지만, 엄마는 자기 일부가 죽은 것처럼 약간 우울해 보였다. 그러나 지루한 보험회사에서 오랫동안 일한 덕분에 타워 지구에 8만 달러짜리 작은 집을 살 수 있게 되었다.

당시 계약금은 약 2800달러. 지금이라면 같은 집의 두 달 치 임대료에 조금 못 미치는 금액이다. 그 집에는 엄밀히 말하면 침실이 세 개 있었지만, 그중 하나는 너무 작아서 트윈 매트리스만 들어갔다. 이모가 가끔 와서 지내던 방이 바로 그 방이었다. 어떤 때는 엄마가 거실에 칸막이를 설치하고 그 뒤쪽의 현관 바로 옆 공간에 침대를 놓아 간이 침실을 만들기도 했다. 여름에 프레즈노의 무더위가 기승을 부리면 엄마는 냉풍기를 가동했다. 에어컨이 없어서 대신 집 전체가 흔들릴 정도로 시끄럽게 냉풍기를 돌렸지만, 공기는 전혀 시원해지지 않았다. 참을 수 없을 정도로 덥고 시끄러웠지만, 아빠와 달리 엄마는 재정에 신중했고 형편에 크게 벗어나는 생활은 하지 않았다.

물론 엄마의 재정은 많은 저소득층 사람과 마찬가지로 신용카드와 부채에 의존하고 있었다. 엄마는 내가 아기였을 때 처음으로 완성한 문장이 "신용카드로 살게요!"였다는 말을 여러 번 했다. 어느 날 메이시스 백화점 계산원이 엄마에게 구매 비용을 어떻게 할 건지 물었는데, 그때 내가 분명히 이렇게 말한 것 같긴 하다. 하지만 아빠와는 달리 엄마는 항상 청구서를 제때 해결했다. 엄마는 신용 시스템이 생존을 위해 '노력'해야 하는 거라 여겼고, 그래서 나는 어려서부터 시스템을 다루는 도구로써 (엄마가 스물세 살이 될 때 실시된) 신용점수가 중요하다고 배웠다.

내가 10대 때 엄마는 "무슨 일이 있어도 신용점수는 깎이지 마"라고 말했다.

나는 "알았어"라고 대답했다. "그러니까 빚은 특별 클럽의 멤버십 같은 거지. 매달 회비만 내면 원하는 건 무엇이든 얻을 수 있으니까. 신용점수는 클럽의 비밀번호 같은 거고 말이야."

엄마는 내 말에 동의했다. 그리고 매월 부채 클럽에 참여하면서도 최대한 검소하게 살려고 노력했다. 엄마 집에는 길가에서 발견한 걸 가져와 스프레이 페인트로 색칠한 가구들이 많았다. 메탈릭 골드 스프레이로 칠한 커피 테이블, 가짜 크리스털 손잡이로 교체한 낡은 서랍장 등. 저소득층이었지만 엄마는 '좋은 직업'과 집이 있었기에 자기가 가난하다고 말하지 않았다. 하지만 엄마는 가난한 사람들이 흔히 그러하듯, 버려진 작은 물건을 가져와서 새로운 무언가로 재활용하는 창의력을 발휘했다. 재주가 많아서 가구에만 그치지 않았다. 우리는 중고 옷을 사서 저렴한 가루 염료로 다양하게 염색했다. 코티지 치즈가 든 포장 용기는 버리지 않고 다용도 통으로 썼다. 오래된 청바지는 삼각형 천 조각을 덧대어 최신 유행인 나팔바지처럼 보이게 만들기도 했다.

8학년으로 올라가던 여름, 엄마와 같이 살기 바로 직전에 엄마는 존경할 만하고 합리적인 사람이자 안정적인 직업을 가진 남자와 결혼했다. 그는 새빨간 새 폰티악 그랜드 암을 몰고, 내가 어릴 때 듣던 펑크록이나 고딕록과는 전혀 다른 크로스비, 스틸스 앤드 내시 같은 포크록 밴드 음악을 들었다. 엄마가 기이하고 예술적이었다면, 새아빠는 엄격하고 보수적이었다. 나중에 엄마는, 자신이 그 남자를 좋아하는지 확신은 없었고 그저 그와 결혼하는 것이 책임감 있는 행동이라 생각했다고 고백했다.

엄마는 자신이 철이 들 때라고 여겼고, 이 보수적인 남자는 분명 어른이 된다는 게 무엇인지 조금 안다고 믿었다. 새아빠는 주말엔 벨트를 차고 셔츠를 바지 안에 넣어 입었다. 이보다 더 어른스러운 게 있을까?

그러나 결혼식 직전에 엄마는 그 책임감이 모두 망상이었다는 걸 깨달은 듯했다. 새아빠는 신용카드 빚이 산더미에 미지급 청구서가 상자에 가득 쌓여 있었고, 엄마는 결혼서약서에 맹세한 그날부터 그것들이 엄마의 문제가 돼버렸다고 내게 말했다. 엄마는 몇 주 동안 식탁에 앉아 청구서 상자를 꼼꼼히 살펴보면서 채권자들과 전화로 협상을 벌였다. 엄마는 청구서가 오면 항상 제때 돈을 내라고 내게 가르쳤다. 나는 이 교훈을 깊이 마음에 새겼고, 그것은 신용점수에 대한 교훈과 함께 부모님이 내게 돈에 대해 가르쳐준 유일한 것이었다.

몇 년 후, 내 신용평가서를 살피다가 어렸을 때 엄마가 내 이름으로 아메리칸 익스프레스 카드를 만든 적이 있다는 사실을 알았다. 나중에 엄마에게 물어보니 어릴 때부터 스스로 신용점수를 잘 쌓을 수 있도록 돕기 위해 그랬다고 대답했다. 하지만 자녀 명의로 신용카드를 발급받은 것이 자신의 재정적 압박을 완화하는 데 도움이 되지 않았을까 하는 의심이 들지 않았다면 거짓말일 것이다.

좋든 나쁘든 우리의 어린 시절은 돈과의 관계를 형성한다. 보통 주변 환경으로부터 돈에 대한 교훈을 얻게 된다. 도시와 마을은 우리가 '평범함'을 바라보는 인식을 형성하고, 앞으로 살아가며 주변 사람들을 판단하는 기준을 만든다. 가난한 곳에서 자란 사람의 눈금은 왼쪽으로 살짝 기울게 되고, 조금 더 가난한 것이 평범하게 느껴진다. 빈곤이 없는 곳에서 자란 사람의 척도는 오른쪽으로 약간 기울게 되고, 조금 더 잘사는 것이 평범하게 느껴진다. 마찬가지로 부모의 소득은 우리가 생각하는 평균 소득의 기초가 된다. 즉 우리보다 적게 가진 사람은 가난하고, 더 많이 가진 사람은 부자인 셈이다.

그러나 이것은 자기와 비슷한 배경과 성장 환경을 가진 사람들에게만 의미가 있는 자의적인 기준이다. 우리는 서로 부유함, 가난함, 좋은 직장, 나쁜 직장 같은 표현을 마치 진짜 의미가 있는 용어인 것처럼 쓴다. 하지만 실제로 이런 단어를 쓰는 건 사실에 따른 내용을 담기보다는 그저 자기 삶을 묘사하는 행위다.

나는 돈에 대해서는 대부분 간접적으로, 순간순간 지나가며 들은 정보를 흡수하며 배웠다. 아빠는 돈을 잘 못 다루었고 엄마는 그나마 나았지만, 둘 다 훌륭하지는 않다는 것을 깨달았다.

나는 아빠로부터 돈은 있다가도 없으며, 인생을 재미있게 살려면 항상 충분한 현금을 확보해야 한다고 배웠다. 또한 재정 상황은 한순간에 변할 수 있으니 현실에 너무 안주해서도, 물질에 너무 집착해서도 안 된다는 걸 배웠다. 이 세상에서 살아남으려면 융통성 있고 유연하게 대처할 줄 알아야 한다. 아빠의 좌우명은 '적응하거나 죽거나'였고, 이런 좌우명 아래서 법은 단지 제안에 불과했다. 부자들은 자기들이 하고 싶은 대로 다 하는데 왜 우리는 안 되냐는 식이었다.

엄마한테서는 돈을 보다 실용적인 도구로 보는 법을 배웠다. 돈은 필요악이기 때문에 직업도 필요악이다. 신용등급은 중요하다. 신용점수가 있으면 신용카드나 대출 등을 이용해 단기적인 재정적 어려움을 넘길 수 있다. 빚을 협상하는 방법과 수금원과 논쟁하는 방법도 터득했다. 뜻을 완수하지 못하면 언제 전화를 끊고 언제 다시 시도해야 하는지를 배웠다. 빚은 삶을 더 편하게 만들어주기에 빚을 두려워하면 안 된다. 몇 년 후, 이러한 사고방식으로 인해 빚에 허덕이게 되었다. 하지만 820점이라는 높은 신용점수와 신용한도를 높이고 신용카드를 더 발급해 주고자 하는 은행들의 사전승인 통지로 인해 나는 더 많은 빚을 지고 그런 순환을 영원히 지속할 수 있었다. '될 때까지 그런 척이라도 해라'라는 사고방식 때문인지 모르겠지만, 내게는 언젠가는 정신 차리고 일하면 모든 것이 제자리로 돌아갈 것이라는 믿음이 있었다.

우리 주변의 세상은 설명하기가 어렵다. 혼란스럽고 끊임없이 변화하며, 그 안에서 자본주의는 그 어느 때보다 더 큰 이해관계가 걸린 생존 게임이 되었다. 끝까지 살아남으려면 따라야 할 규칙이 있다. 그렇지만 우리는 각자 다른 도구를 들고 다른 위치에서 시작해야 한다. 내 어린 시절의 이야기는 내 시작 위치를 말해준다. 돈이 한 번도 부유층에서 서민층으로 흘러내리지 않았던 레이거노믹스 이후의 세상에서, 이미 가난한 마을의 가난한 사람이었던 나의 위치 말이다. 나와 돈과의 관계는 여기서부터 시작됐다.

신용을 쌓는 방법

신용점수는 부채 상환 능력을 나타내는 디지털 측정치다. 이는 종종 재정건전성을 확인하는 지표로 사용된다. 하지만 실제로 신용점수는 재정건전성을 측정하는 것이 아니라 단지 부채 상환 실적을 측정할 뿐이다. 그렇기에 부자들도 신용점수가 낮거나 신용이 전혀 없을 수도 있다. 또한 파산한 사람이 신용점수가 높을 수도 있다. 일반적으로 부채는 좋은 것으로 여겨지지 않지만, 신용점수가 좋으면 방을 빌리거나 주택이나 자동차를 살 때 대출이 수월해진다. 그리고 보통 신용점수가 좋아지려면 부채가 필요하다. 정말 엉터리 시스템이지 않은가? 신용점수에 대해 좀 더 자세히 알아보자.

1. 신용점수는 한 곳에서만 매기지 않는다. 미국에는 익스피리언, 에퀴팩스, 트랜스유니온과 같이 세 개의 주요 신용평가기관이 있다. 이 회사들은 당신의 신용 기록을 추적한다. 또한 미국에는 피코와 밴티지스코어라는 두 가지 주요 신용 스코어 모델이 있다. 신용점수는 신용평가

기관에 따라 약간씩 다를 수 있으며, 어떤 스코어 모델을 사용하는지에 따라서도 조금씩 달라질 수 있다.

2. 미국의 신용점수는 일반적으로 300에서 850 사이다. 일부 모델에서는 점수가 900까지도 올라가지만 이는 드물다. 300~629는 나쁜 편이다. 630~689는 적정한 것으로 본다. 690~719는 좋은 점수다. 720 이상이면 우수한 점수다. 내 자랑은 아니지만 내 신용점수는 보통 810에서 845 사이이므로 신용점수를 잘 얻는 방법 쪽으로 나는 꽤 신뢰할 만한 정보원이라고 생각한다.

3. 신용점수에서 고려하는 사항은 다음과 같다. 당신이 가지고 있는 부채계좌 수(많을수록 좋다), 부채계좌의 개설 기간(길수록 좋다), 부채에 대한 연체 횟수(제때 내는 것이 당연히 연체하는 것보다 낫다), 최근에 새 신용계좌를 신청한 횟수(적을수록 좋다), 사용 가능한 총 신용금액 중 현재 사용 중인 금액(30퍼센트 미만이 가장 좋다).

4. 대부분의 신용점수는 대출이나 신용카드와 같은 부채 계정만으로 계산된다. 익스피리언은 임대료 지불, 공과금 납부, 구독 서비스 지출을 신용점수에 반영하기 시작했지만, 이 혜택을 누리려면 해당 서비스에 별도로 가입해야 한다.

5. 대체로 상점에서 결제할 때 직불카드를 사용하는 건 신용점수를

쌓는 데 도움이 되지 않는다. 신용카드를 사용하는 것이 도움이 된다.

6. 신용카드는 하나의 부채 계정이다. 신용카드를 발급하는 은행은 월간 '한도', 즉 지출 상한 금액을 정한다. 한 달에 한 번 총 사용 금액에 대한 청구서를 보내고, 당신은 매월 전액 또는 가장 적은 금액을 분할해서 상환해야 한다. 최고의 신용을 얻으려면 총 한도의 30퍼센트를 초과해서 사용하지 않는 게 좋다.

7. 일부 신용카드는 카드 사용 시 무료 항공 마일리지 같은 혜택을 제공한다. 가장 좋은 신용카드 보상 시스템을 찾아봐라. 나는 신용카드 항공사 마일리지로 스페인을 공짜로 다녀왔다. 덕분에 북미를 처음 떠나보았다!

8. 신용카드를 처음 사용하는 사람은 미리 수백 달러를 내야 하는 '담보부 신용카드'를 알아봐야 할 수도 있다. 이 카드는 신용을 쌓는 데 도움이 되며, 금전적 여유가 있다면 처음 신용을 쌓을 때 좋은 출발점이 된다.

9. 대출받거나 신용카드를 사용할 때 연이율APR, Annual Percentage Rate에 항상 주의해라. 이자율이 높은 걸 원하는 사람은 없을 것이다. 월 청구액을 전부 갚지 못하면 해당 이자율이 미결제 금액에 가산된다. 그래서 이자율이 높으면 부채가 걷잡을 수 없이 불어나기 쉽다. 나는 20퍼센트가

넘는 이자율은 횡포 수준의 고율로 약탈적 대출의 확실한 징후라고 생각한다. 10~19퍼센트는 좋지는 않아도 관리할 수 있는 수준이라고 생각한다. 10퍼센트 미만이면 꽤 좋다고 본다. 일반적으로 이자율은 당신의 신용점수와 함께 정부가 정한 수치를 기준으로 결정된다.

10. 신용점수가 좋으면 신용카드를 사용하거나 대출을 받을 때 더 낮은 이자율을 적용받는다. 이 말은 신용점수가 높으면 자동차나 집이 실제로 더 저렴해진다는 의미다. 신용점수가 높고 낮은 차이로 자동차처럼 비싼 물건을 살 때 수천 달러를 손해 볼 수도 있다. 따라서 신용점수가 좋으면 (대부분 그렇듯이) 당장 차나 집을 살 만한 충분한 현금이 없을 때 도움이 된다.

11. 때로는 대출금을 갚는 것이 신용점수를 낮추는 결과를 초래하기도 한다. 대출금을 갚으면 계좌가 닫히기 때문이다. 계좌를 여러 개 갖는 것이 일반적으로 좋게 간주된다는 점을 기억해라. 또한 학자금 대출처럼 오랫동안 개설한 계좌를 없애면 평균 신용 기간이 단축돼 신용점수가 추가로 낮아질 수 있다. 항상 이해가 안 되는 이상하고 괴상한 게임이다.

12. 신용 모니터링 앱을 무료로 다운로드하면 당신의 신용점수 현황을 추적하는 데 도움이 된다.

13. 신용점수를 확인한다고 해서 점수가 낮아지진 않는다. 그러나 계정에 '거슬리는 조회'가 많아지면 점수는 낮아진다. 새로운 한도대출(마이너스 통장)을 받을 때 이러한 거슬리는 조회가 발생하는데, 이 조회 기록은 2년 후에 신용평가서에서 삭제된다. 이런 조회를 승인하면 일반적으로 다른 사람이 내 점수를 확인할 수 있다는 문서에 서명하는 셈이다. 나는 2년 동안 거슬리는 조회를 세 개 이하로 유지하려고 노력한다.

14. 신용평가서에 오류가 있으면 신용조사기관에 이의를 제기할 수 있다. 일반적으로 웹사이트에서 직접 신청할 수 있다. 그러므로 이의 제기에 도움을 받기 위해 비용을 쓸 필요가 없다. 직접 신청하는 게 어렵지 않은데도 본인들의 서비스를 이용하도록 유도하는 약탈적인 신용 회복 서비스가 시중에 많다.

15. 은행은 대출 시 위험을 계산하고 이를 감수한다. 그것이 은행의 업무다. 당신이 빚을 갚을 수 없는 상황이 되었다고 해서 당신이 실패한 것이 아니다. 은행이 위험을 무릅쓰고 대출해 준 것이니 그들이 실패한 것이다. 그들은 도박을 했고 돈을 잃었다. 그러니 은행에서 돈을 빌린 것에 죄책감을 느끼지 마라. 그들은 서민들 피를 빨아먹는 사악한 거대 기업이고 우리에겐 관심도 없다.

집 없으면 개고생

I Survived
Capitalism
and All
I Got Was
This Lousy
T-Shirt

2

프레즈노의 날씨는 1년 내내 끔찍하다. 여름에는 기온이 40도 이상으로 치솟고, 아스팔트의 열기는 어찌나 강한지 구름 한 점 없는 파란 하늘을 향해 물결처럼 올라가는 아지랑이가 눈에 보일 정도다. 도시는 빈 버스를 길가에 세워놓고 내부에 에어컨을 가동해 보행자들이 잔혹한 태양 빛에서 벗어날 수 있도록 돕는다. 초등학교 시절 한 선생님이 쉬는 시간에 열사병으로 죽었는데, 선생님이 뜨거운 아스팔트 위에 쓰러진 모습을 아이들이 겁에 질려 지켜보았다. 겨울에는 기온이 영하까지 떨어지지만, 눈 내리는 아름다운 풍경이 펼쳐지기에 적합한 날씨는 아니다. 대신 무거운 찬 공기가 짙은 안개를 이루어 계곡에서부터 마을까지 내려온다. 때때로 안개는 며칠 동안 온 세상을 뒤덮는데, 마치 얼어붙은 구름처럼 요지부동이 되어 차를 몰고 직장이나 학교에 갈 수 없다. 캘리포니아 센트럴밸리에서만 볼 수 있는 이 특별한 툴레 안개는 프레즈노의 명성만큼이나 고약하다.

2001년 어느 날 밤, 나는 도시를 휩싼 툴레 안개 속에 갇혀 있었다. 그때 난 열세 살이었고, 이번에는 엄마가 집에서 나를 쫓아낼 때 스웨터를 입고 있었을걸 하는 생각에 잠겨 터벅터벅 길을 걷고 있었다. 그나마 다행인 건 신발은 신고 있었다. 두 팔로 몸을 감싸보았지만 전혀 따뜻하지 않았다. 집에서 쫓겨나는 일은 자주 있었지만, 그날처럼 특히 춥고 안개가 자욱한 밤에는 어떻게 해야 할지 막막했다.

나는 어둠 속에서 어디로 가야 할지 정하기 위해 휴대폰을 쳐다보았다. 아빠에게 집이 있었다면 당연히 그곳으로 갔을 터였다. 내 10대 시절에 아빠는 자주 이사했고, 때로는 몇 달씩 집을 구하지 못할 때도 있었다. 조부모님은 대중교통이 형편없는 인근의 작은 마을에 살았기 때문에 선뜻 가기 힘들었다. 친구에게 전화하기에도 너무 늦은 시각이었다. 친구의 부모님은 자녀의 이상한 친구가 집에 들어와 눌러앉는 것을 썩 반기지 않을 테니 말이다. 나는 휴대폰의 연락처 목록을 뒤지며 이름을 하나씩 확인할 때마다 점점 더 비관적이 되어갔다. 밤새도록 도시를 배회하거나 타워랫Tower Rat 아이들의 도움을 받아야 할 것 같았다.

나는 체념한 채 한숨을 쉬며 모퉁이를 돌아서 프레즈노의 온갖 이상한 사람들이 모이는 타워 지구 중심가 쪽으로 걸어갔다. 파산한 예술가들과 지저분한 펑크족이 거리를 돌아다니며 시를 팔거나 "잔돈 있어요?"라고 물으며 구걸하는 곳이었다. 집 없이 떠돌아다니는 아이들이 뭉쳐 다니는 타워랫은 밤새 동네를 배회하며 술집 앞 인도에서 노래를 부르거나 잠잘 곳을 찾아 버려진 건물에 침입하며 시시덕거렸다. 이 아이들은 나한테 동네 피자 가게에서 몰래 피자와 맥주를 먹는 방법을 알려주기도 했다. 뒤쪽에 조용히 앉아 있다가 종업원들이 다른 쪽을 보는 틈을 타서 손님이 남기고 간 피자 크러스트와 술잔을 비우는 식이었다. 타워 지구는 운이 좋지 않은 괴짜들이 서로 도와가며 지내는 그런 곳이었다. 춥고 안개가 자욱한 밤에 어디로 가야 할지 알려줄 사람이 있다면 바로 그 아이들이었다.

그러나 타워랫 아이들의 해결책은 단기적인 것들뿐이었다. 안개가 자욱한 어두운 팜 애비뉴를 걸어가면서 나는 한시라도 빨리 장기적인 계획을 세워야 한다는 걸 깨달았다. 나는 스트레스에 지친 엄마와 새아빠와의 관계가 점점 안 좋아졌다. 두 사람 사이도 위태로운 상황에서 내가 살 집을 가족에게 의지할 수만은 없었다. 내 손으로 직접 문제를 해결해야 했다.

"취직해야 해." 나는 혼자 중얼거렸다.

고등학교 시절, 나는 아빠와 내가 노숙자라는 생각을 해본 적이 없다. 내 머릿속에서 노숙은 영구적으로 집이 없는 상태로, 계속 거리에서만 잠을 자야 하는 사람들의 전유물이라 여겼다. 실제로 노숙에는 네 가지 유형이 있다. 만성적, 일시적, 과도기적, 은둔형 노숙이다. 아빠와 나는 '과도기적' 또는 '은둔형' 범주에 속했는데, 주변을 살펴보면 아마 당신이 아는 꽤 많은 사람도 그러하다는 사실을 알게 될 것이다. 우리 같은 사람들은 종종 자신을 '노숙자'라 부르는 걸 꺼린다. 이 말은 더 취약한 사람, 즉 장애인이나 중독자, 또는 생존을 위해 노동을 해야 하는 냉혹한 자본주의 세상에 아예 참여할 수 없는 상황에 맞닿은 사람에게나 어울린다는 생각에서다. 내가 쓰면 거짓말처럼 느껴진다.

나는 노숙자라는 말을 들을 때마다 일할 수 없는 사람은 죽도록 내버려두는 현대판 우생학이 떠올랐다. 일을 해서 돈을 벌 수 없으면 집세는 어떻게 낼까? 주소나 휴대폰이 없거나 컴퓨터에 접근할 수 없다면 어떻게 정부지원을 신청할 수 있을까? 실제로 보호소에도 들어가지 못하는 노숙자는 일반인보다 평균 수명이 17.5년 짧다.[2] 사회적으로 가장 위험에 처한 이 계층을 우리는 '진짜 노숙자'라고 생각하는 경향이 있다. 이는 나보다 더 힘든 상황에 처한 사람이 있다면 나는 거기서 제외될 거라 여기는 속내를 반영하는지도 모른다. 하지만 고정적으로 머물 곳이 없는 사람들은 미국 노숙자 인구의 17퍼센트에 불과하다. 노숙자의 83퍼센트는 많은 사람이 머릿속에서 그리는 모습과 다르다는 의미다. 노숙자의 현실은 사실 더 복잡하다. 10대 때는 몰랐는데, 겉으로 드러난 노숙자의 약 40퍼센트가 직업을 가지고 있다.[3] 요즘에는 직업이 있다고 해서 길거리로 내몰리지 않는다고 장담할 수 없다.

사실, 은둔형 노숙은 나 같은 상황에 있던 사람들이 많이 경험한다. 인생에서 트라우마나 역경을 겪은 후 친구, 가족, 이웃에게 얹혀살 수밖에 없는 젊은이들. 은둔형 노숙이라는 의미를 처음 접했을 때 그게 내가 했던 경험이란 걸 깨달았다. '아, 그거 내가 했던 거랑 비슷하네.' 나는 웃으며 생각했다. 그러다가 현실을 보았다. 사람들과 이야기할수록 그들도 나처럼 자기가 노숙자라는 걸 인지하지 못하고 노숙 생활을 했다는 것을 알게 되었다.

내 친구 중에는 몇 주에서 몇 달까지 차에서 살았던 친구가 꽤 있다. 지금까지 수십 년 동안 잠잘 곳을 찾아 남의 집에 남는 소파를 찾아다니는 '카우치 서핑'을 하고 있다고 아무렇지 않게 얘기한 사람도 수두룩했다. 밤의 유흥을 좋아해서가 아니라 단순히 돌아갈 집이 없어서 밤새도록 술집과 파티, 애프터 파티에 나가서 노는 친구들도 있었다. 나는 농담으로 자기를 '호보섹슈얼Hobosexual'이라고 지칭하는 사람들도 만났다. 돈이 없어서 하룻밤 묵게 해준 사람과 데이트했다는 뜻이었다. 단지 잠잘 곳을 위해 데이트 앱을 사용해서 하룻밤 성관계를 맺는 친구들도 있었다. 하지만 미국에서 말하는 50만 명이 넘는 노숙자에 이들은 포함되지 않는다. 이처럼 노숙을 가장 심각한 사례뿐만 아니라 모든 측면으로 확장해서 이해하면 미국의 주택 위기가 얼마나 심각한지 구체적으로 보이기 시작한다. 자본주의는 *아주 많은* 밤을 꾸준히 길거리에서 보내지 않는다면 '정상'인 세상으로 만들어버렸다.

돌이켜 보면 어릴 적 나와 엄마의 관계는 숱한 밤을 거리에서 헤매게 만든 일종의 '완벽한 폭풍'이었다. 10대 시절 나는 어른들이 말하는 소위 '문제아'였다. 전반적으로 너무 시끄럽고, 자기주장이 강하고, 호기심이 많았다. 엄마는 내 머리를 밝은 보라색으로 염색해 주고, 몇 달 동안 쇼핑몰에서 탐내던 청바지를 사주고, 심지어 내가 학교에서 문제를 일으켰을 때 나를 싸고도는 등 때때로 놀랄 정도로 나를 위하기도 했지만, 나와 마찬가지로 논쟁적이고 고집이 세서 집에서는 격렬한 다툼이 끊이지 않았다. 엄마는 엄마 나름대로 스트레스와 좌절을 겪고 있었다. 고작

서른셋의 나이에 불행한 관계에 갇힌 엄마는 그 관계를 끝내면 재정적으로 무책임해질까 봐 불안해했다. 그래도 맞벌이를 하니 살림은 더 나아졌다. 내게 집은 전쟁터였고, 나는 양심적 병역거부자로 남기 위해 집 밖으로 멀리 나가거나 문을 닫고 침실에 조용히 숨어 지내면서 내가 그곳에 있다는 것을 엄마가 잊기를 바랐다. 하지만 나는 그렇게 운이 좋은 편이 아니었다. 엄마와 내가 다투는 건 시간문제였다. 언쟁은 보통 내가 거리로 뛰쳐나가는 것으로 끝이 났고, 갈등의 심각성에 따라 집에 돌아오기까지 몇 시간에서 몇 주가 걸렸다.

10대 시절, 나는 대부분의 청소년들이 그러하듯이 엄마를 악당으로 여겼다. 20년이 지난 지금은 우리와 마찬가지로 한 번 잘못하면 영원히 길거리로 내몰릴 수 있는 시스템의 희생자로 본다. 성인이 되어 10대 시절을 떠올려 보면, 엄마는 본인에겐 끔찍했지만 다른 방법으로는 가질 수 없는 수준의 재정적 편안함과 안정감을 주는 관계에 갇혀 있었다. 그 상황에 어떻게 대처해야 할지 고민하며 혼자 어찌할 바를 몰랐던 것 같다. 엄마의 집은 엄마에게도 내게도 집처럼 느껴지지 않았다. 대신 나의 집에 대한 개념은, 쇼 애비뉴에서 웨스트 애비뉴와 퍼스트 애비뉴 사이에 있는 벨몬트 애비뉴까지 뻗어나갔다. 그렇게 쇼 남쪽의 프레즈노 전체를 아우르는 범위까지 확장되어 내가 아는 모든 사람이 가족이 되었다.

동네 주민들의 친절 덕분에 집에서 쫓겨나도 길거리에서 자는 일은 모면했다. 타워 지구는 동네 사람들끼리 이름을 알고 지냈고, 내 이름은 몰라도 적어도 아빠의 이름은 아는 그런 동네였다. 아빠와 마찬가지로 나도 프레즈노의 펑크와 하드코어 신에서 청소년 시절을 보냈다. 쇼 남쪽의 펑크족들은 폐쇄된 낡은 창고에서 DIY 공연을 벌였는데 경찰의 단속 표적이 되어 중단하고 말았다. 우리는 최선을 다해 싸웠고, 그 낡은 벽에 겨우 구축한 공동체 흔적을 하나라도 붙잡기 위해 고군분투했다.

한 번은 한 장소가 폐쇄되자 매켄지라는 여자애가 경찰 등에 올라타 "폭력적인 경찰을 타도하자!"라고 구호를 외쳤다. 경찰이 등에서 매켄지를 떼어내려고 하자 우리는 그 아이를 붙잡기 위해 경찰을 에워싸고 빙빙 돌았다. 매켄지는 악기를 제대로 연주할 줄 아는 사람이 아무도 없는 지역 펑크 밴드에서 활동했는데, 최고 히트곡은 〈도망치자Let's Make Out〉였다. 매켄지는 밴드의 연주에 맞춰 즉석에서 "당신은 키스병에 걸렸어", "나 방금 구제금융 받았어", "이 파티는 지루해"라는 구호를 외쳤고, 군중은 "도망치자!"라고 외치며 화답했다. 우리 동네 밴드들은 그렇게 다 끔찍하면서도 재미있었다. 내 친구 '더러운' 트래비스는 '자본주의 재앙'이었나, '자본주의 혼란'이었나, '자본주의 수수께끼'였나, 아무튼 그런 밴드를 했다. 모든 노래가 정부가 국민보다 군사예산에 더 관심을 쓴다는 내용이었다. 노래 전체 길이는 10분 정도 됐다. 내가 공동체의 의미를 발견하고 나와 내 가족을 불안정한 재정 상태로 몰고 간 자본주의 시스템을 비판적으로 바라보기 시작한 것이 바로 이런 현장을 보면서부터다.

펑크록의 세계에서는 음악만큼이나 정치도 중요했다. 펑크로커들은 복잡한 정치 이론을 쉬운 개념으로 편집한 작은 DIY 잡지를 만들기도 했다. 거기에는 이런 내용들이 실려 있었다. 돈은 사람들이 살아가는 데 필요한 것을 얻는 능력을 복잡하게 만드는 중개자다. 같은 양의 일을 하는 사람은 같은 돈을 받아야 한다. 모든 노동은 숙련된 노동이고 모든 직업이 중요하다. 그렇지 않다면 그 직업은 존재할 이유가 없을 것이다. 부자들에게 가난한 사람을 돌보라고 설득할 수 없는 이유는, 그 일이 수익성이 없기 때문이다. 또한 직장은 전형적인 상명하복 구조가 아닌 노조나 협의회 또는 협동조합을 통해 운영돼야 한다고 주장하는 급진적인 구조조정에 관한 긴 형식의 글도 있었다. 우리가 읽는 글은 전부 같은 걸 묻는 것 같았다. 맨 아래에 있는 사람이 가장 많은 일을 하는데, 왜 맨 위에 있는 사람이 가장 많은 돈을 버는가? 몇 년 후, 한 친구는 웃으며 이렇게 말했다. "그때는 내일 당장이라도 노동자 혁명이 일어날 줄 알았지. 사촌까지 포섭하려고 했다니까."

나는 사회주의 단체인 블랙팬서에서 운영하는 '취학 아동을 위한 무료 아침 식사' 프로그램에 대해 읽고 가장 가까운 곳에서 봉사를 자원했다. 그리고 펑크로커들이 시내 공원의 노숙자들을 위해 음식을 제공하는 무정부주의 단체 '푸드 낫 붐(Food Not Booms, 폭탄이 아닌 음식을)'에서 활동했다. 타워 지구의 진보주의 교회인 빅레드 교회는 음식 준비를 할 수 있도록 자기네 부엌을 빌려주었는데, 우리는 근처 식료품점에서 훔친 농산물로 양배추만 잔뜩 들어간 싱겁고 끔찍한 스튜를 만들었다. 나는 도둑질에 능숙해져서 종종 마트에서 쿨에이드 한 상자와 당근 한 아름을 그냥 들고 나오곤 했다. 가끔은 나오면서 경비원에게 문을 열어달라고 부탁하기까지 했다. 당당하기만 하면 된다는 것을 터득했기 때문이다. 어차피 경비원들도 도둑을 신경 쓸 만큼 충분한 급여를 받지 못했을 것이다. 그런 식으로 우리 마을 펑크족들은 스프 한 냄비로 부를 재분배했다.

펑크로커들끼리도 서로를 도왔다. 시골에 살던 친구 중 한 명이 시내로 출근할 방법이 없자, 우리 중 몇 명은 길가에 버려진 밴을 훔치기로 했다. 몇 달 동안 길가에 주차되어 있는, 공연을 마치고 그를 집으로 데려다줄 때마다 늘 지나치는 차였다. 그때 열쇠가 그 안에 있었던가, 갈색 전선을 빨간색 전선에 연결해서 시동을 켰던가 그랬다. 우리는 1달러 상점에서 산 작은 공예 스프레이로 밴을 검은색으로 칠하고, 스프레이 연기를 손으로 휘저으며 배가 아프도록 웃었다. 다음 날에 스프레이의 노즐을 눌렀던 손가락이 다 아팠다. 그래도 친구는 검은 페인트가 얼룩덜룩 칠해진 밴을 몇 년 동안 몰고 다녔다.

그 사이 나의 불안정한 주거 상황에 대한 소문이 타워 지구에 서서히 퍼져나갔고, 주변 어른들은 최선을 다해 도와주었다. 친구 리오의 부모님은 1980년대 펑크 신에서 우리 아빠와 함께 활동했었다. 어느 날 밤, 리오의 엄마 조이가 나를 리오의 낡은 침실에 재워주었다. 조이는 금발로 탈색한 곱슬머리에 해체된 밴드의 티셔츠를 모으는 빈티지 셀러였다. 리오는 아빠와 함께 살았지만 조이는 딸의 방을 그대로 두었다. 나는 친구의 오래된 침실을 유령처럼 돌아다니며 보석함을 만지고 거울을 들여다보았다.

"오늘 밤은 여기서 자." 옷장에 붙은 밴드 스티커 개수를 세며 방을 구경하는데 조이가 말했다. "그런데 내일은 네 아빠한테 방을 빌려주기로 약속했어."

아빠와 나는 각자의 궤도로 타워 지구를 이리저리 떠돌았고, 며칠 밤 전후로 같은 소파를 이용했다. 나는 악마를 전문적으로 그리는 피어싱 기술자 '뚱보' 제리에게 가게 일을 도와주고 그 대가로 며칠 밤 대기실에서 잠을 자도 되는지 물었다. 그는 나에게 이상한 심부름을 시키고, 콧구멍과 입술에 피어싱하는 법을 가르쳐주었다. '뚱보' 제리도 우리 부모님과 같은 1980년대 펑크 신에서 자랐다. 내 생각에 제리는 두 사람과 껄끄러운 관계였고, 세상이 어떻게 돌아가는지에 대한 현명한 지혜를 가지고 있었던 것 같다.

"있잖아, 매디." 그는 엄마와 아빠만이 사용했던 내 별명을 부르며 말했다. "너는 자식이 부모를 키우는 내가 아는 유일한 아이야."

당시에는 그 말이 무슨 뜻인지 몰랐지만, 이제는 안다. 좋은 아빠가 되기 위한 부성애는 갖추고 있었지만 현실적인 재정 능력은 전혀 없었던 아빠, 재정적으로 안정을 이뤄야 한다는 책임감은 있었지만 그것을 정말로 해낼 인내심이 부족했던 엄마. 그 중간에 그저 살아남기 위해 최선을 다하는 어설픈 내가 있었다.

타워 지구는 나를 잘 키웠지만 자원이 한정적이었다. 취업해야겠다는 생각이 계속해서 머릿속을 맴돌았다. 일은 소득을 의미했고, 소득은 통제력을 의미했으며, 통제력은 안정을 이룰 기회를 의미했다. 나는 캘리포니아주에서 취업허가를 받을 수 있는 열네 살이 되기만을 손꼽아 기다렸다. 마침내 여름방학 중에 열네 번째 생일이 찾아왔고, 11학년을 시작하며 계획을 세웠다. 내 목표는 모든 사람의 소파에서 벗어나 나만의 소파를 갖는 것이었다. 수업 시간에 나는 할 일 목록을 적었다.

1단계: 취업허가증 받기
2단계: 취업하기(보라색 글리터 젤 펜으로 밑줄 두 번)
3단계: 아파트 구하기(?????)

목록을 적으며 우디 거스리의 노래 〈이 땅은 당신의 땅This Land Is Your Land〉의 가사에 맞춰 "이 소파는 당신의 소파, 이 소파는 나의 소파"라고 흥얼거렸다. 우디 거스리 역시 자본주의를 혐오한 가수였다. '이 땅은 당신의 땅'이란 가사가 그가 의도한 미국을 향한 비판이 아니라 미국을 위한 찬사로 변질되었다는 사실은 기묘하다. 사실 그의 가사는 사유재산을 둘러싼 개념을 대놓고 조롱하며, 세상에서 가장 부유한 나라에서 사람들이 굶주리는 상황을 비판한다.

할 일을 적고 있는데 옆자리 남자애가 나를 바라보고 웃었다.

"취업하기?" 재밌는 농담이라도 하듯 낄낄거렸다.

"뭐가 그렇게 웃긴데?" 나는 물었다.

"네가 구할 수 있는 직업은 돈이 안 돼."

"그럼 뭘 하면 되는데?" 나는 물었다.

그 아이는 어깨를 한 번 으쓱했다. "차를 훔쳐. 우리 형이 그걸 하는데 돈이 돼. 버거킹 같은 데서 일하는 것보다 훨씬 낫지."

나는 딱 한 번 차를 훔친 적이 있는데, 그렇게 소질이 있지는 않았다.

버거킹이든 뭐든, 어쨌든 나는 일자리를 구해야 했다. 그날 취업허가를 위해 학교의 상담사를 찾아갔다.

"네 성적은 충분히 좋은 편이야. 장담할게. 하지만 네가 타워랫 아이들과 어울린다고 들었어. 걔네는 나쁜 영향을 끼쳐. 왜 걔들과 그렇게 많은 시간을 보내는 거야?"

"가끔 날 도와주니까요." 나는 어깨를 으쓱하며 말했다.

학교 주변에서는 내가 기껏해야 주거지가 불안정하다는 정도로만 알았다. 그러나 대부분의 어른들이 아동보호전문기관에 전화하면 상황이 더 나빠질 걸 알았다. 친구 중에 위탁가정이나 수용시설에서 지내는 아이들이 있었다. 그곳에선 아이들끼리 다른 아이들이 자는 동안 신발을 훔치고, 방해하면 찌르겠다고 위협했다. 내 집이 전쟁터라면 그런 곳들은 세상의 종말이었다. 선생님들끼리 소곤거리며 이야기를 나눴다.

"매들린은 똑똑해요." 선생님들은 나를 인정했다. "알아서 잘할 거예요."

몇 년 후, 내 친구는 이때 일을 '매들린의 성인화'[*]라고 불렀다. 그런데 나를 성인으로 보는 게 맞긴 했다. 스스로 문제를 해결하는 게 성인이라면 말이다. 약간의 우여곡절 끝에 서명된 취업허가증을 가지고 상담실을 나와 노동시장으로의 여정을 시작했다. 결국 10대 시절에 총 네 개의 일자리를 얻었다.

---

[*] Adultification. 성인이 아닌 사람을 성인으로 취급하는 것. 어린아이를 어른 취급하여 편리함을 취한 상황이나 불합리한 상황에서 어른처럼 행동해야 하는 아이를 설명할 때 쓴다.

매들린의
고등학교 시절 일자리

1. 경기장 매점
- 업무: 경기장에서 큰 상자를 목에 걸고 다니며 물건 팔기.
- 어려움: 나만큼이나 무거운 물건을 들고 뜨거운 프레즈노의 태양 아래 경기장 계단을 오르락내리락해야 함.
- 결과: 일하기엔 너무 앳돼 보여 고객을 불편하게 만든다는 이유로 해고됨.
- 교훈: 타인의 시선은 매우 중요하다.

2. 사무실
- 업무: 서류 정리 및 컴퓨터에 데이터 입력.
- 어려움: 동료 어른들이 계속 놀려댐.
- 결과: '회사 문화'가 나은 곳으로 옮기기 위해 그만둠.
- 교훈: 어른들도 고등학생처럼 행동할 때가 있다.

3. 핫토픽(의류 체인점)
- 업무: 쇼핑몰에서 10대들에게 액세서리와 가짜 펑크 티셔츠를 판매, 창립자이자 억만장자인 오브 매든을 더욱 부자로 만들기.
- 어려움: 시즌별 고용이 끝나고 나면 정규직이 되기 위해 눈치를 봐야 함.

- 결과: 내 상사가 나 대신 나를 스토킹하는 사람을 고용함.
- 교훈: 상사는 친구가 아니다.

핫토픽에서 실직한 지 3일 만에 나는 대형 할인 마트인 타깃 안에 있는 '1시간 현상 가능' 사진관에서 일하게 되었다. 내 매니저인 타마라라는 여성은 두 아이와 함께 근처 트레일러 공원에 살았고, 남자친구는 감옥에 있었다. 쇼핑몰에 비하면 훨씬 일이 매우 따분했다. 그렇지만 최소한 검정 옷을 입었고, 동료들은 피곤해 보여도 정감 있었다.

타마라는 업무 교육 첫 주 동안 내게 이렇게 말했다. "여기서 가장 좋은 점은, 이 기계가 어떻게 작동하는지 아무도 모르기 때문에 고객 응대가 힘들 때 기계를 '서비스 중단' 상태로 설정하면 아무도 너를 귀찮게 하지 않는다는 거야."

"고객이 화를 내면 어떻게 해요?" 내가 물었다.

"그런 것까지 신경 쓸 만큼 월급을 받지 않잖아." 그녀가 고개를 저으며 말했다.

타마라는 받는 것보다 더 열심히 일해서는 안 된다는 것을 오래전에 깨달은 듯했다. 사진관은 타깃 안에 있었지만 타깃이 소유하거나 운영하지는 않았다. 지금은 없어진 쿼렉스라는 회사가 운영했는데, 이는 타깃 관리자는 우리를 통제할 수 없다는 걸 의미했다. 우리는 자유롭게 카운터에서 책을 읽거나 그림을 그리며 시간을 보냈다. 나는 타깃 내부 쿼렉스 매장에서 일하는 샌 루이스 오비스포 출신의 밴드 소년을 알게 되었다. 우리는 직장에서 온종일 서로에게 팩스로 재미있는 그림을 보내며 놀았다. 정신없이 바쁜 타깃 관리자는 타깃이 손님들로 북적이는 시간대에 부탁이지만 부탁 같지 않게 고객 응대를 도와달라고 요청했다.

"그럴 수는 없어요." 타마라는 고개를 저으며 말했다. 그녀는 항상 변명을 늘어놓았다.

"우린 지금 종이 표백제 문제를 처리해야 해서요." 어느 날은 이렇게 말하기도 했다.

"종이 표백제 문제는 뭐예요?" 나는 타깃 관리자가 사라진 뒤 황급히 물었다.

"그런 거 없어." 그녀가 말했다. "저건 우리 일이 아니잖아. 자기네가 알아서 하게 내버려둬."

그런데 가끔 필름을 넣으면 기계가 화학물질을 뿜어내며 필름을 뱉어내는 일이 있었다. 몇 번이나 진한 분홍색 화학물질을 온몸에 뒤집어써서 머리카락과 검은 작업복에서 잉크가 뚝뚝 떨어졌다. 어느 날, 직업안전건강관리청의 조사관이 작업장 안전평가를 위해 불시에 방문했다. 나는 조사관에게 매장 뒤편에 있는 기계와 화학물질을 보여주었다.

"좋네요." 하고 그는 말했다. "하지만 이 스티커는 꼭 붙여야 해요. 특히 종이 표백제 위에는요."

그는 내게 '맨살에 닿으면 암을 유발합니다'라고 주의사항이 적힌 스티커 한 뭉텅이를 화학물질별로 하나씩 건네주었다.

"이거 진짜예요?" 내가 물었다.

"그럼요." 그가 말했다. "하지만 장갑을 끼면 괜찮아요."

"장갑이요?" 나는 당황해서 얼른 말했다. "저는 이걸 삼킨 적도 있는걸요."

"그렇다면…… 검사를 받아보는 게 좋겠어요." 그는 얼굴을 찡그린 채 말했다.

나중에 타마라에게 말하자 그녀는 어깨를 으쓱했다.

"이 물질이 발암물질이라는 사실을 알고 있었어요?" 나는 그녀에게 물었다.

"아무도 말해준 사람이 없었어"라고 그녀는 대답했다. "하지만 암에 걸려도 이상할 게 없지. 정말 끝내주는 직업에 끝내주는 결말이군. 이 회사는 우릴 신경도 안 쓴다니까."

내가 10대 노동시장의 세계에서 내 자리를 찾기 위해 고군분투하는 동안 미군은 직접적이고 미묘한 방식으로 내게 그들이 유일한 희망임을 확신시키려 노력했다. 쇼 남쪽의 타워 지구에 있는 우리 학교는 군대의 영향력이 강했는데, 70.9퍼센트가 히스패닉계 학생으로 그중 60.4퍼센트가 빈곤하거나 빈곤에 가까운 가정 출신이었다. 쇼 북쪽에 있는 인근 학교에서는 대학들이 찾아와서 학생들에게 미래 교육을 소개하는 박람회가 열렸다. 하지만 우리 학교는 군대에서만 찾아왔다. 군인들은 몇 달에 한 번씩 수업에 참관해 우리가 입대하도록 설득했다. 어느 날, 교실에서 설명회를 듣던 나는 교실 밖으로 불려 나가 고위층 모집 담당자와 이야기를 나누게 되었다.

"우리는 너 같은 사람을 싸우도록 보내지 않는단다." 모집 담당자가 미소를 지으며 말했다. "넌 똑똑하더구나. 네 시험 점수를 보았다. 넌 가치가 있어. 너는 전략 일을 맡을 거다."

"아, 그럼 멍청한 놈들은 죽게 내보내는 건가요?" 나는 혼란스럽고 화가 나서 물었다. "그거 우생학 아닌가요?"

그는 대답하지 못했다. 그들은 나를 다시 입대시키려 들지는 않았지만, 마치 쇼 남쪽의 청소년들은 군인밖에는 될 게 없다는 걸 상기시키려는 듯 학교 식당에는 여전히 거대한 군 입대 안내 현수막이 걸려 있었다. 한편 군사예산은 록히드마틴, 레이시온 테크놀로지 같은 민간 무기 제조업체의 CEO 연봉과 함께 매년 증가했다. 친구들과 나는 학교와 직장이 쉬는 날마다 시위와 집회에 참석하면서 도심에서 벌어지는 반전운동에 동참했다. 나만의 아파트로 이사하는 데 필요한 두 달 치 월세를 벌기 위해 최저임금을 받으며 고군분투하던 나는 절실히 깨달았기 때문이다. 미국 정부는 전쟁에 쓸 돈은 있어도 나 같은 사람들을 돕기 위해 쓸 돈은 없다는 사실을 말이다.

컬럼비아대학교에서 조사한 바에 따르면, 2000년 미국에서 낮은 교육 수준으로 인한 사망자가 24만 5000명, 인종차별로 인한 사망자가 17만 6000명, 사회적 지원 부족으로 인한 사망자가 16만 2000명, 개인 빈곤으로 인한 사망자가 13만 3000명, 소득 불평등으로 인한 사망자가 11만 9000명, 지역 단위 빈곤으로 인한 사망자가 3만 9000명이라고 한다. 국가에서는 이러한 삶을 돌볼 예산은 부족하다고만 한다. 나는 일찍부터 우리가 사는 나라는 마땅히 누려야 할 것을 누릴 수 있는 곳과는 멀다고 느꼈고, 이런 상황이 나아질지 의문이 들었다. 내 펑크록 신의 친구들은 혁명이 곧 일어날 거라고 내게 장담했다. 그런데 만약 그들이 틀렸다면? 나는 더 나은 세상을 만들어야 한다는 신념과 지금 이 세상에서 살아남아야 한다는 욕구를 어떻게 조화시킬지 고민했다. 결국 고등학교 시절, 나는 내 인생을 위한 세 가지 간단한 지침을 세웠다.

1. 최선을 바라되 최악에 대비하자.
2. 살아남으려면 남의 산소마스크를 챙기기 전에 먼저 내 산소마스크부터 확보하자.
3. 무슨 일을 하든 주변 사람들을 잊지 말자.

일하기 시작한 지 대략 2년이 된 시점, 여전히 사진관에서 일하던 어느 날, 나는 정학 처분을 기다리며 교장실 문 앞에 앉아 있었다. 나는 가끔 밝은 보라색으로 염색한 머리로 나타나거나 코걸이를 빼는 걸 깜빡하는 등 학교의 복장규정을 위반하는 경우가 많았고, 일에 지나치게 몰두하다 보니 결석하는 날이 잦아져서 선생님들이 지도하기 힘들어했다. 나는 교장실 문 앞에 있는 의자에 앉아 불안을 떨쳐버리기 위해 다리를 앞뒤로 걸어차면서 어떤 문제로든, 어쩌면 둘 다로 혼날 각오를 했다. 그때 갑자기 학교 방송에서 2003년 졸업생 대표로 내가 선발되었다는 내용이 흘러나왔다. 나는 당황해서 눈썹을 찌푸렸다.

몇 분 후, 교장 선생님이 들어오라고 했다.

"실수가 있는 것 같은데요." 나는 책가방을 바닥에 내려놓으며 말했다. "저는 2004년에 3학년이 돼요. 올해 졸업하지 않아요."

"그건 말이다." 교장 선생님은 입술을 굳게 다물며 말했다. "너는 졸업할 만큼 학점이 충분하니 지금 당장 졸업하는 게 좋을 것 같구나."

별로 선택의 여지가 없는 것처럼 들렸다. 집에 가서 엄마에게 이 소식을 전했다.

"페데리코스에 가는 게 어때?" 엄마가 물었다. "길 아래에 있는 헤어 스쿨 말이야! 넌 머리를 잘 만질 거야."

수년간 직접 머리를 염색하고 잘라왔으니 엄마 말도 일리는 있었다. 그래도 나만큼 성적이 좋으면 뭔가 다른 방법이 있을 것 같았다. 더 나은 미래를 위해서 말이다. 나는 대학이 어떻게 운영되는지 잘 몰랐지만, 내가 아는 한 대학에 다니는 데 10만 달러가 넘게 들었고, 이는 확실히 내 예산을 벗어났다. 하지만 주변에서는 내가 학사 학위만 취득하면 인생의 모든 것이 잘 풀릴 것이라고 확신했다. 겨우 열여섯 살에 진로를 어떻게 결정해야 할지 막막했던 나는 2년제 학위를 받기 위해 지역 전문대학에 등록했다. 그렇게 하면 무엇보다 계획을 세울 시간을 벌고 비용도 절약할 수 있었다.

학점당 10달러의 비용으로 지역 전문대학의 수업을 풀타임으로 들었다. 수업 일정의 유연성도 높아져 사진관에서 더 오래 일할 수 있게 되었다. 그렇게 해서 마침내 아파트 얻을 돈을 모았다. 유일한 문제는 미성년자인 내게 집을 세줄 사람이 있을까 하는 것이었다. 임대계약을 체결하기 위해서는 법적 성년이 되어야 하는데, 법적 성년으로 인정받기 위해서는 일정한 거주지가 있다는 걸 증명해야 한다. 나는 이모와 삼촌에게 법적 성년 자격을 얻기 위해 두 사람의 집 중 한 곳으로 이사해도 되는지 물었다. 두 사람은 눈을 크게 뜨고 서로를 바라보며 깊이 고민했지만, 결국 거절했다. 충분히 이해했다. 나라도 머리를 파랗게 염색하고 망사 스타킹을 신은 채 집에서 뾰로통한 얼굴로 있는 10대 아이는 원하지 않았을 것이다. 그야말로 딜레마였다. 살 곳을 얻기 전에는 법적으로 독립할 수 없고, 법적으로 독립하기 전에는 살 곳을 얻을 수 없었다. 게다가 법적 성년이 되기 위해서는 부모의 동의가 필요했는데, 그건 내게 지뢰밭처럼 느껴졌다. 엄마와 함께 들어가야 하는 지뢰밭. 어쩌면 내가 열여덟 살이라고 하면 확인하지 않을 것 같았다.

가장 친한 친구 라이언과 함께 아파트를 찾아다녔다. 몇 주 후 마침내 완벽한 장소를 발견했다. 타워 지구 중심부의 올리브스트리트에 있는 침실 두 개짜리 아파트였다. 출생 연도를 1985년으로 바꾸고 나이를 열여덟이라고 적어 임차신청서를 작성했다.[*] 나는 집주인이 부디 내 운전면허증을 확인하지 않기를 기도했다. 집주인은 법인도 아니었고, 신분증 확인은 그로부터 5년 후에나 적극적으로 시행되었다. 그는 소방서에서 일하는 평범해 보이는 사람이었다.

"내 딸이 생각나네요." 그는 웃으며 말했다. "고등학교 때 토론 수업을 했나요?"

"토론팀의 주장이었는걸요!" 나는 최대한 호감이 가도록 애쓰며 말했다. 어쨌거나 거짓말은 아니었다. 내가 다니던 고등학교의 토론팀은 괴짜들을 위한 클럽하우스 같은 것이었다. 펑크록 잡지를 좋아하고 투지가 넘쳤던 나는 누가 봐도 괴짜들의 대장감이었다.

---

[*] 미국에서 집을 임대하기 위해서는 먼저 임차신청서를 제출한 후 입주심사를 거쳐야 임대계약을 맺을 수 있다.

이틀 뒤, 아파트 입주가 승인되었다는 소식을 들었다. 나는 한밤중에 엄마 집에서 몰래 나와 들키지 않게 조심하며 라이언의 차에 짐들을 전부 쑤셔 넣었다. 새 아파트에서의 첫날 밤, 나는 소파에 누워 숨을 내쉬었다. 전에는 경험하지 못한 감정이 느껴졌다. 바로 휴식이었다.

다음 날, 엄마에게서 문자 메시지가 왔다.

"이사했니?"

"응." 나는 뿌듯하게 대답했다.

내 집은 게이이거나 종교가 없는 아이, 자식이 왜 이상한 피어싱을 하고 시끄러운 음악을 듣는지 이해하지 못하는 부모를 둔 아이, 왜 자기애가 더 *평범*해지지 못하는지 궁금해하는 부모를 둔 아이 등 가족 관계로 어려움을 겪는 친구들에게 일종의 안식처가 되어주었다. 우리는 밤마다 거실에 모여 가족들이 함께할 만한 보드게임을 하며 우리를 외면한 가족의 자리를 서로 대신했다. 집에서 알록달록한 펀페티 케이크를 만들어 먹었고, 순회공연 밴드가 오면 재워주었다. 혼전 성관계를 가졌다는 사실을 알면 분명히 인연을 끊어버릴 종교인 부모를 둔 친구들을 위해 크라우드펀딩으로 낙태 비용을 모으기도 했다. 동네의 펑크록과 하드코어 신의 다른 아이들은 농담으로 이런 우리를 사이비 종교 집단이라고 불렀다.

"우린 사이비가 아냐." 나는 우리를 변호했다. "우리는 서로를 보살펴주는 거야. 서로 가족 같은 존재거든."

나를 키워준 타워 지구에 빚을 갚는 거였다. 공동체는 모두를 더 강하게 만들었고, 올리브스트리트의 아파트에서 우리는 오랜 세월 우리에게 많은 것을 준 공동체에 보답했다. 나는 여전히 시간당 6.75달러의 최저 임금을 받으며 일했다. 월수입은 600달러 정도였고, 그중 절반은 바로 월세로 빠졌다. 청구서를 해결하고 차에 기름을 넣는 것만으로도 헉헉 거렸고, 그나마 감당할 수 있는 음식은 타코벨의 1달러 메뉴뿐이었다. 그래도 미래는 밝아 보였다. 살아남는 방법을 알아냈으니 다음 단계인 번창하는 방법을 알아내면 되었다. 내가 아는 모든 사람의 말이 옳다면, 성공의 첫 단계는 이 빌어먹을 프레즈노를 탈출하는 것이었다.

집을 빌리는 방법

주택이나 아파트를 임대하는 것이 해마다 더 어려워진다. 좋은 집에 들어가기 위한 경쟁은 점점 치열해지고, 집주인들은 입주자들을 고생시키려고 작정이라도 한 듯하다. 아파트 임대에 관해 알아야 할 것들을 살펴보자.

  1. 룸메이트가 많을수록 임대료는 저렴해진다. 일반적으로 원룸 아파트는 한 집에서 방 하나만 빌리는 비용보다 훨씬 비싸다. 방만 임대해서 돈을 절약하고 싶다면, 같이 집을 구할 룸메이트를 찾거나 크레이그리스트나 페이스북 같은 곳에서 이미 임대 중인 방을 찾아볼 수 있다. 이런 걸 '룸쉐어Room share'라고 한다. 여럿이서 새롭게 집을 구하기보다는 이미 임대 중인 방에 들어가는 것이 경제적일 수 있다. 임대료는 시간이 지날수록 증가하는 경향이 있으므로 이미 임대된 방은 지금보다 더 낮은 임대료로 계약했을 가능성이 크기 때문이다.

2. 새로운 곳으로 이사할 때는 일반적으로 월 임대료의 두세 배 자금이 필요하다. 집주인이 '보증금과 첫 달(때로는 마지막 달) 월세'를 원할 것이기 때문이다. 보증금은 집에 손해가 발생할 경우를 대비해 일반적으로 집세의 몇 배에 해당하는 금액을 선불로 내는 것이다. 보증금은 엄밀히 따져 이사할 때 환불받을 수 있지만, 집주인들은 대부분 사기꾼이어서 보증금의 일부나 전부를 빼앗기 위해 어떻게든 사유를 찾으려 들 것이다. 가능하다면 새집으로 이사할 때 입주하기 전에 파손된 부분이 있는지 사진을 찍어둬라. 그렇게 하면 이사를 나갈 때 집주인이 보증금에서 그 부분에 대해서는 공제할 수 없다.

3. 임대를 신청할 때 집주인은 일반적으로 당신의 신용점수와 현재 고용 상태를 확인할 것이다. '패킷Packet'을 만들어서 선수 치는 것을 추천한다. 패킷은 이런 것이다.

a. 집에 입주할 모든 사람과 반려동물을 설명하는 소개서. 호감을 사기 위해 매우 귀여워 보이는 반려동물의 사진을 첨부해라.

b. 일반 임대신청서(보통 인터넷에서 찾을 수 있음).

c. 모든 입주 신청자의 신용점수 스크린샷. 누군가 신용점수가 낮거나 신용점수가 없는 경우에도 이를 포함하고, "빚을 내는 것이 싫어서 신용 기록이 없습니다만 저는 책임감이 강하고 집세를 제때 냅니다!"와 같은 메모를 추가해라. 다만 너무 개인적으로 접근하지 말고 합리적인 사람처럼 보일 만한 설명만 포함해라. 어차피 집주

인은 신청서를 확인할 때 좋지 않은 신용 상태를 알게 될 것이다. 이렇게 하면 최소한 그 단계까지는 갈 수 있다.

d. 모든 입주 신청자의 소득이 표시된 3개월치 급여명세서. 이 서류가 없으면 직장의 급여 부서나 인사 부서에 문의하면 도움을 받을 수 있다.

e. 모든 입주 신청자의 상사나 인사 부서의 고용확인서. 그들이 너무 바빠서 해줄 수 없는 경우, 직접 문서를 작성할 테니 서류를 검토하고 서명만 해줄 수 있는지 물어봐라. 서류에 현재 고용 상태, 급여 수준, 앞으로의 고용 유지 현황이 확실히 명시되어 있으면 더욱 좋다.

f. 모든 입주 신청자의 은행계좌 또는 저축계좌 스크린샷. 이는 월 임대료의 두세 배를 선불로 낼 만큼 여유가 있다는 것을 증명하고, 보증금을 지불하고 집을 구할 자금이 있다는 걸 보여준다.

4. '패킷'을 만들 때 여러 장을 인쇄해서 부동산 중개인에게도 건네라. 아마도 받는 사람들은 처음에 당황해하거나 어리둥절해할 것이다. 그러나 나중에 패킷을 살펴보게 된다면 기본적으로 자신이 해야 할 일을 당신이 해줬다는 사실에 깊은 인상을 받을 것이다. 신용점수가 좋지 않거나, 반려동물이 있거나, 임대 이력이 많지 않더라도, 당신이 준비되어 있고 책임감 있는 사람으로 보여 그들에게 좀 더 호감을 줄 것이다!

5. 룸쉐어를 신청하고 이미 함께 사는 사람들을 만나는 경우 쿠키 같

은 달콤한 간식을 가져가는 것도 괜찮다. 뇌물로 안 되는 건 없다.

6. 집주인이 당신의 현재 고용주와 이전 집주인에게 전화해서 당신의 책임감에 대해 문의할 수도 있다. 상사나 전 집주인과 문제가 있었고 그들이 좋은 평가를 해주지 않을 것 같다면, 친구에게 대신 전 상사나 집주인인 척해 달라고 부탁해라.

이곳에서 도망쳐야 해

I Survived
Capitalism
and All
I Got Was
This Lousy
T-Shirt

프레즈노 같은 도시에서 자라면 '도망쳐'라는 말을 많이 듣게 된다.

"샌디 소식 들었어?"

"응, 포틀랜드로 이사했잖아. 결국 도망쳤네."

프레즈노는 꿈과 기회가 죽어버리는 싱크홀이어서, 인생에서 가치 있는 일을 하고 싶다면 모든 꿈이 죽기 전에 싱크홀, 즉 이 마을에서 도망치는 게 최선이라고 다들 생각했다. 사람들은 캘리포니아 센트럴밸리의 문턱을 지나면 지평선 너머에 더 나은 삶이 있을 거라고 믿었다. 프레즈노 같은 곳에서 벗어날 수만 있다면 분명 인생 전체가 더 나은 방향으로 바뀔 거라고 확신했다. '더 나은' 것이 정확히 무슨 뜻인지 알지 못했지만, 어쨌든 프레즈노에서는 일단 도망치는 게 맞는 것 같았다.

나는 어릴 때부터 '도망쳐'라는 교훈을 마음에 새기고 샌프란시스코를 내 삶의 목표로 삼았다. 어릴 적 〈그래서 나는 도끼 부인과 결혼했다

So I Married an Axe Murderer〉라는 영화를 좋아했다. 마이크 마이어가 여러 인물을 연기하는 1990년대 초반 영화인데, 그는 억양에서부터 외모까지 모든 걸 다른 사람처럼 보이게 했다. 주인공 스튜어트는 사랑을 찾아 헤매는 샌프란시스코의 비트 시인으로, 도끼 살인범일 수도 있고 아닐 수도 있는 해리엇이라는 여자와 데이트를 한다. 영화 속에서 스튜어트는 새처럼 꽥꽥거리거나 행간을 끊는 비트 시를 낭송한다. 그리고 영화의 B롤B-roll 영상에는 그가 빈티지 폭스바겐 카르만-기아를 타고 샌프란시스코의 매력적인 거리를 달리는 모습이 담겨 있다. ADHD로 인한 과잉집착증 때문에 나는 그 영화를 반복해서 보면서 언젠가는 나도 샌프란시스코에 살겠다고 다짐했다. 프레즈노에서 *도망쳐서* 말이다.

대학은 내가 프레즈노를 벗어날 유일한 기회였다. 그냥 샌프란시스코로 이사하는 것은 돈 낭비에 불과했다. 하지만 *대학에 진학하기 위해* 이사하는 건 내 미래를 위한 투자가 되리라. 나는 다음 단계의 계획을 세웠다.

1. 돈 절약하기
2. 샌프란시스코로 이사하기
3. 대학에 들어가기 🖤

종이에 적힌 글은 쉬워 보였다. 그러나 실제로 *실행하는 것*은 다른 이야기였다. 어느 누구도 프레즈노에서 '도망치기' 위해서 어디로 가야 하는지, 어떻게 해야 하는지, 그곳에 도착하면 무엇을 해야 하는지 알려주지 않았다. 우리는 스스로 추측할 수밖에 없었고, 내 주변 사람들은 다양한 방식으로 저마다의 답을 찾아냈다.

어느 날, 나는 타워 지구의 주차장 한가운데에 서서 북쪽으로 떠나는 폭스바겐 미니버스를 배웅했다. 버스에 탄 타워랫 아이들이 우리 일행을 향해 창밖으로 작별 인사를 건넸다. 그들은 프레즈노 탈출자들에게 인기 있는 목적지인 오리건주 포틀랜드로 이사하는 중이었다. 또 다른 날에는 매켄지가 자신의 짐을 토요타 에코의 뒤에 싣는 것을 도왔다. 매켄지는 로스앤젤레스에서 바로 할리우드 대로에 있는 원룸 아파트를 구했는데, 10대 시절 우리가 여러 번 몰래 드나들던 파티 장소 근처였다. 한 여자애는 인터넷에서 남자를 만나 오하이오로 이주해 그와 함께 가정을 꾸렸다. 또 한 친구의 친구는 펑크 그룹과 함께 기차 무임승차로 미국 전역을 여행했다. 나보다 경제적으로 나은 부모님을 두었던 라이언은 시카고에 있는 미술학교로 진학했다. 그러나 어디로 갔는지는 중요하지 않았다. 중요한 건 떠났다는 사실이었다. 모두 거기가 어디든 프레즈노보다는 낫다고 여기는 듯했다.

나는 열여섯 살에 고등학교를 졸업했기에 지역 전문대학에서 준학사 학위를 받았을 때 열여덟 살이었다. 그해 라이언과 함께 살던 아파트의 임대계약이 종료되었다. 다음 이사 계획을 세우기 위해 샌프란시스코의 크레이그리스트에서 아파트 시세를 알아보았다. 하지만 당시 그곳의 평균 월 임대료는 1451달러였다. 내 월 소득의 두 배가 넘고, 그때 내던 월세 300달러의 다섯 배에 가까운 금액이었다. 더 빈털터리가 되지 않는 방법을 고민해 보는 게 무색할 정도로 너무 가진 게 없었다. 그래도 고민해 보았다. 어떻게든 이 동네를 떠날 방법이 있을 터였다.

준학사 학위를 마치기 몇 주 전 '마약상'이라고 부르던 전 남자친구를 처음 만났다. 물론 나중에는 이 남자 말고도 더 많은 마약상과 사귀긴 했다. 내 친구의 친구였던 그는 동네 사람들에게 마약을 팔기 위해 한 달에 몇 번씩 산타크루즈에서 프레즈노까지 차를 몰고 내려왔다. 그는 나보다 몇 살 위였고 프레즈노에서 자랐다. 여전히 구제 옷을 입고 머리는 자기 손으로 잘라 비뚤배뚤했지만, 프레즈노에 사는 우리에게는 모든 외부인이 그러하듯이 그는 매력적이었다. 프레즈노를 탈출했으니까.

어느 날 밤, 시내에서 공연이 끝난 후 열린 파티에서 순회 헤드라이닝 밴드의 남자 세 명이 나를 구석에 몰아넣고 몸을 마구 더듬어댔다. 나는 비명을 지르고 악을 쓰며 내 옷을 잡아당기는 그들의 손을 밀어냈다.

"이건 칭찬이야." 그중 한 남자가 말했다. "넌 자랑스러워해야 해. 네가 프레즈노에서 가장 멋진 여자애 같거든."

그의 말에 패거리들이 킬킬거리며 웃었다. 메이저 밴드인 그들에겐 프레즈노 사람들이 웃음거리였던 것 같다. 프레즈노 출신 여자가 자기들 눈에 든 것만으로도 행운이라고 생각해야 한다는 메시지였다. 내가 그들의 팔을 떼어내려고 몸부림칠 때, 한 남자가 그들 뒤로 다가와 그들의 팔을 잡았다.

"내가 말했잖아." 그가 분노하며 소리쳤다. "다신 이런 짓 하지 말라고!"

'다신'이라고⋯⋯. 그 말이 머릿속에 맴돌며 울려 퍼졌다. 그 남자들은 연쇄 성범죄자였다. 나는 기회를 틈타 그들의 손아귀에서 벗어나 '마약상'이 불법으로 간이 바를 두고 손님을 받던 공간으로 달려갔다. 나는 멍하니 그의 앞에 있는 의자에 앉았다.

"한잔할래?" 그가 물었다. 우리는 동네에서 같은 친구를 둔 사이였고 오가며 만난 적이 있었다.

"아니." 나는 고개를 저으며 말했다. "가야 해. 집까지 데려다줄 수 있을까? 여기서 가까워. 지금은 혼자 가고 싶지 않아서 그래."

"물론이지." 그가 말했다. "어차피 일도 끝나가."

'마약상'은 카드 테이블로 만든 바에서 물건을 정리한 후 나를 집에 데려다주기 위해 나섰고, 우리 둘은 무더운 여름밤에 격자 모양이 지루하게 이어지는 거리를 헤매며 프레즈노 시내에서 타워 지구의 초입까지 걸어왔다. 나는 '강제추행'이란 직접적인 단어를 피해 '나쁜 마주침'이라는 말로 밴드 일당들의 사건을 대강 얼버무렸다. 그도 자신이 겪은 '나쁜 마주침'에 대해서 들려주었다. 대부분 10대 때 클로비스 인근 마을에서 KKK와 있었던 일이었다.

"도망쳐야만 했어." 그가 말했다.

나는 이해한다는 뜻으로 고개를 끄덕였다. 집에 도착했을 때 그는 안으로 들어왔고 일주일 동안 머물렀다.

"넌 아직도 여기서 뭐 하는 거야?" 어느 날 밤 그가 나에게 물었다. "내 말은 프레즈노에서 말이야. 왜 아직 안 떠났어?"

"나도 모르겠어." 내가 말했다. "이번 주에 준문학사가 끝나거든. 이 아파트 임대계약도 거의 다 되어가고. 어딘가로 가야 한다는 건 알지만, 어디로 어떻게 가야 할지 잘 모르겠어."

"산타크루즈는 어때? 나랑 같이 살 수 있어. 내 말은, 지금 당장은 자리가 없어서 소파에서 자야 되지만 방을 찾을 수는 있을 거야. 거기에는 내 친구도 있고 프레즈노 출신의 다른 사람들도 있어. 너도 마음에 들 거야."

산타크루즈는 전에 가본 적이 있었다. 고등학생 때 펑크록 친구들이랑 몇 번 같이 갔었다. 수업을 빼먹고 친구들의 낡은 차를 타고 스피커 볼륨을 최대치로 올려 어딕츠와 미스피츠의 음악을 쾅쾅 울리며 갔다. 우리는 구겨진 5달러와 1달러짜리 지폐를 모아 기름값을 냈다. 돌아올 때 쓸 기름값은 없었다. 대신 우리는 산책로 근처에서 판지를 주워다가 그 위에 검은색 마커로 '히피와 사진 찍는 데 5달러'라고 커다랗게 적었다. 나는 머리를 보라색, 파란색, 빨간색으로 물들이고 코에 커다란 고리를 끼고 있었다. 그리고 찢어진 망사 스타킹과 표범 무늬 재킷을 입고 엄마가 물려준 닥터마틴을 신고 있었다. 내 친구들의 머리는 제리 온리처럼 리버티 스파이크나 데빌 록 스타일이었다. 관광객들은 우리와 함께 가족사진을 찍기 위해 5달러를 냈다. 사진 속에는 파스텔톤 옷을 입은 건전하고 상냥한 사람들 사이로 괴상망측한 머리와 피어싱이 가득한 얼굴에 패치와 징, 스파이크로 뒤덮인 옷을 입은 우리가 서 있었다.

그곳으로 이사해 볼 생각은 한 번도 해본 적이 없었다. 그래도 북쪽이고 바다와 가까웠기 때문에 프레즈노보다는 샌프란시스코에 더 가까웠다. 무엇보다 그곳은 다른 곳이었고, 그게 실제로 중요한 전부였다.

"좋아, 같이 가자." 나는 말했다.

몇 주 후, 그는 우리가 살 집으로 해안 근처의 복고풍 2층 주택을 찾았다. 보증금을 포함해 입주에 필요한 비용은 각각 700달러였다. 내 한 달 수입보다 많은 돈이었다. 나는 이사에 필요한 돈을 마련하기 위해 일주일 내내 친구들에게 거실에서 머리를 깎아주겠다고 제안했다. 오래전부터 나는 내 머리를 직접 잘랐다. 다른 사람의 머리를 자르는 것도 어렵지 않을 것 같았다. 친구들 대부분은 머리를 자를 필요가 없는데도 일부러 나를 돕기 위해 우리 집 문 앞에 줄을 섰고, 주머니에 꼬깃꼬깃 접어 두었던 돈을 여력이 되는 한도 내에서 냈다.

밴드 티셔츠를 잘라 만든 베이비 티셔츠나 후드티에 푹신한 공주 소매를 단 옷, 이상한 곳에 지퍼와 레이스를 꿰맨 옷 등 예전에 리폼했던 옷들도 내다 팔았다. 다행히 2주 만에 이사에 필요한 700달러를 벌었다. 나는 새턴 뒷좌석에 최대한 짐을 쑤셔 넣고 북쪽으로 세 시간을 운전해 산타크루즈까지 갔다. 농경지를 지나 구불구불한 언덕을 넘고 주요 고속도로를 빠져나가 해안선을 따라 달리는 CA-1 고속도로로 진입하려는데, 한 남자가 길가에서 히치하이킹을 시도하고 있었다. 이글거리는 태양 아래서 땀에 흠뻑 젖은 비참한 몰골로 그는 배낭 위에 앉아 엄지손가락을 내밀었다. 나는 차를 세웠다.

"안녕하세요!" 나는 창밖으로 소리쳤다. "당신을 태워주면 혹시 나를 죽일 건가요?"

"죽일 거라 한들 그렇다고 말할까요?" 그가 맞받아 소리쳤다.

젠장, 그 말이 옳았다.

"저기요, 태워줄 건가요, 말 건가요?" 그는 물었다. "저물녘까지 산타크루즈에 도착해야 해서요."

나는 조수석에 있던 오래된 감자튀김이 담긴 종이봉투를 바닥에 내려놓고 몸을 기울여 차 문을 열어주었다.

"타세요!" 나는 소리쳤다. "나도 산타크루즈로 가는 중이에요."

우리는 별다른 대화 없이 라디오를 크게 틀고 크래스와 점스 같은 오래된 펑크록을 들었고, 그렇게 한 시간여를 달린 끝에 산타크루즈 시내 중심가에 도착했다.

"밥 먹을 돈은 있어요?" 나는 그가 차에서 내리자마자 물었다.

"아뇨." 그가 말했다. "제가 알아서 할게요."

나는 털이 달린 치타 무늬 지갑에서 5달러를 꺼내 그의 손에 쥐어주었다.

"여기요. 적어도 타코벨에는 갈 수 있을 거예요. 여기도 타코벨이 있나요?"

"그럼요. 로커빌리 아이들의 놀이터죠. 하지만 진짜 괜찮아요. 차도 태워줬는데 돈은 됐어요."

"이봐요, 나도 살면서 차도 많이 얻어 타고 먹을 것도 얻어먹고 그랬어요. 그냥 선행 나누기라고 생각해요."

그는 입술을 꽉 다물고 이해한다는 뜻으로 고개를 끄덕였다. 우리는 모두 그저 최선을 다해 살아갈 뿐이다. 때로는 주는 쪽이기도 하고, 때로는 받는 쪽이기도 하면서 말이다. 그날은 내가 주는 날이었다.

'마약상'이 찾아낸 집은 전혀 산타크루즈에 있다고 말할 수 없었다. 그 집은 산타크루즈에서 차로 약 15분 거리에 있는 앱토스라는 인근 해변 마을에 있었으며, 1970년대 복고풍 목재 패널로 덮여 있었다. 우리가 빌린 방은 차고 옆 아래층 작은 방 두 개 중 하나였고, 방에는 내가 어릴 때 썼던 것과 똑같은 지저분한 갈색 카펫이 깔려 있었다. 그래도 위층으로 올라가면 집을 빙 둘러싼 거대한 데크에서 산타크루즈로 이어지는 아름다운 북쪽 해안선이 보였다.

산타크루즈는 빅토리아 시대 또는 에드워드 시대의 건축양식이나 우리 집 같은 복고풍 양식, 숲속에 자리 잡은 소박한 목장 주택 등 매혹적인 고택으로 가득했다. 프레즈노가 가라앉는 배라면 산타크루즈는 내가 몇 년 동안 노를 저으며 가려던 지평선의 해안일지도 모른다는 생각이 들었다. 밝은 색으로 페인트칠한 '벌집'이라는 귀여운 별명을 가진 집들은 라이브 밴드를 불러 파티를 열고 안에서 롤러스케이트를 탈 수 있었다.

거의 매일 밤 해변에는 자정까지 모닥불이 피워져 있었고, 혹시라도 그곳에 친구가 없더라도 다른 무리가 마실 것을 권했다. 내가 너무나 좋아하는 옛날 게임기들이 늘어선 넓은 산책로가 있었고, 그 길 건너편에는 내가 세계에서(적어도 내가 가본 몇 군데 가게 중에서) 가장 좋아하는 타코 가게 라스팔마스가 있었는데, 그곳의 타코는 겉면을 바싹하게 튀겨 한 입 먹을 때마다 바사삭 부스러졌다. 예술가, 학자, 히피, 마녀처럼 흥미로운 사람들도 많았다. 한 파티에서 만난 여자애는 말할 때마다 소리를 질렀는데 경찰이 쳐다보자 "나 취한 거 아니에요. 그냥 기분이 더러워서 그래요"라고 말했다. 산타크루즈는 프레즈노에서 결코 느껴보지 못한 마력이 있었다.

마을에서의 첫날 밤, 나는 아래층 작은 방에 있는 옷장에 짐을 풀고 서둘러 잠을 청하며 어서 더 좋고 밝은 삶이 시작되길 바랐다. 나는 마침내 프레즈노에서 *도망쳤다.*

하지만 어디에서나 생활하기 위해서는 돈이 든다. 나는 하루빨리 생활비를 전보다 많이 벌 방법을 찾아야 했다. 다음 날 아침, 6시에 일어나 칼라 달린 티셔츠와 긴바지를 입었다. 평소 내 복장과는 거리가 멀었다. 배꼽이 보이는 짧은 티와 줄무늬 바지, 징 박힌 벨트와 닥터마틴은 쉬는 날이었다.

"뭘 입은 거야?" '마약상'이 침대에 누워 눈을 비비며 물었다.

"사무실 복장이야. 일자리를 찾아야지." 내가 대답했다

"어번 아웃피터스 같은 곳에 지원해 보면 어때?"

"그게 뭔데? 식료품점 같은 거야?"

"옷 가게야. 시내에 있어" 그는 졸린 목소리로 대답했다.

"최저시급 이상은 받고 싶어. 시간당 6달러는 프레즈노에서도 빠듯했어. 여기에서는 턱없이 부족할 거야. 이제 20달러밖에 안 남았다고."

그는 어깨를 으쓱하고는 다시 눈을 감았다. 나는 집을 나와 만을 따라 남쪽으로 한 시간 거리에 있는 몬터레이를 향해 운전했다. 프레즈노를 떠나오기 전 인터넷과 전화번호부에서 산타크루즈나 앱토스에서 가장 가까운 임시직 취업알선소를 찾아놓았다. 그곳 웹사이트는 시간당 최대 20달러까지 받을 수 있다고 자랑했다. 나는 대학 도서관에서 작성해 인쇄한 이력서 스무 장을 서류 폴더에 안전하게 넣은 뒤 운전하는 내내 차 좌석 밑에 보관하고 다녔다.

'여기가 내 인생이 피기 시작하는 곳이구나.' 취업알선소 주차장에 차를 세우면서 생각했다.

사무실 안으로 들어서자 경력이 꽤 있어 보이는 여성이 나를 반갑게 맞이하며 벽을 따라 컴퓨터가 줄지어 늘어선 곳으로 정중하게 안내했다. 나는 워드, 엑셀, 파워포인트의 숙련도 정도를 테스트 받았다. 기본적인 읽기, 쓰기와 산수 테스트도 거쳤다. 타자 속도를 테스트했는데 컴퓨터에 분당 100단어라는 숫자가 떴다. 어드바이저는 내 점수에 만족한 듯 보였다.

"타자 수업을 받았었나요?" 그녀가 물었다.

"아니요." 나는 고개를 저으며 대답했다. "인터넷 채팅방하고 게시판에서 살았거든요."

"시간당 15달러 이상 받을 수 있겠어요. 그 정도 능력이면 찾는 곳이 많아요." 그녀는 웃으며 말했다.

나는 환하게 웃었다. "그럼 일자리가 있다는 말인가요?"

"네. 시간당 15달러인데 여기서 남쪽으로 45분 정도 걸려요. 문제가 될까요?"

나는 낙담했다. 몬터레이에서 남쪽으로 45분이면 산타크루즈에서는 1시간 45분이 걸리고, 교통량을 고려하면 거의 매일 네 시간씩 운전해서 출퇴근을 해야 한다는 뜻이었다. 나의 낡아빠진 작은 새턴은 이미 엔진 오작동을 일으키기 시작했고 50킬로미터를 달릴 때마다 과열되었다. 그 정도의 정기적인 주행은 버티기가 불가능했다. 대중교통도 제한적이었고.

"더 가까운 곳은 없을까요? 좀 더 북쪽으로, 산타크루즈 쪽이요."

"지금은 없네요." 그녀가 말했다. "솔직히 몬터레이 베이는 일자리가 아주 많은 편은 아니에요. 계절에 따른 일이나 관광업이 주로라서 지금은 비수기거든요. 생각해 보고 내일 알려줄래요? 출근은 월요일부터 하면 돼요."

희망을 잃은 채 산타크루즈로 차를 몰고 돌아와 시내의 밝게 페인트 칠한 멋지고 비싸 보이는 집들 사이를 돌아다녔다. 이렇게 크고 아름다운 집을 지었다면 분명 돈을 벌었다는 건데, 도대체 어디에서 돈을 벌었을까? 낙담한 나는 시내 거리에 멈춰서 어번 아웃피터스와 길가의 다른 옷 가게 몇 군데에 이력서를 냈다. 하지만 대부분 이력서는 본체만체하고 내 옷차림만 눈여겨보았는데, 안타깝게도 멋진 옷 가게보다는 사무실에 더 어울릴 비즈니스 캐주얼 룩이었다. 몇 번의 시도가 실패로 끝나자 나는 집으로 돌아와 옷장에서 가장 개성 있고 '패셔너블한' 옷으로 갈아입고 다시 일자리를 찾아 나섰다. 시내로 돌아가니 새 옷이 효과가 있었다. 한 점장은 나를 위아래로 훑어보더니 흡족한 표정으로 언제부터 일할 수 있는지 물었다.

"지금 당장도 가능해요!" 너무 간절한 나머지 이 말이 불쑥 튀어나왔다. "전 정말 일자리가 필요해요!"

그녀는 약간 얼굴을 찡그린 채 내게서 한 걸음 떨어졌다. 이윽고 내가 너무 절망적인 태도를 보였다는 것을 깨달았다. 고용하기 가장 적합한 사람은 그 자리가 필요 없는 사람이라는 건 누구나 아는 사실이다. 일자리가 필요하다는 건 내 고용 수요가 많지 않다는 뜻이며 거기에는 그럴

만한 이유가 있을 것이다. 실직 기간이 길어질수록 채용될 가능성이 줄어드는 것은 당연한 이치다. 이는 2011년 UCLA가 연구한 결과다.

"자리가 나면 연락할게요." 점장은 껄끄러운 표정으로 말했다.

그날 늦게 내가 가진 옷 중에 가장 좋은 옷을 골라 시내의 중고 가게에 가져가 팔았다. 약 50달러를 받아 그날 일당은 메웠다.

그날 이후 나는 프레즈노에서 탈출하면 얻으리라 믿었던 더 나은 삶을 위한 기회와 초월적인 것을 찾아 도시를 돌아다녔다. 그러나 내가 찾은 것은 수백만 달러짜리 주택에 살며 무지개 벽화와 무료 도서관을 앞세워 진보적이라고 주장하는 웃는 얼굴의 사람들과, 인구통계학적 구성을 들여다보면 그들이 주장하는 진보가 현실과는 다르다는 사실뿐이었다. 그날 저녁, 나는 '마약상'에게 물었다. "여기 가난한 사람들을 어디에 있어?"

"무슨 말이야?" 그가 되물었다. "우리 주변에 가난한 내 친구들 있잖아."

"그렇지. 하지만 대부분 프레즈노 출신이잖아. 네 친구가 아닌 다른 가난한 사람들은 어떤데? 그 사람들은 어디에 살아?"

"흠." 그는 생각하더니 말했다. "왓슨빌에 살걸."

왓슨빌은 산타크루즈에서 20분 정도 떨어진 작은 도시였고, 두 도시는 인구학적으로 엄청난 차이가 있었다. 산타크루즈의 인구 중 라틴계는 24퍼센트에 불과했다. 인근 도시인 왓슨빌에서는 72.8퍼센트로 세 배나 높았다. 프레즈노에서도 인종차별이 있었지만 왓슨빌과 산타크루즈만큼 극단적이지는 않았다. 왓슨빌의 평균 연간 가계소득은 5만

5470달러로 바로 옆 도시인 산타크루즈의 거의 절반에 불과하고 빈곤율은 31퍼센트나 더 높았다. '마약상'이 옳았다. 산타크루즈에 가난한 사람들이 있었다면 아마도 산타크루즈가 아니었을 것이다. 아마 왓슨빌이었을 것이다. 세상의 모든 게 옳다고 느껴져야 할 그림 같은 해변 마을에서 모든 것이 잘못되었다고 느꼈다. 권력과 싸우기보다 권력에 동조하는 상류층 사람들이 눈가림으로 꾸민 가짜 반문화 히피의 위선이 무척이나 폭력적이고 부정직하게 느껴졌다. 사기당한 기분이었다.

그날 밤, '마약상'과 나는 그의 친구 집에 갔다. 하버하우스라는 산타크루즈 항구 바로 옆에 있는 크고 오래된 집이었는데, 확실히 마을에서 가난한 사람이 사는 몇 안 되는 곳 중 하나였다. 프레즈노에서 이사 온 사람들이라면 거쳐 가는 집으로, 모두 나보다 나이가 많았고 몇 명은 아는 얼굴이었다.

"축하해요." 모두가 한목소리로 말했다. "도망쳐 나왔네요!"

나는 미소를 지으며 그들에게 감사를 표했지만, 축하받는 이유를 이제는 알 수 없었다. 지금까지 내가 경험한 산타크루즈는 프레즈노보다 나은 삶을 살기가 훨씬 더 어려워 보였으니까.

"일자리 찾기가 힘드네요." 나는 그들에게 말했다. "오늘 스무 군데 정도 지원했는데, 여기는 일자리가 별로 없는 것 같아요?"

'마약상' 친구 중 한 명이 고개를 끄덕이며 "작은 마을이니까요"라고 말했다. "취업하기 가장 좋은 방법은 아는 사람을 통하는 거예요. 여긴 경쟁도 치열하고 실제로 일자리도 많지 않으니까요."

그의 말이 옳았다. 미국 전체 채용의 최대 50퍼센트가 추천을 통해 이루어진다.

"어디서 일해요? 거기는 사람 안 구해요?" 내가 물었다.

"사진 현상소 본사에서 일해요. 사진 현상소에서 일해본 경험 있어요?" 한 남자가 말했다.

"필름 안정제는 항상 분홍색으로 변하죠?" 나는 웃으며 말했다. 내가 해본 일이었다.

다음 주 월요일, 나는 시내에 있는 사진 현상소에서 첫 교대 업무를 시작했다. 거대한 사무실에는 전 세계 사진가들에게서 걸려오는 전화를 받는 사람들로 가득 차 있었다. 내 업무는 고객 서비스였다. 최저임금을 받았지만 어쨌든 직업이었다. 고객들은 전화를 걸어 가격이나 필름 처리, 인쇄에 대해 질문했고, 나는 자료를 뒤져가며 질문에 답하기 위해 최선을 다했다. 가끔은 내 영역 밖의 일을 두고 나를 향해 소리를 지르는 사람도 있었다. 어떤 때는 해결책이 없어 보이는 질문으로 나를 곤혹스럽게 하기도 했다. 어느 날은 고객으로부터 내가 통제할 수 없는 일로 심한 항의를 받고서 화장실에 틀어박혀 울기도 했다. 하지만 상사는 내가 눈가에 맺힌 눈물을 닦으며 화장실에서 나올 때 그저 가식적인 미소를 지으며 엄지손가락을 치켜세울 뿐이었다.

"당신은 록스타예요!" 그녀는 환하게 웃으며 말했다.

전혀 록스타가 된 기분이 아니었다. 온종일 손님들에게 폭언을 당하는 콜센터의 최저임금 노동자일 뿐이었다. 이게 로큰롤 공연이었다면 어땠을까? 나는 사무실 책상 위로 올라가 기타를 산산조각 내는 장면을 상상했다. 그러나 현실은 책상 위에서 손과 얼굴이 잉크로 범벅이 된 채로 더러운 인쇄용지를 빨아들였다가 뱉어내기를 반복하며 죽어가는 로봇 소리를 내는 프린터와 씨름하는 것이었다.

어느 날 나는 옆자리 동료를 향해 몸을 기울이며 물었다.

"여기서 가장 보수가 좋은 일이 뭐야?"

"아마도 이미지 수정일걸. 그런데 포토샵을 할 줄 알아야 해. 그 외에는 로라일 거야."

로라의 책상은 내 자리에서 두 칸 떨어진 곳에 있었다. 그녀도 고객 서비스 업무를 했다.

"로라?" 나는 매우 놀랐다. "로라가 왜? 로라도 우리랑 같은 일 하는 거 아냐?"

"맞아. 하지만 로라는 일을 처음 시작할 때 미국 주택도시개발부 같은 곳의 웹사이트에서 산타크루즈의 저소득층은 어떤 사람들인지 찾아봤대. 그리고 저소득층에 속하지 않으려면 여기서 시간당 20달러 정도는 받아야 한다고 생각한 거야. 그래서 로라가 지원하고 회사에서 얼마를 받고 싶은지 물었을 때 시간당 20달러라고 했대. 로라는 지원서에 그 내용을 다 썼거든. 회사 인사담당자는 이 업무는 보통 시간당 6달러 정도의 최저임금을 받는다고 말하면서 왜 시간당 20달러를 바라는지 물었다더라고. 그때 로라가 이렇게 말했대. '저는 이 회사가 직원들이 가난하게 사는 것을 원하지 않을 거라고 여깁니다. 그런데 미국 주택도시개발부에 따르면 빈곤층에 속하지 않으려면 개인이 풀타임으로 시간당 20달러를 받아야 합니다. 그래서 저는 20달러를 받아야겠습니다. 제가 틀렸나요? 회사가 일부러 직원들을 가난하게 살도록 두는 건가요?' 회사에서 뭐라고 할 수 있겠어? 직원들이 가난하게 살기를 원한다고? 망한 거지. 내 말은, 회사는 실제로 그런 건 신경 쓰지 않아. 하지만 대놓고 그렇게 말할 수는 없던 거지. 그래서 회사는 로라가 전적으로 옳다고 말하고 그 자리에서 시간당 20달러를 주기로 하고 고용했대."

"그럴 수 있단 말이야?!" 나는 소리쳤다.

"아마도." 동료는 어깨를 으쓱했다. "그걸 협상이라고 하는 거야. 하지만 고객 서비스 부서에서 시간당 20달러를 받는 다른 사람은 아무도 없어. 우리 상사 알지? 우리를 록스타라고 부르는 사람. 그 사람도 15달러 정도 받는 것 같아."

나는 이미 임금 협상 부분은 날려버렸고 포토샵은 할 줄 몰랐다. 하지만 조건만 맞으면 급여를 인상할 여지가 있다는 사실을 알고는 고무되었다. 어쩌면 열심히 일해서 연봉을 인상할 수도 있겠다는 생각이 들었다. 나는 이 건물에서 최고의 직원이 되리라 다짐했다. 교육 문서를 암기하고 고객 응대 기술을 완벽하게 익히기 위해 노력했다. 화난 고객이 나타나면 그들을 내 편으로 만들기 위해 농담을 건네며 행복한 고객으로 바꿔놓았다. 마음속으로는 완벽하게 흘러갔을 작업 흐름에 훼방을 놓는 고객을 비난하면서. 그러는 한편, 파일 공유 웹사이트에서 불법으로 다운로드한 포토샵 프로그램이 깔린 낡은 중고 노트북을 전당포에서 발견해 그것으로 포토샵 기술을 독학했다. 그리고 매우 팀워크 지향적 성향임을 알리기 위해 쉬는 시간마다 자리에서 일어나 도와줄 게 있는지 주변에 물었다.

"진정한 록스타군!" 내 상사가 소리쳤다.

어느 날 배송 부서의 상자 분류 업무에 자원했을 때 동료 리가 나를 한쪽으로 데리고 갔다.

"이봐, 알아둬야 할 게 있는데. 여기서는 뭔가를 배우려고 하지 마. 업무 설명 외에는 어떤 것도 배우지 말란 말이야." 리가 말했다.

"왜?" 나는 혼란스러워서 물었다.

"네가 뭔가를 배울수록 회사는 너를 더 부려 먹을 거니까."

"나는 돈을 더 벌려는 거야. 급여를 올릴 거라고."

"절대 너한테 돈을 더 주지는 않을걸." 리는 단호하게 말했다. "네가 무료로 추가 작업을 해주면 그 일을 할 다른 직원을 고용할 필요가 없으니 그들만 좋지. 내 말 들어. 난 여기서 몇 년을 일했어. 여기서 살아남는 방법은 그냥 멍청하게 구는 거야."

나는 멍청이가 되고 싶지 않았다. 똑똑해지고 싶었다. 열심히 일하는 사람이자 자산 같은 사람이 되고 싶었다. 나는 리의 조언을 무시하고 배송 부서에서 아무 대가 없이 더 열심히 일했다. 반면에 배송 부서의 정규 직원들은 대낮인데 한꺼번에 퇴근했다. 나만 홀로 남겨졌다.

"이제 매들린이 우리 배송 부서 관리자야." 상사가 웃으며 말했다. "정말 록스타라니까!"

"관리자요!" 나는 숨이 막혔다. "제 급여를 올려줄 건가요?"

"재밌네!" 상사가 웃으며 말했다. "아니. 그냥 말이 그렇다는 거지."

나는 낙담했다. 어쩌면 회사는 내 급여를 인상할 만한 금전적 여유가 없을지도 모른다고 추측했다. 그렇다면 회사의 배송 비용을 줄일 방법을 찾는다면 급여를 인상해 주지 않을까. 나는 제품별로 다양한 배송 업체를 비교해 배송 비용의 효율성을 보여주는 스프레드시트를 만들어 상사와 사장에게 제시했다. 멋진 BMW를 몰고 출근하는 사장은 동네에 으리으리한 집이 있다는 소문이 도는 옛날 괴짜 히피였다. 그러나 그는 변절했고 히피와는 확실히 멀어졌다. 산타크루즈는 왜 펑크로커들이 히피를 그토록 싫어하는지 알려주었다.

"이 계획안대로 한다면 현재 배송 방식에 비해 연간 20만 달러 이상 배송비를 절약할 수 있습니다." 나는 말했다.

"이거 직접 만들었어요?" 사장이 데이터를 살펴보며 물었다.

"네!" 나는 자랑스럽게 답했다. "지난주부터 이 계획서대로 실행했는데 벌써 3000달러 이상을 절약했습니다."

"훌륭해요." 그는 고개를 끄덕이며 동의했다.

"제가 지금 배송을 관리하고 있기 때문에 이렇게 변경한다면 제 급여를 충분히 인상해 줄 수 있다고 생각합니다. 관리자 수준으로 말이죠."

"아마도요." 사장이 웃으며 말했다. 그가 내 상사를 바라보았다. "이 직원을 지켜보도록 합시다! 언젠가 우리 일을 맡게 될 거예요!"

'아마도'라는 말로는 집세가 보장되지 않았다. 나는 더욱 혼란스러운 기분으로 회의실을 나왔고, 주말에는 생계를 위해 집 근처 전당포로 가구를 끌고 갔다. 그리고 중고 의류매장에서 디자이너 옷을 '입어보는' 척 피팅룸에 가지고 들어가 실뜯개로 몰래 라벨만 뜯어내는 부업을 시작했다. 뜯어낸 라벨을 주머니에 넣고 중고품 할인 매장에 가서 가장 저렴한 포에버21과 H&M의 패스트 패션 의류를 샀다. 그리고 집에 돌아와서는 패스트 패션 의류를 부지런히 디자이너 브랜드로 교체했다. 그러면 가치 없는 포에버21이 갑자기 소장하고 싶은 마크 제이콥스로 변신했다. 사진 현상소의 낮은 임금을 보조하기 위해 이 가짜 디자이너 제품을 고급 중고 상점에 되팔았다.

'마약상' 역시 생활이 힘들기는 마찬가지였다. 그는 어느 날 식당이 문을 닫은 후에 자기 친구인 식당 매니저와 마약하는 모습이 보안 카메라에 찍혀 야간 웨이터 일을 잃은 상태였다. 월세를 내는 날이 다가와 나는 그에게 얼마가 있는지 물었다.

"별로 없어. 300달러도 안 돼." 그가 대답했다.

"50달러는 어떻게 할 거야? 나도 돈이 없어."

"그냥 나가서 찾아볼게."

"무슨 말이야? 찾아본다니? 그게 무슨 뜻이야?"

"그냥 동네 산책하면서 찾아볼게. 땅바닥에 있나."

그날 밤 그는 60달러 정도를 가지고 집에 돌아왔다.

"구걸이라도 했어?" 나는 그에게 물었다.

"아니. 그냥 땅바닥에서 찾았어. 빵집 쓰레기통에서 빵도 구했는걸."

나는 그가 '찾았다'고 주장하는 돈을 어디서 얻었는지 여전히 모른다. 산타크루즈에 사는 몇 달 동안 나는 많은 것에 관해 회의적으로 변했다. 프레즈노에서 도망쳐 왔지만 하나도 더 나은 것 같지 않았다. 물론 마을은 더 예뻤지만 무엇을 할 여유가 없었다. 내가 그나마 여유를 부릴 수 있는 유일한 일은 산책로에서 오래된 오락기 게임을 하는 것뿐이었다. 어렸을 때 아빠와 함께 살던 아파트 건너편 오락실에서 게임을 하던 것처럼. '도망치면' 얻게 된다던 더 나은 미래에 대한 약속은 대체 어디에 있단 말인가? 내 방에는 프레즈노에서와 똑같은 카펫이 깔려 있었고, 직업도 거의 같았으며, 취미도 여전했다. 여기서는 오히려 형편없는 사진 현상소 일을 하는 것 말고도 집세를 내기 위해 내 물건을 담보 잡혀야만 했다.

어느 날, 직장에서 돌아오니 '마약상'이 바닥에 쭈그리고 앉아 더러운 갈색 카펫을 뒤지며 모은 작은 오물을 욕실의 리놀륨 바닥 위에 쌓고 있었다.

"뭐 해?" 나는 그에게 물었다.

"지난주에 여기에 코카인을 흘린 것 같아." 그는 시선을 바닥에서 떼지 않은 채 말했다.

그런 다음 카펫에서 주워 모은 오물을 일직선으로 쌓더니 내가 보는 앞에서 리놀륨 바닥에 코를 대고 그것을 흡입했다. 충격이었다. 프레즈노에서 도망쳐 왔지만 이제 산타크루즈에서 도망쳐야 할 때인 것 같았다.

프레즈노에는 유난히 높은 집중빈곤율, 쇼 애비뉴를 따라 나뉘는 극심한 인종차별, 주요 고속도로 사이에 위치한 도시의 고립성 등 다른 여러 지역과는 다른 독특한 고려 사항이 있었다. 그러나 프레즈노 외의 지역을 경험할수록 나는 깨닫게 되었다. 내가 새롭게 직면하게 되는 더 큰 문제가 미국 전역의 사람들이 직면한 문제와 같다는 것을. 평범한 사람들은 직장이 있어도 먹고살기에 빠듯한데, 이들의 상사는 필요 이상으로 많은 돈을 벌었다. 평범한 사람들은 의료 서비스나 안정적인 교통수단은 물론이고 안락한 생활 환경도 누릴 여유가 없었다. 그나마 있는 소수의 좋은 일자리는 경쟁이 치열하고, 아는 것이 아니라 '아는 사람'이 중요한 채용 경향으로 인해 취업 기회는 가뭄에 콩 나듯 했다. 누군가의 도움 없이 혼자만의 힘으로 대학에 진학하는 건 비용이 엄청나게 들기 때문에 계층 이동은 생각만큼 쉽게 달성할 수 없었다.

산타크루즈를 더 많이 겪을수록, 다른 곳으로 이사한 친구들과 더 많이 이야기할수록, 이것이 자본주의 체제에서 존재하는 보편적인 문제라는 것을 절실히 깨닫게 되었다. 일찍 아이를 낳고 전형적인 가정을 이루고 사는 중서부의 내 친구들은 적절한 양육을 할 수 있을 정도의 돈을 벌기 위해서 일자리가 필요했다. 그렇지만 집에서 아이들을 돌봐야 하니 외벌이 가구가 될 수밖에 없었고, 그 결과 더욱 빈곤에 내몰렸다. 오리건주 포틀랜드에 사는 내 친구들은 프레즈노에서 했던 저임금 서비스업 일을 장소만 바꿔서 계속하고 있었다. 고향에서 그랬던 것처럼 술집이나 커피숍에서 일하며 집세를 벌고 먹고살기 위해 고군분투했다. 로스앤젤레스에 사는 친구들은 화려함과 부에 인접해 있었지만, 그들이 사는 도시 변두리의 모습은 프레즈노와 별반 다르지 않았다. 바퀴벌레가 들끓는 원룸 아파트 사이로 끝없이 늘어선 스트립 몰과 콘크리트 건물, 패스트푸드점, 수표 현금화 서비스와 급여 담보 대출기관들은 거기에도 있었다.

일자리가 있는 곳은 생활비가 더 들었다. 반대로 생활비가 덜 드는 곳은 일자리가 적었다. 산타크루즈는 물가는 *비싸면서 취업 기회까지 적다*는 매우 독특한 특징을 갖고 있었다. 더 저렴한 곳에 살면서 더 비싼 곳으로 출퇴근한다면, 운전에 너무 많은 시간을 소비하게 되면서 발생하는 교통비와 삶의 질 문제와 씨름해야 했다. 난 정확히 어디로 '도망치려고' 했던 걸까?

우리 할아버지는 고모에게 "어디를 가든 넌 거기에 있다"고 말씀하시곤 했다. 내 생각엔 자기 문제에서 도망치지 말라는 뜻인 것 같았는데, 내 문제는 자본주의인 것 같았다. 어디를 가든 기업은 이익을 늘리기 위해 비용을 절감하려 들었고, 직원의 급여는 삭감해야 할 비용이었다. 집주인은 임대료를 인상하고 싶어 하고, 세입자의 소득은 그것을 따라갈 수 없었다. 미국 어디를 가더라도 자본주의에서 벗어날 수가 없었다. 내 위에는 항상 내게 최소한의 급여를 주는 걸 목표로 삼는 상사가 있었다. 항상 내게서 매달 가능한 한 많은 임대료를 받아내는 것이 목표인 집주인이 있었다. 그 밖에도 낮은 임금과 높은 지출 사이에서 내가 생존하도록 돕겠다며 고금리 신용카드와 대출로 유인하려는 은행도 늘 존재했다. 내가 갈 수 있는 곳 중 이러한 문제가 일어나지 않는 마을이나 도시는 어디에도 없었다. 나는 자본주의에서 살아남으려면 '어디'보다 '어떻게'가 문제라는 것을 깨닫기 시작했다.

산타크루즈로 이사한 지 몇 달 후, 주말에 차를 몰고 프레즈노의 한 문신 가게에 갔다. 거기서 일하는 여성은 프레즈노에서는 보기 드물게 강한 유럽식 억양을 구사했다. 스위스나 네덜란드 같은 곳에서 온 것 같았는데 정확히 기억나지 않는다.

그녀는 샌프란시스코와 로스앤젤레스 중 한 곳으로 가려 했지만 선택할 수 없었다고 했다. 그러던 차에 지도를 보고 두 도시의 딱 중간에 자리한 (인구 50만 명의 도시) 프레즈노를 발견했다.

'좋아. 여기로 가자! 여기라면 로스앤젤레스나 샌프란시스코까지 가는 고속철도가 있을 테니 나한테 딱 맞아.' 그녀는 생각했다.

하지만 프레즈노에 도착했을 때 그녀는 어디에도 고속철도가 없다는 사실을 알고 놀라고 말았다. 게다가 이곳은 메스암페타민이 만연하고, 여름에는 기온이 40도까지 올라가는 더럽고 지저분하고 험악한 도시였다. 그녀는 문신 가게에서 일자리를 구하고 어떻게 하면 고향으로 돌아갈 돈을 벌 수 있을지 고민했다. 그날 가게에 들어선 나는 팔에 프레즈노라는 글자가 한눈에 보이도록 새겨달라고 요청했다.

"안 돼요." 그녀는 고개를 저으며 말했다. "못 해주겠어요. 프레즈노를 떠난 적이 있나요?"

"물론이에요. 지금 산타크루즈에 살아요."

그녀는 충격을 받은 표정으로 나를 쳐다보았다. "그런데 아직도 프레즈노를 새기고 싶어요?"

"네." 나는 단호하게 고개를 끄덕이며 말했다.

"왜요?!" 그녀는 당황하며 물었다.

"나는 여기가 지구상 최악의 곳이라 생각하며 자랐어요. 그런데 모든 곳이 그 자체로 끔찍하다는 걸 이제 알았어요. 적어도 여기에서는 모든 것이 겉으로 드러나니까 내가 뭘 하고 있는지는 알았거든요. 그건 정직하다는 거고, 정직함에는 진실성이 있는 거예요. 해주세요."

그녀가 한숨을 쉬더니 작품을 새기기 시작했다. 캘리포니아주 지형 가운데에 프레즈노 글자를 넣었다. 최저 가격(50달러)을 받는 가게였지만 당시 내게는 큰돈이었다. 그래도 문신은 큰 의미가 있었다. 다른 사람은 깨닫지 못한 것을 내가 깨달은 것 같았다. 내가 생존에 대해 배운 모든 것은 프레즈노 사람들에게서 배운 것이었다. 우리가 함께 헤쳐 나갔던 방식에는 아름다움이 있었고, 이런 공동체를 다른 곳에서 다시 찾을 수 있을지 확신할 수 없었다. 나는 도망치는 것으로 내 인생의 어떤 것도 바꾸지 못했다. 그저 장소만 다른 곳에서 파산했을 뿐이다.

'그래도 대학을 졸업하면 모든 일이 잘 풀리겠지.' 나는 생각했다.

그때는 내 생각이 얼마나 잘못된 것인지 알지 못했다.

일을 구하는 방법

취업은 필요악이다. 취업할 때 염두에 둬야 할 사항이 몇 가지 있다.

1. 이력서를 작성해라. 이력서 상단에 연락처를 기입하고, 그다음으로 학력 사항, 경력 사항, 자격증 및 숙련도를 기재해야 한다. 이력서의 목표는 당신의 가장 좋은 점을 부각하는 것이다. 따라서 가장 인상적으로 보이는 카테고리를 맨 위에 위치시켜라. 인터넷에서 많은 이력서 샘플을 찾아볼 수 있으며, 온라인 문서 도구인 구글 독스에는 초보자가 사용할 수 있는 무료 템플릿도 있다.

2. 업무 경험이 많지 않다면 창의력을 발휘해라. 아이 돌보기나 이웃집 정원 손질 같은 일도 업무 경험으로 간주된다는 점을 기억해라. 공백 기간이 있다면 해당 기간은 프리랜서 업무를 했다고 적어라. 아무도 모른다. 당신의 취미 분야 중 하나를 사업으로 시작하려고 준비했다고 말하면 된다. 아무 일도 안 한 공백보다 그게 낫다.

3. 기술적 숙련도를 기재하는 것을 잊지 마라. 여기에는 누구나 다 할 줄 아는 컴퓨터 능력이나 핸드폰 애플리케이션 능력도 포함된다. 구직 활동을 할 때, 특히 소기업에 지원할 때는 소셜 미디어 플랫폼에 대한 지식도 자산이 될 수 있다. 채용하는 사람이 어떤 기술을 요구하는지 결코 알 수 없으므로 포토샵, 엑셀, 틱톡, 인스타그램을 다룰 수 있는 능력을 이력서에 쓰는 것을 부끄러워하지 마라.

4. 이력서가 조금 빈약해 보인다면 문서정보 툴을 이용해 채울 수 있는 글자 수를 확인해라. 큰 도움이 될 것이다. 또한 온라인에서 엑셀과 워드 같은 사무용 프로그램의 무료 인증서도 찾아봐라.

5. 할 수 있는 외국어가 있다면 적어라. 언어는 일자리를 구하는 데 있어 매우 큰 자산이다!

6. 학교 성적이 좋다면 학력 칸에 평점을 포함해라. 학점이 별로라면 그대로 둬라.

7. 특정 분야에서 경력이 10년 정도 된 전문가가 아니라면 이력서는 한 페이지로 만들어야 한다. 단순하고, 모호하고, 화려하기만 한 '이력서식 표현'은 자제해라. 그리고 가능한 한 업무 경험을 간단하고 명확하게 결과 중심으로 설명해라. 소매업에 종사했다면 "POS를 다루었고, 수기 회계를 정확하게 관리하며, 결제 과정에서 고객 대면 서비스를 담당했

습니다"라고 말하는 대신 "6개월 연속 판매 목표를 달성했습니다", "평균 거래 금액이 15퍼센트 증가했습니다"라고 기재하는 게 좋다. 지원하는 직업이 무엇이든 사실과 수치를 활용해서 당신의 능력을 부각해라.

8. 직장을 구한다는 사실을 비밀로 하지 마라. 당신이 일자리를 찾는다는 사실을 당신이 아는 모든 사람에게 알려라. 빈자리가 있을 때 누가 연결해 줄지 알 수 없다.

9. 온라인으로 지원하는 경우 자기소개서를 잊지 마라. 자기소개서는 짧고 호감을 주어야 하며(최대 세 문단) 지원하는 직업에 맞게 맞춤화해야 한다. 첫 번째 단락에서는 당신을 소개하고 해당 일자리를 어디서 알게 되었는지를 명시해야 한다. 두 번째는 당신이 그 직업에 적합하다고 생각하는 이유를 설명한다. 세 번째는 시간을 내준 데 대해 감사를 표하고 당신에게 연락할 방법을 알려준다. 길 필요는 없지만 가능하면 채용 정보 목록의 키워드를 사용해서 작성해라. 당연히 시간이 오래 걸리고 귀찮은 일이지만 눈에 띄는 데 도움이 될 것이다.

10. 때로는 해당 회사의 이력서 양식을 사용해서 지원해야 하는 경우도 있다. 직접 작성한 이력서를 언제든 볼 수 있도록 가지고 다니면 정보를 입력할 때 편하다. 성격 테스트 같은 것이 있다면, 온라인으로 이상적인 검사 결과를 검색해 봐라. 내 생각에 성격 테스트는 이상하고 비윤리적이다. 그러니 이를 부정행위라고 여길 필요는 없다.

11. 면접을 보게 된다면, 전화 면접이라도 최대한 웃는 얼굴로 임하는 걸 잊지 마라. 사람들은 목소리에서도 미소를 들을 수 있다. 당신은 열정적이고, 열심히 일하고, 겸손한 사람으로 보이기를 원할 것이다. 면접 전에 예상 질문을 인터넷으로 검색한 후 다른 사람에게 모의 연습을 도와달라고 부탁해 보자. 쑥스럽겠지만 분명 도움이 된다.

12. 급하게 일자리를 찾아야 하는 상황이라면 주거지 인근의 직업 소개소나 고용기관을 찾아봐라. 이런 곳은 일자리를 알선해 주는 대신 급여에서 일정 부분 수수료를 제하지만 당일 일자리를 바로 얻을 수도 있다. 당장 현금이 필요할 때 짧게 이용하기 좋다.

13. 두 곳에서 제의가 들어오는 경우, 이를 활용해 더 높은 임금을 받을 수 있다. 더 적은 임금을 제안한 곳에 이렇게 말해라. "제게 좋은 기회를 주셔서 감사합니다! 같이 일하게 되어 저도 기쁩니다. 하지만 [다른 곳]으로부터 [이 정도 급여]를 제안받았습니다. 혹시 급여를 조정해 주실 수 있을까요?" 당신은 손해 볼 게 없다. 거절당하면 다른 회사의 더 높은 제안을 받아들이면 된다. 그렇다고 한다면, 그 제안을 첫 번째 회사에 가서 똑같이 말할 수도 있다. 이렇게 하면 연봉을 꽤 많이 올릴 수 있다! 그러나 과욕은 금물이다. 각 회사에서 한 번씩만 시도해라.

14. 면접 중에 아마도 회사에 질문이 있는지 물어볼 것이다. 사전에 조사를 좀 해서 회사의 사훈이나 고객 기반에 대해 일반적인 질문을 하

면 좋다. 그러나 좀 더 과감하게 말하고 싶다면 회사의 매출이 어떤지 물어볼 수도 있다. 직원들이 회사를 자주 그만둔다면 그곳은 일하기 매우 나쁜 곳이라는 신호다. 때때로 당신은 절박하고 어떤 일자리든 당장 필요할 때가 있을 것이다. 하지만 그렇지 않다면 더 나은 회사를 기다리는 여유를 가질 수 있으며, 이때 직원의 퇴사율을 아는 것은 지원하는 곳이나 업무가 괜찮은지 판단하는 데 유용한 도구가 된다.

15. 면접 때는 업무에 어울리는 옷을 입어라. '유행에 민감한' 회사에 지원하는 경우 비즈니스 캐주얼을 입는 건 적합하지 않다. 하지만 사무 업무에 지원한다면 면접 과정에 주의를 기울이고 좀 더 보수적으로 옷을 입는 것이 좋다. 면접을 보기 전에 그곳 사람들의 복장을 한번 살펴보는 것도 좋다. 회사의 복장 규정이 어떤지 파악해 향후 면접 복장을 결정하는 데 도움을 받을 수 있다.

학자금 대출아, 내가 간다!

I Survived
Capitalism
and All
I Got Was
This Lousy
T-Shirt

4

내가 대학의 모집 담당자와 처음 이야기를 나눈 것은 열일곱 살 때였다. 프레즈노의 쇼 북쪽에 있는 공립고등학교에는 대학 박람회와 학생들의 대학 진학을 돕는 진학 상담사가 있었지만, 쇼 남쪽에 살면 대학 진학 관련 사항은 직접 조사해야만 했다. 부모님 모두 대학을 나오지 않았기에 나는 인터넷에서 조언을 구했다. 내가 생각하기에 행복한 삶을 살기 위한 최고의 기회는 내가 정말 잘하는 일로 일자리를 얻는 것이었다. 나는 그것이 정확히 무엇인지 알아내야만 했다.

고등학생 때 학년 말에 나는 학교 신문과 졸업 앨범에 실리는 유치한 상 두 개를 받았는데, 동급생들 모두가 투표해서 주는 상이었다. '가장 [   ]한Superlatives' 상이라나 뭐라나. 나는 '가장 지적인'과 '가장 옷을 잘 입는'을 받았다. 그러나 '가장 지적인'이라는 말은 별로 의미가 없어 보였다.

내가 전체 학업성취도 상위 0.01퍼센트라는 결과를 받은 표준화된 시험은 원래 우생학자 칼 브리검이 인종과 경제적 배경에 따라 응시자를 구분하기 위해 개발한 시스템에서 파생되었다. 나는 학교가 나의 지능을 측정하는 것이 아니라 학교 공부를 얼마나 잘하는지 측정한다는 사실을 알 만큼은 똑똑했다. 아무리 학교 공부를 잘해도 이것이 내 인생에서 구체적 성과로 이어질지, 특히 직업으로 연결될지는 알 수 없었다. 그때는 학계Academia가 나처럼 학교 환경에서 뛰어난 능력을 발휘하는 사람에게 취업 기회를 주는, 그 자체로 하나의 분야라는 사실을 몰랐다. 어떤 직업은 학계를 접해본 적 있는지 여부로 하류층을 차단하는 문이 있는데, 나는 이런 세계를 접해본 적이 없었다. 인생이라는 큰 게임에서 이미 규칙서의 절반을 놓쳤는데, 놓쳤다는 사실조차 모르는 셈이었다.

내가 아는 건 옷을 디자인하는 것은 하나의 직업이고, 나는 다른 사람들이 좋아하는 옷을 조합하는 재주가 있다는 사실이었다. 10대 시절 프레즈노에 있는 엄마 집에 살 때 나는 전화 회선으로 인터넷에 접속해 '샌프란시스코 패션 디자인 학교'를 검색해 보았다. 세 개의 학교가 나왔다.

첫 번째 학교는 설립된 지 거의 100년이 된 비영리 사립예술학교였다. 2005년 당시 연간 등록금은 2만 5000달러 정도였으며, 재학생의 66퍼센트만이 졸업했다. 이곳의 프로그램은 의류 디자인보다는 섬유 공부에 더 중점을 두었고, 학교 출신 유명인들은 일반 기업의 정규직 직원보다는 박물관에서 볼 수 있는 멀티미디어 조각 작품 같은 걸 만드는 사람들이었다. 부자들이 재미 삼아 자녀들을 보내는 그런 곳 같았다. 나는 예술을 다루는 여름 캠프 그 이상을 원했기 때문에 다음 검색으로 넘어갔다. 두 번째 학교는 순자산이 8억 달러에 달하는 한 가족이 설립한 영리 목적의 사립예술학교였다. 이 학교는 입학률이 100퍼센트였고, 샌프란시스코에서 가장 큰 부동산 소유주 중 하나였다. 등록금은 연간 1만 4000달러에 불과했지만, 입학생의 10퍼센트만이 졸업했다. 약간 돈벌이를 위한 학교인 것 같아서 또 다음으로 넘어갔다.

마지막으로 찾은 학교는 단연 눈에 띄었다. 영리를 목적으로 하는 사립예술학교였지만, 앞선 학교들과는 달리 직업 중심의 접근 방식을 추구했다. 의류 디자인을 부유층을 위한 상류층 예술이 아닌 숙련이 필요한 직업으로 여겼다. 바로 앞에 본 예술학교의 입학률이 100퍼센트였던 반면, 이곳은 42퍼센트에 불과했다. 대학에 대해 잘 알지는 못했지만, 들어가기 힘들수록 좋은 학교라는 것은 알았다. 이 학교는 졸업생들이 디자인 분야로 취업할 수 있게 돕는 '진로 서비스'라는 전담 프로그램도 운영했다. 학교 홈페이지에는 업계 동향에 대한 뉴스와 졸업생의 취업 성공 사례가 실려 있었다. 패션 디자인 학사 등록금은 연간 2만 7000달러 정도였지만, 높은 졸업률과 그보다 더 높은 취업률을 자랑했다. 학교 홈페이지의 팝업창에는 지역마다 학생 모집 담당자를 만날 수 있는 오픈 하우스가 소개되어 있었다.

열일곱 살 때 나는 프레즈노의 한 호텔에 있는 작은 회의실에서 모집 담당자를 만났다. 몇 담당자가 원탁에 앉아 학생들과 상담하고 있었다. 내 담당자는 내게 대학 학위로 무엇을 얻고 싶은지 물었다. 나는 좋은 직장, 즉 생활비를 충분히 벌 수 있는 안정적인 직업을 원한다고 주저하지 않고 말했다. 그는 파일 폴더를 열어서 학교 졸업생의 졸업 후 첫 5년 이내에 전공 분야에서 높은 취업률을 나타내는 파이 도표와 그래프를 보여주었다.

"우리 학교 강사들은 모두 자신이 가르치는 분야에서 활발히 활동하고 있습니다. 따라서 항상 최신의 산업 교육을 받을 수 있지요. 게다가 모두가 알다시피 채용에 있어서는 학위만큼이나 누구를 알고 있는지가 중요하고요. 우리 학교 학생들은 전공 분야에서 실제로 일하는 사람들과 매일 네트워킹을 할 수 있습니다."

"학자금은요? 대출이 가능한가요?" 내가 물었다.

"부모님이 도와주시나요?"

"아니요." 나는 고개를 저으며 말했다. "저는…… 제 부모님은…… 저 혼자 해결해야 해요."

"해결 방법을 같이 찾아줄 수 있습니다." 그는 나를 안심시켰다. "준비 되면 언제든지 샌프란시스코에 있는 입학처를 방문하세요. 한번 방법을 알아보죠."

내 오른쪽의 모집 담당자가 한 여자애에게 학생에게는 이곳이 적합하지 않을 것 같다고 말하고 있었다. 낙담한 여자애는 물건을 챙겨서 자리를 떠났다. 나는 내 앞에 있는 담당자에게 눈을 돌렸다.

"이 학교가 제게 맞을 것 같나요?"

"내 생각에 학생은 우리 학교에 매우 적합한 후보자인 것 같은데요." 그가 웃으며 말했다.

그가 내 우수한 성적과 고등학교 활동 기록을 언급하는 거라고 추측하며 나도 미소를 보냈다. 하지만 몇 년이 지나 그때를 되돌아보면 그 상황이 다르게 보인다. 그의 눈에 나는 부모가 대학을 나오지 않았고, 대학이 어떻게 운영되는지 잘 모르는 가난한 마을 출신의 아이였을 것이다. 그리고 내가 대학 학위만이 내 미래를 결정짓는 유일한 요소라고 굳건히 믿고 있다는 점과, 이 학교가 내게 그런 미래를 만들어줄 곳인지 의문을 제기할 만한 사람이 내 주변에 아무도 없다는 점을 분명히 파악했을 것이다. 점잖은 정장 재킷을 걸치고 과장된 취업률과 각종 조작한 자료들을 산더미처럼 쌓아놓은 그는 나를 보고 미소를 지었다. 우스꽝스럽게 염색한 머리에 중고 옷을 난도질해 입은 내게서 어떤 조짐을 보았기 때문이 아니었을까? 그런 생각을 떨칠 수가 없다.

그로부터 1년 후, 나는 캘리포니아 앱토스의 작은 침실에 서서 '마약상'이 바닥에서 코카인을 들이마시는 모습을 지켜보며 그때의 모집 담당자를 떠올렸다. 더 나은 삶을 살고 싶다면 대학에 가야 한다는 생각이 들었다. 다음 날, 회사에 전화를 걸어 병가를 내고 입학 담당자를 만나기 위해 한 시간 반을 운전해 샌프란시스코까지 갔다. 산타크루즈에서 샌프란시스코로 가려면 '캘리포니아에서 가장 위험한 고속도로', 때로는 '피의 계곡'으로도 불리는 캘리포니아 17번 국도를 지나가야 한다. 해안 산맥을 가로지르는 17번 국도는 가파른 절벽들이 옆으로 늘어선 지그재그 모양의 산을 굽이굽이 돌아간다. 17번 국도의 위험한 여정에서 살아남아 시내에 들어서는 순간, 깊은 안도감이 온몸을 뒤덮었다. 어떤 위험천만한 상황에서 살아남았고, 이제 집에 돌아온 것 같은 느낌이 들었다.

학교는 샌프란시스코 중심부의 멋지고 오래된 건물에 있었다. 학교 앞은 지하철 정류장이 있고 트램이 지나다니는, 시내에서 가장 번화한 거리였다. 프레즈노에서 익숙하게 보던 스트립 몰이나 네온 불빛과는 전혀 다른 풍경에 빠져들지 않을 수 없었다. 안으로 들어가자 입학처에서 2층 패션학과로 안내하며 캠퍼스를 소개해 주었다. 강의실 창문 너머로 커다란 작업대에서 패턴을 그리고 줄지어 늘어선 산업용 기계로 바느질하는 학생들이 보였다. 모든 것이 내가 꿈꾸던 모습이었다. 유일한 문제는 내가 학비를 감당할 수 있는지였다.

"학비가 전부 얼마나 드나요?" 나는 담당자에게 물었다.

"개인에 따라 달라요." 그녀가 대답했다.

학비가 개인에 따라 다르다는 것은 내게 이상한 개념이었다. 그녀는 'FAFSA*에 대한 이해', '나에게 적합한 학자금 대출은 무엇일까?'와 같은 제목이 달린 팸플릿을 건넸다. 그리고 컴퓨터에서 빈 격자무늬로 된 어두운 화면을 열었다.

"우리는 쿼터 시스템을 사용해요." 그녀가 말했다. "수업을 3분기 내내 풀타임으로 다니면 4년이 아닌 3년 만에 학사 학위를 취득할 수 있다는 뜻이죠."

"저는 이미 준학사 학위를 갖고 있어요. 그럼 1년 반만 다녀도 되겠죠?"

"학점이 이전된다면요." 그녀가 대답했다.

---

* Free Application for Federal Student Aid. 연방학자금보조신청서.

"이전이요? 제가 취득한 학점이 전부 이전될 수 있나요?"

"가끔 가능하기도 해요." 그녀는 웃으며 대답했다.

그녀가 컴퓨터를 시스템에 연결하자 화면에 숫자가 줄줄이 나열되었다. 그녀는 급히 프린터로 가서 학교 용지에 등록금과 생활비가 인쇄된 긴 서류 한 장을 가져왔다. 서류 가장자리에 찍힌 최종 금액은 거의 10만 달러에 달했다.

나는 몸이 굳을 정도로 너무 놀랐다. "제게 이만한 돈은 없는데요."

"괜찮아요." 그녀는 안심시키는 미소를 지으며 말했다. "학생이 감당할 수 있는 금액이 얼마인지 알아보자고요."

미래를 계획한다기보다는 중고차를 사는 기분이었다.

"어, 이 정도는 가능할 것 같아요." 나는 생활비가 나온 선을 가리키며 말했다. "이건 전부 제가 부담하는 거죠?"

"부모님이 도와주지 않는다고 하지 않았나요?"

"네, 맞아요." 나는 혼란스러워하며 대답했다. "하지만 저는 직업이 있어요. 제 생활비만 제가 알아서 해결하면 되겠죠? 제 일을 하면서요?"

"아, 그렇긴 하죠." 그녀는 놀라서 말했다. "하지만 그러면 학교에 풀타임으로 출석하기는 어렵겠네요."

"아니요, 할 수 있어요. 다들 보통 그렇게 하지 않나요?"

"보통은 그렇지 않죠." 그녀가 말했다. "기숙사의 다인실 사용료가 한 달에 약 1200달러예요. 월급으로 기숙사비를 낼 수 있나요?"

"방을 같이 쓰는데 한 달에 1200달러라고요?!" 나는 소리쳤다. "크레이그리스트에 보면 여기서 두 블록 떨어진 곳에서 월 800달러에 원룸 아파트를 빌릴 수 있는데요."

"편하기도 하고 경험해 보고 싶기도 해서 대부분 기숙사를 택해요."

"저는 그럴 여유가 없어요." 나는 고개를 저으며 말했다. "확실히 하죠. 여기 예산을 많이 줄여야 할 것 같아요."

우리는 FAFSA를 함께 작성했다. 부모님 소득이 낮고 고등학교 성적이 좋은 덕분에 펠 그랜트(Pell Grant, 연방 정부의 무상 장학금)와 다양한 장학금을 받을 자격이 되었다. 전문대학교의 준학사 학점이 모두 인정되면 학사 학위를 마치기까지 총 2만 7286달러만 대출받으면 되었다.

"지금껏 제가 본 것 중 가장 적은 대출 금액이네요." 상담사가 우리가 만든 작품을 바라보며 말했다.

나는 안도의 한숨을 내쉬었다. 대학 등록금이 얼마인지는 잘 모르겠지만, 적어도 괜찮은 학비 지원을 받게 되었다고 생각하니 마음이 놓였다.

"이제 부모님이 학자금 대출에 공동 서명만 해주면 돼요. 본인 신용은 양호하지만 신용 기록이 충분하지 않아서 혼자서 자격이 되지 않아요."

심장이 쿵 하고 떨어졌다. 아빠는 공동 서명자의 자격을 갖추지 못했고, 엄마 또한 그랬다. 결국 상담사는 내 학업 성적을 가지고 추첨 방식의 학자금 대출을 신청했다. 매년 당첨자가 몇 명에 불과하지만 내가 당첨되면 학교에서 대출 보증인이 되어줄 거라는 설명과 함께. 일주일 후 상담사는 전화로 내가 대출금 수여자로 당첨되었다는 희소식을 알려주었다. 내가 약간의 편법을 쓴 덕에 전문대학의 학점을 전부 이전하는 데도 동의했다. 다음 날 다시 샌프란시스코로 차를 몰고 가서 서류에 서명하고 정식으로 학교에 등록했다.

학자금 대출 서류에 서명할 때 순간적으로 두려움이 들었다. 2만 7000달러는 얼마만큼의 돈일까? 많은 돈일까, 적은 돈일까? 나의 학비가 동급생이 내는 학비보다 훨씬 적다는 건 알았지만, 아직 10대였던 나는 그 돈이 실제로 얼마나 많은지 또는 적은지 기준점이 없었다. 졸업한 전문대학의 준학사 학위는 기본적으로 학비가 무료였기에 학점당 10달러 정도가 들었다. 학사 학위를 위한 학자금 대출의 경우 연방준비제도가 정한 이자율은 6.8퍼센트였다. 높은 걸까, 낮은 걸까? 연방준비제도란 대체 무엇인가? 금리는 어떻게 정해지는 걸까?

"걱정하지 마세요." 상담사가 내게 말했다. "대학 졸업생은 학위가 없는 사람보다 평생 50만 달러 이상은 더 버니까요. 2만 7000달러는 앞으로 벌게 될 50만 달러에 비하면 그리 많은 것도 아니에요. 졸업하고 6개월 후에 학비를 갚기 시작할 때쯤이면 멋진 직업이 있을 거고, 그러면 상환액은 아무것도 아닌 것처럼 느껴질 거예요."

그럴듯하게 들렸다. 나는 미소를 지으며 서류에 서명하고 내 미래를 상상했다. 의류 디자이너가 되어 대도시에 살고, 여섯 자리 연봉을 받으며, 훌륭하고 안정적인 회사에서 앞으로 수년 동안 일하는 모습을.

산타크루즈로 돌아온 후 현재 생활을 유지하면서 샌프란시스코에 있는 대학을 어떻게 다녀야 할지 고민에 빠졌다. 당장 혼자서 샌프란시스코로 이사할 여유는 없었다. 대신에 몇 킬로미터 갈 때마다 과열되는 낡아빠진 1997년식 새턴을 타고 매일 편도 1시간 30분씩 통학해야만 했다. 수업을 이틀에 몰아서 받는다면 산타크루즈에 있는 사진 현상소에서 계속 풀타임으로 일하고 밤에 과제를 할 수 있을 것 같았다. 그렇다면 일주일에 두 번 샌프란시스코를 왕복하는 데 드는 기름값만 추가로 들 뿐이었다.

업무 시간을 바꿀 수 있는지 상사에게 물었다. "주말에 일할 수 있는 자리가 있을까요? 제가 1월부터 학교에 가야 해서요."

"하나 있어." 그녀가 말했다. "수요일부터 일요일까지 새벽 4시부터 오후 1시까지 하는 거. 개발팀이 다음 주에 작업할 필름을 수거해서 정리하는 일이야."

업무 시간이 가혹했지만 새 일자리를 찾는 것보다는 나을 것 같았다.

"제가 할 수 있을까요?" 나는 물었다.

"네가 한다고? 당연하지. 너는 우리의 록스타잖아!"

거의 1년 동안 이 건물에서 다른 누구보다 열심히 일한 덕분에 나는 주말 새벽 4시에 일할 수 있는 특권을 얻었다. 아무도 부러워하지 않는 자리였지만, 어쨌든 월요일과 화요일에 우리가 '도시'라고 부르던 샌프란시스코에서 수업을 들을 시간이 생겼다. 그리고 나를 어떻게든 멍청이처럼 행동하게 만들려던 리가 곧 샌프란시스코로 이사할 예정이었다. 나는 '피의 계곡'을 오가는 위험을 최소화하기 위해 매주 월요일 밤마다 그의 '도시' 집 소파에서 재워주면 월에 100달러를 주겠다고 제안했다. 그는 승낙했다.

"곤경에 처한 친구에게 소파 하나 못 내어주겠어?" 리는 미소를 지으며 말했다. 나는 매달 그에게 100달러를 현금으로 주었다. 나중에 알고 보니 리는 룸메이트에게 내가 돈을 낸다는 사실을 전혀 말하지 않았다.

1월이 되면서 학교에 다니기 위해 나는 통학 3시간, 수업 24시간, 과제 33시간, 사진 현상소 업무 40시간으로 주간 일과를 세웠다. 쉬는 날이 없는 힘든 일정이었고, 거기에 운전 스트레스까지 더해졌다. 샌프란시스코로 빨리 집을 옮겨야 했지만, 먼저 그곳에서 일자리를 구해야 했다. 직장에서 데이터베이스에 있는 고객 계정을 꼼꼼하게 살펴서 샌프란시스코에 사는 사진작가들을 메모해 두었다. 혹시 일할 사람을 찾는 중인지 전화라도 걸어볼 생각이었다. 하지만 그 기회를 갖기도 전에 사무실에서 익숙한 상사의 목소리가 들렸다.

"오늘 고객 서비스 일을 도와줄 록스타가 필요해요!" 그녀는 소리쳤다. "로라가 아파서 집에 갔거든요!"

"제가 할게요!" 나는 소리를 지르며 의자에서 벌떡 일어나 서둘러 나의 예전 책상으로 달려갔다. "제가 할게요. 제가 할 수 있어요. 오늘 필름 준비는 거의 끝났거든요."

상사가 미소를 짓더니 양손으로 나를 가리키며 '록스타'라고 소리 없이 입 모양으로 말했다.

전화 응대는 고객과 통화하는 일이고, 고객 중에는 샌프란시스코에 거주하는 사람도 있을 터였다. 나는 헤드셋을 착용하고 전화를 받으며 일을 시작했다. 오늘은 새로운 직업을 찾는 날이고, 이를 위해 지금의 업무를 이용하자고 결심했다. 내가 그동안 헛되이 노력해 온 시간에 대해 회사가 주는 최소한의 보답이라고 생각했다. 어쨌든 이것이 사람들이 흔히 말하는 '인적 네트워크 형성'이지 않은가. 세 시간 동안 나는 '도시' 사람을 찾기 위해 내가 전화를 받은 고객의 주소를 빠르게 훑었다. 원하던 고객이 걸리면 즉시 기분이 좋아져서 같은 말을 몇 가지 버전으로 복창했다.

"샌프란시스코에서 전화하셨군요!" 나는 전화지만 미소를 전달하려고 애쓰며 말했다. 전화할 때도 항상 웃으라는 글을 어디선가 본 적이 있다. 상대방이 목소리로도 미소를 들을 수 있기 때문이다. "대단하네요! 제가 곧 그곳으로 이사할 예정이거든요. 괜찮은 일자리를 찾을 수 있게 저 좀 도와주세요. 제가 그 지역은 아무것도 몰라서요!"

확실히 그들은 호기심을 보였다.

"아, 정말요." 그들은 말했다. "거기 직원이면 여기서 매우 큰 자산이 되겠는데요. 사진 현상소의 내부 정보를 많이 알고 있으니까요! 좀 이상하게 들리겠지만 나와 면접을 보는 건 관심이 없을까요? 조수를 상시 채용하고 있거든요!"

퇴근할 즈음, 다음 주에 샌프란시스코에서 네 명의 사진작가들과 면접 일정이 잡혔다. 이제 내게 필요한 건 살 곳뿐이었다.

새벽 4시에 일한다는 건 매일 밤 8시면 잠자리에 들어야 한다는 뜻이다. 이는 '마약상'의 생활방식과 전혀 맞지 않았다. 어떤 밤에는 내가 일하러 가기 위해 깰 때까지도 집에 들어오지 않았다. 또 어떤 밤에는 새벽 2시에 술에 취해서 들어왔다. 우리는 싸우기 시작했다. 서로 생활 패턴이 맞지 않는 상황에서 싸움은 피할 수 없는 전개였다. 내 인내심은 점점 고갈되었고 상황은 날이 갈수록 견딜 수 없어졌다. 나는 빠져나갈 방법이 필요했다.

어느 날 밤, 로스앤젤레스에 사는 친구 로스한테서 메시지가 왔다.

"내가 좀 촉박하게 연락했지? 오늘 밤 샌프란시스코에 있는 릭쇼 스탑에서 연주할 예정이야. 오겠다면 방문자 명단에 네 이름을 올려놓을게."

나는 프레즈노에서 자랄 때 로스앤젤레스에서 많은 시간을 보냈다. 파티나 공연장에 가거나 나이트클럽과 술집에 몰래 들어가기도 했다. 그때 꽤 많은 친구를 사귀었는데, 모두 내가 왜 학업을 위해 로스앤젤레스로 이사하지 않는지 궁금해했다.

"여기에도 패션 관련 일들이 있다고." 그들은 눈을 동그랗게 뜨고 내 손을 붙잡으며 말했다. "여기 FIDM*이라는 엄청나게 큰 패션스쿨도 있어! 디자이너 밑에서 일할 수도 있고. 최소한 스타일링 공연을 할 수도 있잖아! 제러미 스콧이 내 친구야! 내 말은, 파티에서 한 번 그를 만났는데, 어쨌든 자기 전화번호를 알려줬어. 인턴십 정도는 소개해 줄 수 있어! 얼른 이사 오는 게 어때?"

그건 대답하기 힘든 질문이었다. 우리 할머니는 로스앤젤레스 동부의 이글록이라는 작은 동네 출신이었다. 그래서 고되고 빡빡한 대학 일정에 시달리기 훨씬 전부터 로스앤젤레스는 내게 제2의 고향과도 같은 곳이었다.

할리우드에 오랫동안 놀러 다니다 보니 스타슈즈 같은 곳에서 경호원들과 친구가 되었다. 지금은 없어졌지만, 당시 클럽에 가까웠던 스타슈즈는 장발의 DJ가 일렉트로클래시를 틀면 힙스터와 갱스터들이 함께 춤을 추었고, 아무도 신분증 검사 같은 건 하지 않았다. 나는 루스벨트

---

* Fashion Institute of Design & Merchandising. 패션, 미용, 엔터테인먼트 분야의 학위를 받을 수 있는 사립학교.

호텔 내의 테디스 나이트클럽에서 줄을 서지 않는 가장 좋은 방법을 알았고, 친구들과 차차 라운지라는 싸구려 클럽에 몰래 들어가 당시 떠오르던 거친 DJ 스티브 아오키를 보며 위안을 얻기도 했다. 우리는 훗날 '인디 슬리즈 시대'라 불리게 된 절정기에, 실버레이크에 있던 클럽 스페이스랜드에서 공연과 춤을 즐겼고, 할리우드 힐스에 있는 저택에서 열리는 수백만 달러 부호들의 하우스 파티에 초대받지 않고 들어가 놀았다. 부동산 개발업자들이 '활성화'하겠다는 꿈을 꾸기 몇 년 전부터 시내의 버려진 건물에서 불법적인 광란의 파티가 열렸는데, 주차장에 들어가서 그때그때 다른 남자들에게 암호를 대면 그들이 미로 같은 뒷골목을 지나 공식 파티 장소로 우리를 데려다주었다. 높이가 1미터 정도 되는 가발을 쓴 드래그 퀸들이 등장하는 독립 패션쇼를 보러 갔던 장소는 나중에 '예술 지구'라고 불리게 되었지만, 당시만 해도 무너져가는 벽을 대충 테이프로 덕지덕지 붙인 오래된 공장의 한 층 전체를 사람들이 임대해서 살던 낙후된 산업 지역이었을 뿐이었다.

로스앤젤레스는 편안하고 안전했지만, 재능 있고 창의적이며 끈기 있는 사람이 무수히 많다는 사실도 잘 알았다. 샌프란시스코에서는 작은 연못의 큰 물고기라도 될 수 있었다. 로스앤젤레스에서는 상어에게 통째로 삼켜지지 않기를 바라는 한낱 피라미가 될 것 같았고. 그곳은 모두가 패션 디자이너 같았다. 잘 차려입은 매력적인 수천 명의 사람들이 매년 세 차례 같은 회사의 인턴십을 놓고 경쟁했다. 로스앤젤레스는 대형견들이 가는 곳 같았고, 나는 대형견과는 거리가 먼 느낌이었다. 작고 겁에 질린 소형견에 더 가까웠다.

나 같은 사람에게는 샌프란시스코의 대학보다 로스앤젤레스의 대학이 더 나쁜 선택 같았다. 로스앤젤레스의 의류 디자인 학사 프로그램은 졸업률이 1.1퍼센트에 불과했다. 수업료도 샌프란시스코보다 거의 두 배나 높았으며 취업 보조 프로그램도 전혀 없어 보였다. 그래도 산타크루즈의 시간이 유난히 우울하게 느껴질 때면 로스앤젤레스 친구들에게 메시지를 보냈다.

"너 오늘 밤엔 어디 가?" 그저 내가 좋아하는 장소의 이름을 듣기 위해 친구들에게 묻곤 했다. 때로는 전 세계인이 로스앤젤레스의 파티 사진을 볼 수 있는 웹사이트 코브라 스네이크에 들어가, 전날 밤에 몸에 딱 달라붙는 바디수트나 스카프가 주렁주렁 달린 스팽글 나팔바지를 입은 친구들이 서로에게 술을 뿌리거나 함께 담배를 나눠 피우는 사진을 구경했다. 동시에 두 장소에 존재하면 좋겠다는 생각을 종종 했다. 나는 내 인생의 밑거름이 될 대학 학위를 취득하기 위해 우정, 주말, 수면 시간 등을 희생했다. 내 주변 세상은 인생이 제자리를 잡기 위해 필요한 것은 희생뿐이며, 그 노력은 항상 보상받는다는 이야기를 끊임없이 주입하는 것 같았다. 어떻게 보면 성경에 나오는 상업과 금융의 신에게 자신을 바쳐야 한다는 비유처럼 들렸다. 세상은 느리지만 꾸준히 나아가다 보면 정상에 오를 수 있다고 말이다. 나는 로스앤젤레스의 파티 사진이 마이스페이스에 뜨는 걸 볼 때마다 이 말을 기억하려고 애썼다.

로스의 메시지를 받은 그날 밤, 나는 진짜 두 장소에 있는 게 *가능할 것만* 같았다. 내 로스앤젤레스 친구들이 내가 매주 거의 48시간을 보내는 샌프란시스코에 나타날 예정이었다. 이유를 불문하고 공연을 보러

가야 했다. 나는 낡아빠진 새턴을 타고 칠흑같이 어두운 17번 국도를 따라 샌프란시스코의 릭쇼 스탑을 향해 달렸다.

"신발 왜 그래?" 로스가 릭쇼 스탑 앞에서 내 발을 가리키며 말했다.

"묻지 마." 나는 신음하며 말했다. "산타크루즈에 도착한 첫날 옷을 죄다 팔았어."

"알만 하네." 그는 웃으며 말했다.

"이런 시기에 누가 패션을 신경 쓰겠어? 지금 내 삶은 패턴 초안 작성하고, 필름을 작은 통에 정리하고, 남의 소파에서 자고, 남자친구에게 화내고, 17번 국도에서 거의 죽을 뻔하는 생활의 연속이야."

"변화가 필요하단 얘기네." 로스는 걱정스러운 표정으로 말했다.

"맞아." 나는 동의했다. "샌프란시스코로 이사해야 하는데 집세가 너무 비싸. 그래도 집세 통제는 잘 된대. 그래서 누가 이미 빌린 방을 찾을 수 있다면 그정도는 감당할 수 있을 것 같아. 룸메이트만 구하면 되는데 말이야."

"여기서 물어봐." 로스가 주변 사람들을 가리키며 말했다. "여기에 멋진 사람들 많잖아. 방을 구한다고 알려."

로스 말이 옳았다. 원하는 것을 말하지 않으면 원하는 것을 얻을 수 없다. 사진 현상소의 로라가 내게 가르쳐준 사실이었다. 물어본다고 손해 볼 건 없다.

"넌 가끔 똑똑하다니까." 나는 웃으며 말했다. "좋아, 내 음료수를 잘 지키고 행운을 빌어줘. 난 새 룸메이트를 구하러 갈게."

"이거 마실 나이가 됐나?" 로스가 내 손에서 음료수를 빼앗으며 놀렸다. 우리 둘 다 내가 아직 그걸 마실 나이가 안 됐다는 걸 알았다.

아빠는 내게 '스팍'이라는 애칭을 붙여주었다. 영화 〈스타트랙〉에 나오는 과학자 캐릭터다. 내가 사람들과 대화하기보다는 책과 텔레비전 쇼에서 잡다한 지식을 얻어서 혼자 떠드는 걸 좋아했기 때문이다. 나이가 들어서는 사람들과 사귀는 법도 마치 시험공부하듯 익혔다. 다른 사람들이 어떻게 행동하는지, 즉 사람들이 어떤 것에 잘 반응하고, 어떤 것에 반응하지 않는지 분석하는 데 시간을 보냈다. 이런 식으로 사회화를 공부하다 보니, 나 자신이 모두가 싫어하는 로스앤젤레스의 '인맥 찾는 위선자'가 된 것인지, 아니면 그저 인간이 어떻게 작동하는지 알아내려고 노력하는 사람일 뿐인지 의구심이 들었다.

노력만큼 나는 사람들을 잘 사귀지는 못했다. 나는 너무 열심이었고, 너무 시끄러웠고, 너무 말이 많았고, 너무 강압적이었다. 어쨌거나 다른 사람들과 그들의 삶과 행복에 관한 나의 관심은 진심이었다. 그래도 깨달은 것이 있다면, 낯선 사람의 신발을 칭찬하면 보통 몇 분 정도는 말을 걸 수 있으며, 혹시 도를 넘은 경우에는 반성하며 정중하게 사과하는 것이 관계에 큰 도움이 된다는 사실이었다. 나는 릭쇼 스탑을 돌아다니며 신발을 칭찬할 만한 사람을 찾았다. 친구의 부축을 받아 벽에 기대어 술을 마시고 있는 한 남자가 눈에 들어왔다.

"괜찮으세요?" 나는 그에게 말을 걸었다.

"난 괜찮아요." 술에 취한 남자가 말을 더듬었다. "그냥 그 사람이 너무 싫어요."

"실연당하셨어요?"

"아뇨." 술에 취한 남자가 중얼거렸다. "룸메이트요."

"무슨 일인데요?"

"방금 이사 갔어요." 그가 손을 거칠게 휘적거리며 말했다. "어떻게 그럴 수 있죠? 이틀 후면 월세를 내야 하는데 말이죠. 이틀 안에 어떻게 룸메이트를 구합니까?"

내 눈이 빛났다.

"월세가 얼마예요?"

"600달러요."

"보증금은요?"

"보증금은 없어요. 내가 그녀의 보증금을 보관하고 있거든요. 젠장, 그거 알아요? 그녀가 우리를 망쳤어요."

"있잖아요, 나한테 630달러가 있거든요. 내일 이사할 수 있어요."

"진심이에요?" 술에 취한 남자가 물었다.

"완전 진심이에요. 전화번호 알려주세요."

그렇게 나는 샌프란시스코에서 첫 아파트를 얻었다. 며칠 후 직장을 그만두었고, 나처럼 프레즈노에서 도망쳐 하버하우스에 사는 블레어가 내 짐을 자기 밴 뒷좌석에 싣고 샌프란시스코까지 데려다주었다. 로우어 퍼시픽 하이츠에 위치한 아파트는 아담했다. 대부분의 샌프란시스코 아파트가 그렇듯, 거실에 칸막이를 설치하고 침대를 놓는 식으로 어설프게 방 세 개짜리로 개조한 구조였다. 하지만 내 방은 창문과 나무 바닥, 크라운 몰딩이 있는 제대로 된 침실이었다. 당장 침대가 없어서 낡은 이불 패드를 바닥에 깔아 매트리스로 사용했다. 옆에 있는 의자에 올려 놓은 작은 TV와 쓰레기봉투 몇 개, 옷가지와 책, 서류로 가득 찬 여행가 방이 내 짐의 전부였다.

그 주 후반, 일자리를 찾기 위해 사진 현상소에서 통화했던 네 명의 사진작가를 만났다. 그리고 존 워터스를 닮은 특이한 남자와 함께 버널 하이츠에 있는 그의 집에서 일하기로 했다. 당시 샌프란시스코의 최저 임금은 시간당 8.82달러였다. 그는 주당 40시간 일하면 시간당 20달러 를 주겠다고 제안했는데, 결과적으로 샌프란시스코로 이사하면서 주간 운전 시간은 네 시간 줄어들고 월급은 2000달러 이상 오른 셈이었다.

집세는 산타크루즈에 비해 거의 두 배에 달했지만 가스비, 인터넷비, 전화비, 자동차 보험, 식비 등 나머지 비용은 비교적 전과 비슷했다. 돈 이 없으면 물가가 높은 도시에 살아서는 안 된다는 말을 줄곧 들어왔지 만, 내가 경험한 건 정반대였다. 도시의 임대료는 통제가 매우 잘 되어 있어서 기존 임대계약서에 서명할 수 있었다. 세입자들은 임대료 상승 을 막기 위해 이사를 나간 후에도 수십 년 동안 자신의 이름으로 임대계 약을 유지했다. 임대료를 낮게 유지하고 통제하기 위한 일종의 지역사 회 서비스 개념으로, 새로운 룸메이트가 입주하면 이전 룸메이트가 집 주인에게 임대료를 대신 전달해 주었다. 주거지는 가장 오래 거주한 사 람이 가장 필요한 사람에게 제공하는 시민 서비스라는 인식이 당시 샌 프란시스코의 암묵적인 규칙이었다. '각자의 능력에 따라, 각자의 필요 에 따라'라는 원칙이 실시간으로 이뤄지고 있었다.

이러한 공동체주의 정신은 1960년대 골든게이트 공원과 하이트-애쉬베리의 히피들이 활동하던 전성기 시절부터 샌프란시스코 전역에 흘렀다. 혁명가인 애비 호프먼과 그의 추종자들이 하이트 스트리트에 '프리스토어'(여기선 모든 것이 무료다!)를 세운 지 40년이 지났지만, 샌프란시스코 일부 지역에서는 어제의 일처럼 여길지도 모른다. 하이트-애쉬베리는 이미 오래전에 상업화되었지만(결국 길모퉁이에 갭 매장이 생겼다), 샌프란시스코의 일부 주민들은 원래의 공동체 정신을 유지하는 것을 그들이 이어가야 할 운명의 횃불로 여겼다. 로널드 레이건은 대부분 지역에서 '사랑과 평화'를 죽였지만, 여기 샌프란시스코에서는 여전히 이를 지키기 위해 싸우는 사람들이 있었다. 지금은 이사를 갔지만 다른 사람이 저렴한 임대료로 계속 거주할 수 있도록 '마스터 세입자' 역할을 해주는 이전의 룸메이트는 한 예에 불과하다. 집에서 만든 브라우니를 돌로레스 공원에서 무료로 나눠주는 사람들도 있었고, 옆에서 울부짖는 개들과 함께 인도에서 밴조를 연주하는 크러스트 펑크족도 있었다. 나역시 쓰지 않는 물건들을 크레이그리스트의 나눔란에 올려서 애비 호프먼의 무료 상점 비전을 이어나갔다. 줄 것이 별로 없어 보여도 우리는 조금씩 가져가고 조금씩 돌려줄 수 있다.

샌프란시스코로 옮겨온 것은 나의 재정 상태와 일정에 기적을 이루었다. 그렇지만 이사 후 초기 시절에 나는 예상치 못한 난관에 부닥쳤다. 바로 내 차를 어떻게 할지가 문제였다. 자동차는 비쌌기에 없애는 건 별로 좋은 생각이 아닌 것 같았다. 하지만 샌프란시스코는 자동차 중심의 생활방식에 적합하지 않았고, 내 허접한 소형 자동차는 계속해서 새로운 문제를 만들어냈다. 매일 동네 주변 골목에 주차하기 위해 똑같은 거리를 빙빙 돌았고, 가끔은 몇 시간씩 헤매기도 했다. 아침에 차를 타러 나갈 때는 세 가지 사항을 점검하곤 했다.

1. 차가 아직 거기 있는가. 그렇다면 산뜻한 출발이었다. 주차금지 구역에 주차하는 실수를 저지르지 않아 밤새 견인되지 않았다는 의미였기 때문이다.
2. 앞 유리에 주차 딱지가 붙어 있는가. 그렇지 않다면 난해하기로 악명 높은 도로 표지판의 방향을 실수로 잘못 보고 주차 위반을 하지 않았단 뜻이다. 수백 달러의 청구서를 받지 않아도 된다는 사실에 안도해도 됐다.
3. 창문은 무사한가.

2000년대 초반 샌프란시스코에서는 차량 절도가 흔했다. 조수석 쪽 창문을 부수고 글러브 박스를 열고 쓸 만한 것을 가져가는 식이었다. 하지만 가난한 사람인 내가 절도를 당했다는 건 대개 절도범이 내 글러브 박스에 있던 타코벨 핫소스를 내 차 주변에다 던져버리고 빈손으로 갔다는 것을 의미했다. 그래도 창문을 교체할 돈을 마련할 생각에 골치가 아팠다. 창문이 깨질 때마다 교체하는 데 100달러가 들었다. 적어도 한 달에 한 번은 차의 창문이 깨져 있었고, 점심시간을 아껴 동네 유리 가게로 가서 창문을 교체했다.

어느 날 아침에 나가 보니 어제 교체한 유리창이 또 깨져 있었다. 이

틀에 두 번이나 깨지다니. 가진 돈은 통틀어 60달러뿐이었고 월급날까지는 나흘이 남아 있었다. 젠장! 너무 화가 나서 이웃집 현관 계단에 주저앉아 울기 시작했다. 양복을 입은 남자가 집 창문 밖으로 고개를 내밀고 나를 내려다보았다.

"저기요, 괜찮으세요?" 그가 물었다.

다른 샌프란시스코 주택과 마찬가지로 아름다운 집이었다. 옛 에드워드 왕조 시대의 화려한 색상으로 완벽하게 복원된. 이런 집은 당시에도 수백만 달러에 달했다. 아마도 자기 자신만을 위해 큰돈을 벌었을 이 남자가 그 순간 문 앞에서 울고 있는 낯선 사람인 나를 걱정할 만큼 인간애를 느끼다니 기뻤다.

"괜찮아요." 나는 눈물을 흘리며 말했다. "차가 이틀 동안 두 번 파손됐는데, 또 수리할 돈이 없어서요."

"아." 그가 주위를 둘러보며 말했다. "그런데 이곳은 사유지니 여기서 이러시면 안 돼요."

나는 잠시 그를 쳐다보다가 혼자 큰 소리로 웃었다. 잠깐이지만 그 사람을 너무 믿은 것 같았다. 기술 산업은 천천히, 그러나 확실하게 샌프란시스코에 침투하기 시작했고, 이 거리도 점점 기술 기반 스타트업에서 일하면서 샌프란시스코의 인도주의적 집단 돌봄 문화에는 관심이 없는 부유한 남성들로 가득 차게 되었다. 나는 코를 훌쩍이며 차에 탔고, 아름다운 에드워드풍 저택에 사는 부자가 나 같은 사람에게 관심을 가질 거라고 기대한 것에 대해 자책했다. 부자들은 가난한 사람들의 문제에 전혀 관심이 없다. 다른 가난한 사람이라면 몰라도 말이다. 나는 차 안에서 책가방을 뒤져 마커와 낡은 종이 한 장을 꺼내 글을 쓰기 시작했다.

> 이봐요, 자동차 절도범씨! 당신이 차를 털려는 건 괜찮아요. 이해해요! 하지만 내 차가 거지 같은 1997년식 새턴이라는 건 알죠? 그 이유는 내가 돈이 별로 없기 때문이에요. 오래된 타코벨 핫소스 꾸러미를 좋아하지 않는다면 이 차에는 가져갈 만한 것이 없어요. 이 동네는 꽤 잘사는 동네이기 때문에 내 차가 메르세데스와 아우디 사이에 주차되어 있을 가능성이 커요. 내 차 대신에 그런 차를 뜯는 건 어때요? 그러면 당신은 돈 될 만한 것을 얻을 수 있고, 나는 창문 고칠 돈 때문에 스트레스 받을 일도 없을 것 같은데요. 창문 교체 비용은 너무 비싼데 나는 돈이 없거든요. 내 말대로 하면 우리 둘 다 윈윈이잖아요! 읽느라 시간 내 줘서 고마워요!

나는 직장에서 사진을 포장할 때 사용하는 뒷면이 판지로 된 투명한 슬리브에 종이를 끼워 차창 가장자리에 올려놓았다. 완벽했다. 다음 해까지 차창에 그 표지판을 매일 밤 올려두었다. 내 차는 다신 파손되지 않았다. 나는 그 표지판을 본 사람들이 내가 처한 상황을 존중해 준 거라 믿는다. 내가 생존을 위해 차를 절도해야 하는 그들의 상황을 존중했던 것처럼 말이다. 고등학생 때 나에게 생계를 위해 자동차를 훔치라고 말했던 아이를 떠올렸다. 친구를 위해 길가에 주차되어 있던 차를 훔친 일을 생각했다. 정직하게 살 수 없는 세상을 만들면 사람들은 살아남기 위해 부정직한 일을 할 수밖에 없다. 자동차 유리창을 깨뜨리는 건 그다지 나쁜 짓 같지 않았다. 그들은 나를 부모가 매번 수리비를 주는 부유한 집 아이라고 여겼던 것이리라. 먼저 요청하지 않으면 아무것도 얻을 수 없듯이, 내 편지는 비용을 아끼기 위한 정중한 요청이었다.

동네 자동차 도둑들이 내 요청을 받아들여 준 덕분에 나는 샌프란시스코에서 차와 관련된 세 가지 문제 중 하나는 일시적으로 해결했다. 하지만 결국 내 차는 비극적인 패배의 표시로 엔진이 녹아내리면서 때 이른 죽음을 맞이했다. 솔직히 고백하자면, 나는 엔진 오일을 한 번도 갈지 않았다.

샌프란시스코에서 자동차를 소유한다는 것은 부담스럽고 번거로운 일이었고, 일단 자동차가 없어지자 내 삶의 질은 훨씬 더 좋아졌다. 나는 자전거와, 한 친구가 학교 그래픽 디자인 프로그램으로 20달러에 만들어 준 불법 버스 승차권을 가지고 도시 전역을 돌아다녔다. 차가 없어지니 한 달에 수백 달러의 교통비가 절약되었다. 시에서는 내가 매일 돈을 절약할 방법을 고안해 내주는 것 같았다. 대중교통에 대한 투자는 나를 포함해 모든 시민의 삶의 질을 위한 투자였다. 대중교통인 뮤니MUNI나 바트BART를 이용할 때마다 감사함을 느꼈다.

한편 내 학사 일정은 점점 더 빡빡해져 갔다. 나는 성적을 올리기 위해 산타크루즈에서 운전해서 오가는 시간을 줄이고 일터에서 과제를 했다. 전 과목 A학점을 받다가 가봉 수업 과제로 제출한 의상으로 처음

B를 받았을 때 나는 충격을 받았다. '학위를 받으려면 C학점 이상을 받으면 된다'는 사실과 미래의 고용주가 대학 성적표를 보지 않는다는 사실을 아직 알지 못했을 때였다. 수년간 학업에 대한 압박감에 세뇌된 나는 충격에 빠져 수업이 끝난 후 강사를 찾아갔다.

"A를 받으려면 어떻게 해야 하나요?" 나는 핼쑥한 얼굴로 물었다. "방법이 있을까요?"

"저것 말이에요?" 그녀는 내 어깨 너머로 내 과제를 바라보며 말했다. 수업 시간에 발표했던 드레스가 여전히 마네킹에 입혀져 있었다. "고칠 게 별로 없어요. 꽤 잘했어요. 솔기 몇 군데에 여유가 1.5밀리미터 정도밖에 안 된 것 말고는요."

"그렇군요." 나는 열심히 고개를 끄덕이며 말했다. "그럼 성적을 높이려면 어떻게 해야 하나요? 다시 만들까요?"

"다시 만든다고요?" 그녀가 웃었다. "드레스 전체를요? 그럴 것까지는 없어요. 그냥 B에 만족해요. 그것도 좋은 성적이에요. 게다가 실생활에서는 아무도 옷 안쪽이 어떤지는 신경 쓰지 않아요. 바깥쪽이 중요하지. 겉으로 보기에 옷을 꽤 잘 만들었어요."

강사가 가방을 싸서 강의실을 떠난 후에도 나는 서서 고민했다. 물론 꽤 잘했다. 꽤 잘했지만 완벽하지는 않았다. 나는 완벽한 옷을 만들기로 결심했다. 그 후 몇 달 동안 전과 비교할 수 없을 정도로 수업에 전념했다. 매일 낮에는 수업과 일로 시간을 보내고, 밤에는 캠퍼스 보안요원이 자정에 문을 잠그기 위해 쫓아낼 때까지 재봉실의 재봉틀 위에 몸을 굽힌 채 몇 시간을 보냈다.

완벽한 옷을 만들기 위해 공을 들일수록 다른 사람들은 어떻게 옷을 만드는지 궁금해졌다. 내가 아는 한 확실히 나처럼 풀타임으로 일하는 학생은 나 외에 단 한 명뿐이었다. 그녀는 수업이 끝난 후 매일 밤 마린이라는 인근 동네의 고급 레스토랑에서 서빙을 했고, 금문교를 건너 집에 갔다. 그녀는 먼 데로 일하러 다닐 만한 가치가 있다고 내게 설명했다. 샌프란시스코보다 마린에 돈 많은 사람이 더 많았기 때문이다. 그녀는 거의 매일 밤 팁으로 300달러를 벌었다. 그 외 다른 학생들은 대출받아 생활비를 쓰고 비싼 기숙사나 새 임대계약을 맺은 값비싼 아파트에 사는 것 같았다. 학자금 대출을 통해 매달 생활비로 지출하는 수천 달러에는 매년 이자가 6.8퍼센트씩 붙는데, 과연 이를 고려하고 있는지 궁금했다.

강의를 듣기 시작한 지 1년여가 지나고 마침내 완벽한 옷을 만들겠다는 목표를 달성했다. 손으로 일일이 정교하게 주름을 잡은 모직 야회복에 나는 엄청난 노력을 기울였다. 몇 주 동안 손으로 직접 촘촘하게 주름을 잡아 나이프 플리트 스커트를 완성했다. 비평 시간 중에 강사는 내 옷을 뒤집어서 학생들에게 보여주었다. 바늘땀 한 개도 어긋난 게 없었다. 학생들이 손뼉을 칠 때 나는 웃음과 함께 안도감이 들어 바닥에 주저앉았다.

그날 수업을 마치고 나자 이 수업에서 A를 받는 것이 왜 그렇게 어려운지 궁금했다. 내가 가진 전문 제작 의류 중 학교에서 요구하는 정도로 흠집이 없는 옷은 거의 없었다. 게다가 과제를 제시간에 마치는 게 거의 불가능했고, 한 과제가 채 끝나기도 전에 다른 과제가 주어졌다. 모든 과목을 상위권으로 유지하기 위해서는 늘 긴장의 끈을 늦출 수가 없었다. 나는 대학이 교과 과정을 의도적으로 어렵게 만드는 게 아닌지 의구심이 들기 시작했다. 학생들은 수업에서 두세 번 낙제하고 재수강 비용을 내는 경우가 많았는데, 그렇게 되면 학자금 대출 총액이 늘어나서 처음 견적보다 대출금이 훨씬 많아졌다. 강의를 더 오래 들을수록 걷잡을 수 없이 불어나는 학자금 대출 빚에 좌절감을 느껴 자퇴하는 학생들도 많았다. 이수하지도 못한 학위 때문에 오히려 학자금 대출 빚만 여섯 자리에 달하는 일이 생기는 것이다.

이 학교의 교과 과정은 어려운 반면, 업계의 전문가들이 가르치는 수업은 거의 없었다. 강사들과 친숙해질수록 우리는 배움보다 그들의 사생활에 대해 더 많이 알아갔다. 내가 아는 바로는 강사들 대부분이 정규직이 아닌 시간제 강사였다. 이 말은 우리가 업계 최하위권 종사자들에게 배우고 있다는 의미였다. 한때 패션디자인 학과장이었던 사람은 패션디자인 경험이 전혀 없었고, 1980년대에 인형 제작자로 활동한 게 전부였다.

대학교 2학년이던 2007년 초, 내가 다니던 대학교는 프로그램 비용을 속이고 취업 알선 능력을 허위 광고했다는 이유로 소송을 당했다. 지원할 때 나를 혹하게 했던 취업 서비스 센터의 실체는 직원 한 명이 크레이그리스트에 올라온 구인 광고나 주변 사람들에게 들은 수준 이하의 구인 정보를 학교 웹사이트에 옮긴 것에 불과했다고 밝혀졌다.

당시에는 몰랐지만, 2015년에는 학교를 소유한 법인이 학자금 대출 빚을 최대 1억 300만 달러까지 탕감하고(내 대출금은 자격이 되지 않았다),

미국 연방법을 위반하고 약탈적 관행으로 학생을 모집한 것에 대한 배상금으로 9550만 달러를 내기로 합의했다. 2018년에 학교는 인가를 완전히 상실하고 다음 해에 공식적으로 문을 닫았다.

학교에 대한 불신이 커졌음에도 불구하고 나는 2008년에 패션디자인 학사 학위를 받고 우등생으로 졸업했다. 스물두 살의 나는 내 기술로 돈을 버는 직업을 얻고 싶었다. 쉽지 않은 일이고 바닥에서 시작해야 한다는 것도 알았다. 밑바닥부터 차근차근 올라갈 준비가 되어 있었지만 그 바닥이 얼마나 낮은지는 몰랐다. 처음 학교 취업 센터에서 보낸 디자인 보조 구인란을 열었을 때 시작 임금이 시간당 10달러에 학위까지 요구하는 걸 보고 가슴이 내려앉았다. 충격을 받은 나는 졸업생에게만 공개되는 대학 구인 게시판에서 더 열심히 검색했지만, 내용은 모두 같았다. 그토록 치열하게 얻은 학위로 인해서 이제 월급을 500달러 삭감하고 대출로 매달 250달러를 더 내야 하는 처지에 놓이고 말았다.

구인 게시판을 보고 있으려니 이가 악물어지고 두 주먹이 불끈 쥐어졌다. 너무나 화가 났지만 내가 사기를 당했다는 사실을 인정하기에는 여전히 너무 자존심이 상했다. 2008년에 그렇게 나는 등록금은 비싸고 교육 수준은 낮은 영리 사립대학의 통계에 한몫 거들었다. 나처럼 저소득층 출신이 압도적으로 많았던 학교 동기들이 떠올랐다. 학생 모집 상담에서 내 옆에 있던 다른 담당자가 한 여자애에게 적합하지 않다고 말하던 것이 떠올랐다. 그 애에겐 무엇이 부족했던 걸까? 이제야 궁금해졌다. 그 애의 부모가 대학에 다녔고, 딸을 이런 곳에 보내는 것이 어떤 의

미인지 잘 알았기 때문일까? 내가 이런 유형의 학교에 '이상적인 지원자'가 된 이유가 무엇인지 확실히 알 수는 없었지만, 몇 가지 추측은 됐다. 영리를 추구하는 대학은 더 나은 삶의 기회를 간절히 바라지만 방법을 모르는 나 같은 저소득층 학생들을 압도적으로 많이 받아들이기 때문이다.

학자금 대출신청서에 서명하던 10대 시절의 나는 대학 학위가 계층 이동을 향한 길, 즉 보다 안정적인 미래를 향한 여정의 첫걸음이 될 거라고 굳건히 믿었다. 최저임금을 받고 풀타임으로 일하면서 학교도 풀타임으로 다니느라 잠도 제대로 못 자고, 거의 망가진 차를 타고 '피의 계곡'을 오가며 세상이 옳다고, 더 나은 미래를 위해 희생해야 한다고 생각하며 모든 것을 다 해냈던 그때의 나를 생각하면 화가 치밀었다. 나 같은 사람들을 돕기 위해 자본주의가 만들어졌다고 믿었던 건 아니다. 그 정도로 순진하지는 않다. 그래도 충분히 희생하고 열심히 일하면, 매달 보험료가 예금계좌에서 인출되는 것 때문에 노심초사할 필요가 없는 세상이 올 거라고 믿었다. 열심히만 일하면 규칙에서 예외가 될 거라는 미국의 개인 예외주의 신화에 빠져 있었던 것이다.

현실 속 자본주의 시스템은 내가 얼마나 열심히 일하든 상관하지 않았다. 나는 예외가 아니었다. 그저 대학 학위가 적힌 쓸모없는 종이를 움켜쥐고 이 빚을 어떻게 갚을지 고민하며 겁에 질린 스물두 살의 아이일 뿐이었다.

대학 입학과 관련해 고려할 것들

대학 학위는 인생에서 집 다음으로 돈이 많이 드는 행사다(만약 집을 산다면 말이다). 따라서 대학에 간다는 건 가볍게 결정할 문제가 아니며, 대학 진학에 뜻이 없는 사람에게 압박을 가해서도 안 된다. 그냥 시간과 돈 낭비만 될 수도 있다.

1. 대학 중에는 공립대학이 있다. 공립대학은 정부로부터 지원금을 받기 때문에 학비가 더 저렴한 편이다. 사립대학은 운영 비용을 학생 등록금에만 의존하므로 학비가 더 비싸다. 미국에서 사립학교 학비는 공립학교 학비의 약 세 배에 달한다.

2. 지역 전문대학은 일반적으로 매우 저렴한 공립학교로 대체로 2년제 학위, 즉 '준학사 학위'를 제공한다.* 4년제 학위(학사 학위)를 취득할 계획이라면 첫 2년은 지역 전문대학에서 공부한 후, 원하는 4년제 대학으로 학점을 이전하면 일반적으로 학비를 절약할 수 있다. 다만 일부 학

점은 이전되지 않을 수도 있다. 하지만 4년제 대학에서 거부한 학점에 대해 이의를 제기할 수 있고, 비슷한 수업을 두 번 수강하기 위해 비용을 낼 필요가 없다.

3. 일반적으로 거주하는 주의 대학에 다니는 것이 더 저렴하다. 주는 당신이 세금을 냄으로써 학교에 자금을 지원했다고 여기기 때문이다. 즉 평균적으로 4년제 학위를 취득하는 가장 저렴한 방법은 첫 2년 동안은 주립 전문대학에 다니고, 마지막 2년은 주립 4년제 공립대학교로 편입하는 것이다.

4. 모두가 반드시 대학에 가야만 하는 것은 아니다. 내가 살면서 만난 가장 성공한 세 사람 중 두 명은 고등학교 중퇴자였고, 한 명은 대학교 중퇴자였다. 대학 학위가 없어도 좋은 삶을 살 수 있다. 그러나 여섯 자릿수 연봉을 받는 사람들의 63퍼센트는 학사 학위 이상을 가지고 있다. 오직 당신에게 적합한 길이 무엇인지로 결정해라. 대학 학위는 재정적 안정을 향한 확실한 길이 아니며, 학위를 취득하지 못했다고 해서 이류 시민의 삶으로 강등되는 것도 아니다.

5. 학위를 선택하는 이유가 돈이 가장 큰 목적이 아닐 가능성도 있다.

---

* Associate Degree. 한국에는 준학사 학위 제도가 없다. 한국에서는 2년제 전문대학을 졸업하면 전문학사를 받으며, 전문학사 소유자는 4년제 대학교에 3학년으로 편입학이 가능하다.

그러나 전통적으로 투자 수익률이 낮은 학위 과정을 선택할 요량이라면, 진학할 대학을 결정할 때 예산에 좀 더 주의를 기울이는 것이 좋다. 연봉 3만 달러를 받는 직장을 얻기 위해 10만 달러를 내고 학위를 취득하는 것은 재정적으로 힘든 삶을 준비하는 것이다. 그러나 연봉 3만 달러를 받는 직업을 위해 1만 5000달러의 학위를 취득하는 것은 그만한 가치가 있을 수 있다. 특히 해당 분야에 열정이 있다면 더욱 그렇다.

6. 캠퍼스 안에서 사는 비용이 캠퍼스 밖에서 거주하는 것보다 더 비싼 경우도 있다. 가능하면 기숙사에 들어가기로 결정하기 전에 캠퍼스 밖의 주거 비용을 조사해라.

7. 생활비 대출은 신중하게 접근해라. 학교에 다니는 모든 사람이 일을 할 수 있는 것은 아니다. 자신이 감당할 수 있는 대출금 수준이 어느 정도인지는 본인만 안다. 학자금 대출은 공짜 돈이 아니라는 점을 기억해라. 언젠가는 갚아야 할 돈이고, 입학 담당자가 뭐라고 말하든, 당신이 대출금을 상환해야 할 때 엄청난 보수를 받으며 재정적으로 안정된 상태일 거라고 누구도 보장할 수 없다.

8. 미국의 대학은 지원비만 50달러가 든다. 지원하기 전에 잘 알아봐서 지원비로 아까운 돈을 낭비하지 않도록 해라.

9. 정부에서 운영하는 '무료 장학금'을 확인해 봐라.

10. 수업에 낙제하면 같은 수업을 다시 수강하기 위해 돈을 또 내야 한다. 학기마다 적은 수의 강의를 듣고 통과에 집중하는 것이 재정적으로 현명한 선택이다. 학기마다 학업량을 결정할 때 학점당 비용을 염두에 둬라.

11. 인생에서 무엇을 하고 싶은지 알아내는 동안 시간을 채우기 위한 목적으로 대학에 다니는 것은 의미가 없다. 대학은 비용과 시간을 많이 투자해야 한다. 대학에 다니는 것을 가볍게 여겨서는 안 된다! 대학은 미래에 대한 전반적인 계획 중 일부분이어야 하며, 실제로 하고 싶은 일과 그 일을 통해 무엇을 얻고자 하는지에 대한 확고한 목표와 이유가 있어야 한다. 당신이 대학에 갈 마음이 없다면 가족이 압박을 가하더라도 무시해라! 그저 돈 낭비가 될 수도 있다.

다 가족 같은 사이지 뭐

I Survived
Capitalism
and All
I Got Was
This Lousy
T-Shirt

소기업에서 오래 일하다 보면 상사를 보고 "와, 이 사람은 완전히 정신이 나갔구나"라는 생각이 드는 때가 있을 것이다. 솔직히 말해, 자기 사업을 시작하는 사람들은 어떤 방식으로든 흔히 말하는 전통적인 작업 환경에 적합하지 않은 사람들인 경우가 많다. 물론 이는 좋은 점일 수도 있다. '전문성'과 '일'이라는 개념이 종종 우리를 비인간적으로 만들고, 엄격하게 짜인 9시부터 5시까지의 일과가 필요 이상으로 복잡하고 다면적이며 창의적인 존재인 우리를 부정한다는 현실을 깨닫는 계기가 되기 때문이다. 하지만 나쁜 점 또한 있다. 우리는 그저 가서 일하고, 월급을 받아서 거처를 마련해 살아가고 싶은 것뿐인데, 소기업에서는 고용주의 극심한 감정 변화에까지 대처해야 하기 때문이다. 소기업은 보통 운영자의 모습을 그대로 투영하기 때문에 평범한 사람처럼 좋을 수도 있고 나쁠 수도 있다. 그리고 대부분의 사람들처럼 두 가지가 혼재되어 있다.

하지만 사람들은 *약자를 지지하고 싶어 하는* 성향이 있다. 미국의 고전적인 성공 신화를 보면, 세상에 소기업 사장만 한 약자가 없다. 미국의 이야기에서 소기업 사장은 근면하고, 모든 역경에 맞서 고군분투하고, 더 밝은 미래를 위해 새로운 사업 방식으로 혁신을 추구하는 숭배의 대상이다. 우리가 힘들게 번 돈으로 노동자를 착취하고, 이미 부자인 CEO를 더 부유하게 만들기 위해 최대한 많은 이익을 빼돌리는 데 힘쓰는 거대 기업 대신, 생활비를 벌기 위해 고군분투하는 '작은 사람'을 상징하는 *소기업*에 지원하는 건 분명 뿌듯한 일일 테다. 하지만 그 '작은 사람'이 거대 기업만큼이나 사악하고 착취를 일삼으면서도 자원과 책임감이 없다면 어떨까?

샌프란시스코로 이사한 후로 나는 직원이 10명 남짓 되는 곳이나 직원이 나와 사장이 전부인 작은 기업들에서 일했다. 회사마다 다르긴 하지만 모두 '가족 같은' 분위기라는 공통점이 있었다. 직원 모두가 매일 긴밀하게 협력해 일하다 보니 개인적으로 서로를 깊이 알아갔고, 때로는 다른 사람의 집안일을 도와주기도 했다. 하지만 사람들은 가족이 얼마나 삐걱덕댈 수 있는 사이인지 종종 간과한다. '직장 가족'도 예외는 아니다. 고향에 있는 내 가족과 마찬가지로 직장 가족도 서로 사소한 말다툼, 감정적 폭발, 돈 문제, 분노를 일으킨다.

샌프란시스코에서 사진작가들과 면접을 볼 때, 보통 그들 집에서 하는 경우가 많아서 이미 나에게는 전통적인 업무 공간과 사적인 공간 사이의 경계가 모호해져 있었다. 런던에서 막 이주한 유쾌한 영국식 억양을 가진 한 사진작가는 자신의 컴퓨터가(그는 실제로 화난 얼굴로 컴퓨터를 "건방진 놈"이라고 불렀다) 약간 작동에 이상이 있어서 훈육 차원에서 정원에 가져다 놓았다며, 그 바람에 그날 내 컴퓨터 능력을 테스트할 수 없다고 말했다. 나는 그날, 영국인에게 '정원'이란 집과 연결된 야외 공간을 설명할 때 쓰는 단어라는 것을 알게 되었다. 그의 '정원'은 잡초가 무성한 밭에 불과했는데, 접이식 의자가 가운데 놓여 있고, 그 위에는 악명 높은 블루스크린을 너무 많이 띄운 탓에 벌을 받는 1990년대식 커다란 데스크톱 컴퓨터가 올려져 있었다.

또 다른 사진작가는 매일 자신이 일어나기 전부터 내가 일을 시작해야 한다는 단서를 달았다. 집에 화장실이 하나밖에 없었기 때문에 나는 그가 아침 샤워를 하고 수건만 걸치고 돌아다니는 모습을 멀뚱히 보고 지낼 수 있어야 했다. 그가 샤워하는 동안에도 필요할 때는 자유롭게 화장실을 사용할 수 있었다. 업무 면접은 마치 누군가의 가족이 되기 위한 오디션 같았고, 그들의 가족은 내 가족보다 훨씬 더 이상하고 복잡할 것 같았다.

결국 나는 샌프란시스코의 버널 헤이츠 인근에 자리한 존 워터스 분위기가 나는 사진작가의 집에서 일하기로 했다. 그곳이 가장 '평범한' 직장 같았다. 하지만 일을 시작하고 나자 가장 '평범한' 소기업 직장도 내가 원하든 원치 않든 얼마나 빨리 '가족 같은' 분위기로 변할 수 있는지 깨닫기 시작했다.

"고등학생 때 AP 수업* 들었어?" 어느 날 사진작가가 내게 물었다.

"우리 학교에 AP 수업이 많지는 않아서요." 나는 대답했다. "하지만 학교에 있는 AP 수업은 다 들었어요. AP 영문학, AP 미적분학, AP 미국 역사, AP 유럽 역사."

"나도 AP 유럽 역사를 들었지. 시험에서 몇 점 받았어?"

"4점인지 5점인지 기억이 안 나요. 에세이 시험 중 하나에서 제시문과 10년 정도 벗어난 예시를 써서 망쳤어요."

"네가 4점이나 5점을 받았다고?" 그가 웃으며 말했다. "난 모범생이었는데 고작 3점 받았어. 그거 어려운 거야."

"저도 공부를 꽤 잘했어요." 나는 그에게 대놓고 말했고, 이야기를 나누는 동안에도 컴퓨터 작업을 계속했다. "저는 2학년에 수석 졸업했다고요."

"뭐라고?" 그가 깜짝 놀라며 말했다.

"음, 저는 학교 체질 같아요. 제게 잘 맞아요."

"말도 안 돼."

나를 놀리거나 농담을 던질 거라 기대하고 그를 바라보았지만, 그는 심각하고 짜증이 난 얼굴이었다. 지금 내 상사인 40대 성인 남성이 내가 고등학교 시험을 더 잘 본 것을 질투하는 건가? 그럴 리 없다고 믿었다. 나는 남동생이 없지만, 남동생이 공부 잘하는 누나에게 화를 내는 건 이해했다. 하지만 이 사람은 내 형제가 아니었다. 그는 나의 고용주였고, 그래서 내가 상황을 잘못 읽었다고 생각했다.

하지만 그날부터 사진작가와 나는 라이벌 관계가 돼버린 것 같았다.

＊ Advanced Placement classes. 고등학생에게 대학 학부 수준의 교과 과정을 제공하는 것.

아니 사진작가만 나에게 라이벌 의식을 가졌고, 나는 직업을 유지하고 월급을 받으려면 그 라이벌을 상대해야만 했다. 몇 달 동안 그는 내가 뭐든 실수할 때마다 기뻐했다. 연습하다 망치면 내게 책임을 묻거나, 기회가 있을 때마다 나를 곤경에 빠뜨리려는 것처럼 보였다. 사사건건 나의 무능함을 들추며 조롱했다. 나는 가능한 한 전문가다운 태도를 유지하려고 애썼다. 누군가와 매일 한 집에서 일하는 건 힘들었다. 특히 세금을 내야 하는 때가 다가오면 정점에 이르렀다.

사진작가는 나를 고용할 때 시간당 20달러를 주기로 했다. 내가 다른 사진작가들한테도 일자리를 제안받았기 때문에 그와 협상한 결과였다. 고용주들은 내게 시간당 18달러에서 20달러 사이를 제안했는데, 이 사진작가가 가장 제정신처럼 보였고, 내가 제시한 최고액에 동의했기 때문에 이 사진작가를 선택했다. 하지만 그는 실제로는 시간당 20달러에 못 미치는 금액을 수표로 지급했고, 나는 원천징수된 세금 때문이라고 여기고 말았다.

그런데 세금 납부 기간이 다가왔을 때, W-2 대신 1099 양식을 받고는 매우 놀랐다. 1099 양식은 세금을 스스로 부담해야 하는 프리랜서 노동자에게 제공되는 것으로, 세금을 1년 동안 분기별로 내야 한다. W-2 양식은 고용주가 1년 소득을 기준으로 추정세를 이미 낸 적법한 직원에게 제공되는 것이었다. 나는 그동안 급여를 받는 직원이 아니라 프리랜서로 일했던 것이다. 더욱 충격적인 건 그동안 급여 차이가 난 이유가 세금을 원천징수했기 때문이 아니라 사진작가가 의도적으로 적게 주어서라는 사실이었다. 게다가 그동안 세금이 원천징수되지 않았기 때문에 이제 내가 벌어들인 수입 전체에 대한 세금을 내야만 했다. 나는 수천 달러의 빚을 진 상태였고 저축한 돈은 전혀 없었다. 직업이 나쁜 편이 아닌데도 나는 지출을 겨우 감당하고 있었다. 머리끝까지 화가 난 나는 1099 양식을 들고 출근했다.

"왜 W-2 대신 1099가 왔죠?" 나는 사진작가 앞에서 종이를 휘두르며 물었다.

"넌 직원이 아니라 프리랜서 계약직이니까." 그는 태연하게 말했다.

"우리가 언제 그걸 결정했었나요?"

"원래 그랬어. 내가 말하지 않았나?"

"저는 제 장비 없이 정해진 일정에 따라 일하는데요. 그렇다면 법에 따라 정규직 직원이 되어야죠. 게다가 작가님은 제게 시간당 20달러를 준다고 하셨는데 수표는 15달러 정도밖에 안 되던걸요." 나는 거의 떨면서 말했다. "그래서 저는 나머지 25퍼센트는 세금으로 원천징수된 줄 알았어요. 그런데 작가님이 그냥 덜 준 거였네요?"

"똑똑했으면 첫 주에 이 문제를 알았을 텐데." 그가 웃었다. "수표에 문제가 있었으면 그때 말했어야지."

"수표에서 세금이 빠져나간 거라면 문제가 되지 않잖아요." 나는 화가 나서 말했다. "세금이 청구되지 않았다는 걸 제가 어떻게 알겠어요?"

"글쎄." 그가 말했다. "넌 급여명세서를 본 적이 없구나? 그걸 제일 먼저 확인했어야지."

분노가 치밀었다. 나는 약속된 수입의 25퍼센트를 빼앗겼고, 이제는 수개월치 수입에 대한 세금을 한꺼번에 내야 하는 상황이었다.

"앞으로는 작가님이 제게 약속한 20달러 미만으로는 일하지 않을 겁니다." 나는 그에게 선언했다.

우리는 다시 협상을 벌여, 일하는 일정은 그대로 유지하고 시간당 18달러에 프리랜서로 작업하는 것으로 합의했다. 하지만 그때부터 우리는 최악의 의미로 '가족'이 되었다. 우리는 인쇄물을 발송하는 가장 좋은 방법부터 9세기 이탈리아의 왕이 누구였는지에 이르기까지 모든 것을 두고 거의 매일 논쟁을 벌였다. 일할 때 의도적으로 서로를 방해하고 거친 말투로 상대를 불편하게 만들었다. 어느 날은 출근하자마자 고객이 곧 도착하기로 되어 있었는데 집이 어질러져 있었다.

"고객들에게 작가님이 이렇게 사는 것을 보여줄 순 없어요!" 나는 소리쳤다. "이러면 일감을 얻지 못해요. 빗자루 좀 주세요!"

나는 화난 엄마처럼 씩씩거리며 집을 쓸고 정리했다. 학교 과제로 바빠서 내 집 청소할 시간조차 없는데, 내게 약속한 돈도 주지 않는 성인 남자의 집을 청소해 주었다. '우리는 가족 같다'는 소기업의 주문은 너무 멀리 나갔다. 나는 내 물건을 훔치고, 내게 거들먹거리고, 나를 전혀 존중하지 않는 사람 밑에서 일했다. 가족 같은 직장은 싫었다. 그리고 어차피 가족도 아니었다. 나는 도망쳐야 했다.

어느 날, 사진작가는 울고 있는 친구로부터 전화를 받았다. 샌프란시스코 하이트-애쉬베리 지역에 사는 괴짜로 그녀 역시 사진작가였다. 그녀는 직원들이 팀 규모일 정도로 성공한 작가였는데, 그날 직원들이 모두 한꺼번에 그만두었다고 했다.

"뭐가 어디에 있는지 모르겠어." 그녀는 전화로 내 고용주에게 하소연했다. "도대체 뭘 찾을 수가 없다니까. 나 좀 도와줘."

"우리는 오늘 좀 한가해." 내 고용주가 말했다. "내 조수 매들린을 보낼 테니 하루치 일당을 줄래? 매들린도 괜찮다고 할 거야."

그 집에서 나갈 수 있다니. 나는 너무나 기뻤고, 괴짜 사진작가가 계속 함께 일할 사람을 구할 가능성도 염두에 두었다. 나는 그가 전화 통화를 마무리하는 동안 과하게 고개를 끄덕였고, 작은 종이에 적힌 그녀의 주소를 받아들고 하이트-애쉬베리로 향했다.

토니는 낡았지만 아름다운 아파트를 사진 스튜디오로 개조해서 사용하고 있었다. 침실 두 개와 넓은 거실, 주방, 욕실, 계단으로 올라가야 하는 원래의 구조는 그대로 두었다. 거실은 작업을 위한 사무실로 이용했고, 세 개의 작업 공간이 집 벽을 따라 거대한 'L'자 형태로 배치되어 있었다. 아파트 뒤쪽 침실 중 가장 큰 공간이 사진관이었다. 토니는 픽시컷에 알록달록한 안경을 쓰고, 록가수 데이비드 번을 좋아하는 친근하고 정신없는 예술가 유형의 사람이었다. 객관적으로 보면 내 고용주만큼이나 비전문적이었지만, 매력적이고 상큼한 면이 있었다.

내가 도착했을 때 토니는 박스 더미와 흩어진 서류로 엉망진창이 된 사무실에서 직원들이 남기고 간 기록들을 정리하느라 애쓰고 있었다. 하지만 그런 모든 스트레스 속에서도 내 고용주가 나를 대하는 것과 전혀 다른 방식으로 친절하고 정중하게 대해주었다. 우선 내게 먹을 거나 마실 것을 원하는지 물었다. 별것 아닌 행동이었는데도 고용주와 몇 달 동안 사소한 일로 싸워서 그런지 이런 모습이 친구의 따뜻한 포옹처럼 다가왔다.

"간식이 있으면 좋겠네요." 나는 그녀에게 말했다.

"좋은데요." 그녀가 대답했다. "나는 먹을 거 거절하는 사람은 안 믿거든요."

토니의 직원들은 모두 한꺼번에 떠났다. 노동권 침해나 나쁜 직장 문화와 같은 일반적인 문제 때문이 아니었다. 그들은 단지 그녀가 시대를 따라잡지 못하는 것에 지쳤다. 그녀는 필름 사진작가였기 때문에 모든 사진이 디지털로 전환되던 2000년대 초반에는 유물처럼 여겨졌다. 토니는 이미 디지털 형식으로 존재하는 청구서의 종이 사본을 요청하거나, '따뜻함'이 조금 더 유지된다는 이유로 구하기도 힘든 특정 종이를 요구하는 등 기존의 업무 방식을 고수했고, 이는 직원들의 불만을 샀다. 토니는 자신의 완고함 때문에 직원들이 힘들어했다는 점을 인정했다. 이제는 변화가 불편하더라도 조금씩 받아들이고 미래로 나아가겠다는 마음이 서 있었다.

나는 청구서와 서류를 정리해서 임박한 청구서와 약속을 알려주었다. 그녀는 울 것 같은 표정으로 나를 바라보았다.

"고마워요." 그녀는 눈을 반짝이며 말했다. 직장에서 인정받았다는 감정을 느낀 것은 그때가 처음이었다.

토니는 독특하고 재미있는 자유연애 추구형 사람이었다. 그녀는 1960년대부터 1980년대까지 샌프란시스코의 풍요롭고 화려한 역사에서 좋은 것만을 구현한 사람 같았다. 구글과 페이스북 같은 기술 기업들이 과거 활기 넘치던 도시의 폐허 위에 새 사무실을 짓기 위해 노력하는 샌프란시스코에서 토니는 히피의 반문화 시대를 떠올리게 하는 존재였다. 그녀는 목에 기다란 깃털 목도리를 두르고 야한 농담을 툭툭 던졌다. 지역의 거리 축제에 가서 가죽옷을 입고 밧줄이나 쇠사슬로 치장한 건장한 남자들과 마치 오래전부터 알고 지낸 사이인 듯 아무렇지 않게 같이 사진을 찍기도 했다.

그녀는 1970년대에 샌프란시스코로 처음 이사 왔고, 그 후로 동네의 모든 사람과 알고 지냈다. 토니는 여전히 주택을 쉽게 살 수 있던 당시에 예전 집주인에게서 아파트를 샀고, 몇 년 동안 살다가 결국 전업 사진 스튜디오로 개조했다고 말했다. 토니는 아파트 건물 모퉁이에서 매일 우는 남자에 대해서도 이야기했다. 우유를 살 잔돈을 구걸하는 그의 방식이라고 했다. 골목 모퉁이에 있는 히피 카페와, 아파트 아래 모퉁이에서 가게를 운영하는 가족에 대해서도 알려줬다. 원하는 것을 말하면 바로 다음 주에 물건을 구해준다고 했다. 그녀는 동네와 샌프란시스코 전체를 사랑했고, 그녀의 긍정성은 전염성이 강했다.

하루가 끝날 무렵, 둘이서 오래된 청구서와 달력을 모두 정리하고 그녀의 작업량을 관리하는 새로운 시스템을 만들었을 때, 그녀가 물었다. "거기 사진작가가 얼마 줘요?"

"시간당 18달러요." 나는 약간 눈알을 굴리며 말했다.

"내 생각엔 우리가 그보다 더 나은 금액으로 협상할 수 있을 것 같은데요." 그녀가 웃으며 말했다. "여기서 일하는 게 어때요? 물론 그가 내 친구긴 하지만 난 당신이 필요해요. 그도 이해할 거예요."

토니는 목에 깃털 목도리를 두른 아름답고 명랑한 천사였고, 방금 나를 구원했다.

　토니는 나를 포함해서 사무실을 함께 운영하고 이미지를 수정하고 판매를 맡을 네 명으로 구성된 팀을 다시 짰다. 나는 시간당 25달러와 고객에게 판매한 사진에 대한 수수료를 받기로 했다. 토니는 샌프란시스코 최고의 아기 사진작가였고, 샌프란시스코에서 가장 부유한 사람들을 고객으로 두었다. 부동산 개발업자, 유명 록 음악가, 은행가, 샌프란시스코의 오래된 유지들이 매일 찾아왔다. 사무실에서 부자들이 비서들과 같이 전화로 수백만 달러짜리 집을 매입하는 모습을 어깨너머로 지켜보았다. 전담 보모를 두고 매일 쇼핑하고 요가를 하는 것 외에는 전혀 흥밋거리가 없는 전업주부들도 찾아왔다. 모성과 남편을 모두 원망하는 듯한 전업주부들이 집에 있는 가족으로부터 벗어나기 위해 영업 회의에 참석하는 모습도 보았다. 자기 자식의 이름을 잘 기억하지 못하는 부유한 아빠들도 있었다. 우리는 그들에게 사진을 팔았다. 그리고 다른 방법으로는 알아차리지도 못했을 아이들의 어린 시절 추억도 팔았다.

　토니는 부자들을 위해 일하기는 했어도 결코 그들의 구미에 맞추지 않았다. 그냥 평범한 사람처럼 대했고, 그런 태도에 어떤 이는 화를 내고 어떤 이는 호감을 느꼈다. 사람들은 부를 축적하면 어느 시점부터는 거절당하는 것을 낯설게 느낀다. 고객이 특별대우를 받지 못한다고 불평할 때 그녀는 우리의 정책을 확고히 지키면서 직원을 옹호했다.

　"그 사람 정말 진상이지." 나중에 사석에서 그녀는 고개를 절레절레 저으며 이렇게 말했다. "넌 잘못한 거 하나도 없어."

　'고객은 항상 옳다'고 말하는 세상에서, 때로는 고객이 불합리하고 완전히 끔찍한 사람일 수 있으며, 우리는 마땅히 더 나은 대우를 받아야 한다는 걸 아는 상사가 있다는 건 기분 좋은 일이었다. 토니는 고객에게 최고의 가격을 청구했다. 그녀가 한 시간 동안 촬영하며 받는 돈은 고향에 있는 친구들이 한 달은 일해야 버는 금액이었다. 하지만 개인적으로 그녀는 자신의 촬영비를 감당할 수 없는 사람들에게 무료로 사진 촬영을 해주었고, 쉬는 날에는 자신의 재능을 이웃과 인근 지역사회의 어려운 가정 및 청소년들에게 나누기 위해 사진 촬영 일정을 잡기도 했다. 대부분의 소기업 사장처럼 토니는 정상적인 직장 환경에서 일할 수 있는 사람이 아니었다. 그녀의 사무실은 어느 모로 보나 비정상적이었다. 모든 사람의 인간성을 먼저 생각했고, 결국 이것은 단지 직업일 뿐이며, 우리 삶에는 이보다 더 중요한 것이 있다는 것을 인식했다는 점에서 비정상적이었다. 오히려 토니는 우리보다 더 우리가 삶의 기쁨을 찾고 붙잡도록 신경을 써주었다.

토니의 사무실은 소기업이 어떤 곳인지 잘 알려주었다. 그녀는 지역사회에 봉사하고, 직원들에게 공정한 급여를 지급하기 위해 최선을 다했다. 사업이 잘되면 우리도 모두 잘되도록 커미션 제도를 두었다. 직원들에게 유연하게 일정을 제공하고, 말할 때는 우리를 돈 버는 기계의 톱니바퀴가 아닌 사람처럼 대하는 게 느껴졌다. 소기업이 가족 같다면, 토니는 여태껏 내가 가진 최고의 가족 구성원 중 한 명이다.

물론 그녀에게도 힘든 점은 있었다. 그녀는 여전히 디지털 기술에 다소 거부감이 있었고, 자신만의 방식으로 일하는 것을 좋아했다. 조직을 고착화하고 변화를 싫어했다. 가끔은 그녀가 편하도록 기괴하고 구식인 방식으로 일을 처리했다. 때때로 우리는 작업을 효율적으로 완수하는 방법에 대해 완고한 논쟁을 벌이곤 했는데, 대개는 토니가 두 손을 들고 "좋아! 나를 놓고 매들린 뜻대로 따르라!"라고 외치는 걸로 끝이 났다. 그건 "나를 내려놓고 신의 섭리대로 따르라"라는 옛말을 바꿔 말한 것인데, 내가 전적으로 그녀를 위한다는 것을 믿고 있다는 말이었다. 우리는 모든 일에서 '이건 왜 이래야 하는지', '저건 왜 저래야 하는지' 따지며 밀고 당겼다. 하지만 그 모든 시간은 가치가 있었다. 나를 진정으로 인정해 주는 곳에서 일한다는 사실만으로도 충분했다.

대학을 졸업할 무렵, 토니의 사무실은 사실 내게 두 번째 집이나 마찬가지였고, 내가 자란 곳보다 더 집 같은 곳이 되었다. 모퉁이 가게에선 내가 좋아하는 간식을 가져다 놓았고, 정신없이 일하다가 지갑을 깜빡하고 가도 그냥 물건을 내주었다. 모퉁이에서 울고 있는 남자에게 줄 잔돈도 늘 주머니에 챙겨 다녔다. 길 건너편 카페에서 일하는 사람들의 이름을 모두 외웠고, 계산대 옆 작은 칠판에 분필로 쓴 직원 이름을 딴 밀크티를 전부 마셔보았다. 주말에는 토니의 의붓딸을 돌보며 토니의 남편과 그들의 연애 시절 이야기를 들었다. 내가 개를 키우게 됐을 때, 토니는 샌프란시스코에서 그 개를 본 첫 번째 사람이었다. 토니는 꽥꽥 소리가 나는 작은 공을 가지고 내 작은 모독과 함께 뛰어다니며 "멍멍, 멍멍, 멍멍!"이라고 외쳤다.

"내가 대장 개다!" 토니는 모독과 함께 짖으며 내게 말했다.

토니는 여전히 내 가족 같다. 10년이 지난 지금도 우리는 가끔 어떻게 사는지 소식을 전하며 서로에게 사진을 보내곤 한다. 그녀는 항상 내게 샌프란시스코로 다시 돌아올 계획이 있는지 묻고, 내가 원하면 언제든 함께 일할 수 있다고 말해준다.

소기업은 세계의 축소판이라고 할 수 있다. 거기에는 우리의 문화적 가치와 규범뿐만 아니라 그것을 운영하는 사람들의 가치와 사고방식도 반영되기 때문이다. 소기업 역시 자본주의라는 틀 안에서 움직인다. 아래에 있는 노동자를 착취하면서 맨 위에 있는 사장의 이윤을 극대화하는 방식으로 운영된다. 최악의 경우, 소기업은 보호와 감독 기능도 없을 뿐더러 대기업과 마찬가지로 냉담하고, 잔혹하며, 이기적이 된다.

규모가 아주 작으면 규정을 몰래 어길 수가 있다. 직원과 사장이 각 한 명뿐인 아주 작은 회사에서는 변화를 요구하기 위해 힘을 합칠 동료조차 없다. 소규모 기업에서는 죄책감을 이용해 직원들이 초과 업무를 기록하지 않거나, 휴가를 내지 않거나, 위법 행위를 보고도 눈감도록 조종하고 강요하기도 한다. '우리는 가족이다'라는 주장은 노동자가 자신의 권리를 주장하거나 자신을 챙기지 못하게 하는 데 악용된다. 실제로 한 설문조사에 참여한 소기업 노동자의 79퍼센트가 직장 내 괴롭힘을 당했다고 답한 반면, 대기업은 71퍼센트에 그쳤다. 또한 15퍼센트 이상이 소기업에서 일하면서 높은 수준의 학대를 경험했다고 답했는데, 이는 대기업에 비해 두 배에 달하는 수치다. 기업이 작다고 해서 본질적으로 더 윤리적인 것은 아니다. 오히려 데이터에 따르면 전반적으로 덜 윤리적인 경향이 있다.

하지만 토니는 소기업도 다를 수 있다는 것을 내게 보여주었다. 전통적인 업무 구조 내에서도 작은 친절의 영역을 개척할 수 있다는 것을. 이익보다 사람을 우선하는 정책과 지침을 세울 수 있다는 것을. 기존 직장이 제공하지 못했던 것을 제공하는 직장을 만들 수 있다는 것을. 네 개의 벽 안에 나만의 작은 세상을 만들고 원하는 대로 운영할 수 있다는 것을.

하지만 오늘날에는 소규모 사업체조차도 사장을 위한 '수동 소득'* 창출을 목적으로 설립되는 경우가 많다. 사장의 수입을 극대화하기 위해 노동자에게 저임금을 주는 것이 주된 목표인 구조를 형성한다. 비즈니스 오너십이라는 개념은 세상 모든 것을 경쟁적인 스포츠로 여기고 반드시 승리해야 한다고 생각하는 사람들에게 잘 맞는 것 같다. 그런데 그것은 곧 그들이 속한 사업체에서 일하는 다른 모든 사람은 손해를 볼 수밖에 없다는 의미가 된다.

직원들이 스스로 매기는 가치보다 항상 더 많은 급여를 지급하라는 오래된 비즈니스 격언이 있다. 그러면 직원들은 감사함을 느끼고 그 자리를 지키기 위해 최대한 열심히 일할 것이다. 마땅히 받아야 한다고 생각하는 것보다 더 많은 급여를 받으면 회사에 충성하고, 도둑질하지 않고, 항상 그 이상의 성과를 내려 할 것이다. 이는 회사의 이익보다 충성심과 성과에 가치를 두기 때문에 요즘 비즈니스 격언이 아니라 오래된 비즈니스 격언임을 알 수 있다.

오늘날 노동자의 65.8퍼센트가 현재 직위에 비해 급여가 적다고 생

---

* Passive Income. 노동을 하지 않고도 벌어들이는 소득.

각한다. 이는 미국 노동자의 85퍼센트가 직장에서 만족하지 못하는 이유와 관련이 있을 것이다. 사람들은 생활에 필요한 것보다 적거나 그들이 마땅히 받아야 한다고 믿는 것보다 적게 받으면 그 돈을 '벌기' 위한 꼼수를 찾게 된다. 프레즈노에 살던 10대 때, 친구 앤드루의 일터에 찾아간 적이 있었다. 앤드루는 동네 오락실에서 일했는데, 내가 갔을 때 오락실 어디에서도 보이지 않았다. 그는 15분 후쯤 직원 전용 문 뒤에서 나타났다.

"미안." 그가 말했다. "네가 온 줄 몰랐어. 똥 싸고 있었거든."

"어." 나는 그의 솔직함에 조금 놀라며 말했다. "그래…… 괜찮아. 화장실에도 가야…… 잘했네."

"잘한 것 그 이상이지." 그는 진지한 눈빛으로 내게 말했다. "매들린, 말해 봐, 너도 직장에서 똥 싸?"

나는 내가 일하던 사진관의 화장실을 떠올렸다. 그곳은 늘 축축하고, 때로는 도무지 식별할 수 없는 더러운 것들로 벽이 얼룩져 있었다.

"음…… 나는……. 우리 집 아니면 화장실을 안 쓰거든." 나는 느닷없는 화장실 질문에 당황스러웠다.

"아, 매들린. 직장에서는 항상 똥을 싸야 해." 앤드루가 말했다. "가끔은 아침 출근 전에 싸고 싶을 때도 있는데, 내가 어떻게 하는지 알아? 출근할 때까지 참아."

"왜?" 나는 정말 당황해서 물었다.

"똥을 싸야 한다면 돈을 받고 싸는 게 낫지 않겠어? 그러니까 똥은 어쨌든 싸게 되어 있으니까 업무 시간에 싸면 되잖아. 무슨 말인지 알겠어?"

당시에는 몰랐는데, 앤드루의 추론 방식은 실제로 직장에서 널리 사용하는 운율과 일치했다.

보스는 1달러를 벌고, 나는 10센트를 번다. 그래서 나는 업무 시간에 똥을 싼다.

미국의 직장에서는 고용주와 노동자가 워낙 적대 관계에 있다 보니, 노동자들은 빈약한 수입을 최대한 메우기 위해 화장실에 가는 시간까지 계획한다. 물론 웃기기도 하지만 한편으론 슬프기도 하다. 직원을 존중하고 생활하기에 충분한 돈을 주는 것이 그렇게 어려운 일일까?

자신을 '가족'이라고 말하는 기업들이 직원들에게 요구하는 극단적인 충성심과, 노동자들이 직장을 적이라고 느끼게 만드는 대부분의 고용 상황에서 전개되는 전투적 성질 사이에 균형이 필요하다. 소기업에서 일했던 내 경험을 떠올려 보면, 정말로 원했던 것은 가족이나 친구가 나를 보듯이 한 명의 인간으로 대우해 주고, 신뢰할 수 있는 기관으로써 투명성과 책임감을 제공하는 것이었다. 충성심을 요구받는 곳이 아닌 시간이 지나면서 저절로 충성심이 우러나오는 곳에서 일하고 싶었다. 가족과 적이 다른 점은 무엇일까? 내게 답하라면 사람으로 대우하는 것과 그렇지 않은 것이라고 하겠다.

내가 생각했던 것처럼 자본주의가 문제라면, 여전히 사람보다 이윤을 중시하는 자본주의 모델로 운영되는 소기업은 자본주의 문제를 푸는 해결책이 될 수 없었다. 그러나 올바른 접근 방식을 사용하면 소기업은 다른 해결책을 제시하는 수단이 될 수 있었다. 그러기 위해서는 먼저 누군가가 노동자를 더 이상 착취의 도구로 상품화하지 않고 인간성을 존중하는 직장을 만드는 방법을 찾아야 했고, 확실한 것은 그 사람이 나는 아닐 거란 사실이었다. 소기업에서 일하면서 깨달은 사실은, 나는 결코 자영업자가 되고 싶지 않다는 거였다. 자기 사업은 골치 아프고 혼란스럽고 예측할 수 없는 일투성이다. 전혀 내가 원하는 게 아니었다. 대신 적당한 삶의 질을 누릴 수 있을 정도의 급여를 주는 꾸준하고 믿을 만한 직장을 원했다.

하지만 인생은 재미있게 굴러간다. 내가 대학을 졸업할 때는 2008년 중반이었다. 졸업과 동시에 최악의 글로벌 불황이 시작되었다. 이 불황은 향후 수십 년 동안 직업적으로나 재정적으로나 내 인생의 궤적을 크게 바꿔놓게 된다. 내 인생을 영화로 만든다면, 이 장면은 나의 낙관적이고 희망에 찬 스물두 살의 얼굴 위로 파멸을 예고하는 듯한 '두둥두둥! 두둥두둥!' 사운드트랙이 울리는 부분에 해당할 것이다.

열심히 일하는 것의 기준

일하면서 가장 어려운 것 중 하나는 자신의 업무를 어느 정도 신경 써야 하는지 정확히 파악하는 일이다. 너무 많이 신경 쓰면 정신 건강에 심각한 해를 끼칠 수 있다. 그렇다고 너무 신경 쓰지 않으면 해고될 수 있다. 직장에서 얼마나 일해야 하는지 고민될 때 도움이 될 만한 것들을 알려주겠다.

1. 상사보다 열심히 해서는 안 된다. 일을 더 능률적으로 처리할 방법이 생각나면 아이디어를 한번 제시하고 반응을 살펴봐라. 회사가 그것을 무시하면 회사에 대한 기여도를 낮춰라. 그럴 때는 회사를 위해 투쟁할 가치가 없다. 상사가 뭔가 문제가 있다고 생각하지 않는 한 업무 환경을 바꾸려고 노력하다가는 제풀에 쓰러지고 말 것이다.

2. 회사 내부에서 승진한 사람이 얼마나 되는지 확인해 봐라. 내부 직원의 승진 전례가 좋다면 당신도 현재 직책 이상으로 올라갈 가능성이

있다. 하지만 회사가 외부에서 사람을 고용하는 경향이 있다면 더 노력해 봤자 의미가 없을 것이다.

3. 당신보다 오랫동안 그곳에서 일한 사람들과 이야기를 나누어 봐라. 미국에서는 법적으로 모든 직업에 대해 급여를 공개적으로 논의할 수 있다. 회사의 임금 수준이나 인센티브 제도에 대해서 물어봐라. 직장에서 열심히 일하면 보상받는지 여부를 알 수 있으며, 동료와 인맥을 쌓는 데도 도움이 될 것이다. 함께하면 더 강해진다!

4. 직장에서 비윤리적이거나 불법적인 일이 발생했을 경우 이를 서면으로 기록해 둬라. 가장 이상적인 방법은 인사부(있는 경우)나 상사에게 알리는 것이다. 아마 아무것도 수정되거나 변하는 게 없을 것이다. 하지만 나중에 당신이 원할 경우 법적 조치를 취할 기회를 제공받을 수 있기에 서면으로 작성해 두면 좋다. 이때 노무사나 노동 전문 변호사에게 문의하면 도움이 된다. 다만 직장에서 발생한 불법 행위에 대한 증명 자료(문서 등)가 없으면 승리하거나 합의하기가 어려울 것이다.

5. 항상 연방, 주, 지역(시)의 노동권과 규정을 예의 주시해라. 고용주가 불법적으로 초과 업무를 요구하거나 적절한 보상 없이 그 이상의 일을 요구할 때가 있다. 당신이 거주하는 주는 초과 업무나 유급휴가에 대해 연방 정부와 규정이 다를 수 있으며, 시가 주보다 더 많은 권리를 보호할 수도 있다. 권리를 침해받고 있는지 알아챌 수 있게 당신의 권리를

미리 알아두는 게 중요하다. 규정을 알면서도 당신의 권리를 침해하는 직장은 당신과 적대적 관계이므로 필요 이상으로 노력할 필요가 없다.

6. 회사는 '가족과 같다'라는 말을 주입하는 사람을 조심해라. 한 공간에서 가까이 부대끼며 일하다 보면 가족처럼 친밀한 관계가 형성되는 것이 사실이다. 하지만 이를 대놓고 강요하는 회사는 직원들에게 보상보다는 더 많이 일하지 않으면 죄책감을 느끼게 하려는 의도다. 직장은 '가족과 같다'는 말은 비상 상황에 상사가 당신을 돕기 위해 최선을 다할 거라는 믿음이 없다면 보통 위험 신호다.

7. 직장 동료는 친구가 아니라는 점을 명심해라. 직장에서는 가능한 한 사생활을 비공개로 유지해라. 그들이 당신에 대해 아는 것이 적을수록 당신에게 불리하게 작용할 요소도 줄어든다.

8. 당신이 시간제 노동자라면 업무 시간 외에 상사나 동료들과 업무적으로 대화하는 것도 허투루 생각하지 마라. 당신은 그 시간에 대한 급여를 받지 못한다. 당신이 '상시 대기조'가 되기를 요구받는다면 이에 대해 마땅히 급여를 받아야 한다. "최근에 시간 외 의사소통도 제 업무에 포함된다는 걸 알았지 뭐예요. 시간 외 업무를 더 효율적으로 할 수 있도록 제가 월급제 직원으로 전환하는 것에 대해 어떻게 생각하세요?"라고 밝고 긍정적인 방식으로 이야기를 꺼낼 수 있다.

즐거운 백수 생활 뒤에는

I Survived
Capitalism
and All
I Got Was
This Lousy
T-Shirt

6

2008년 대침체 당시 어른이 아니었던 사람에게 그 시대를 설명하기란 어렵다. 그 시간은 마치 언덕 꼭대기에 갇힌 채 빠르게 다가오는 산불을 지켜보는 느낌이었다. 도망갈 힘도, 막을 힘도 없었다. 산불이 하나씩 하나씩 다른 사람의 집을 삼키는 것을 지켜보며, 내 집에만은 도달하지 않기를 기도했다. 언덕 위에 서서 아주 간절한 마음으로 그저 괜찮기만을 빌었다. 물론 불은 결국 들이닥치고 만다. 겨우 목숨은 건졌지만, 화상을 입고 그을리고 불탄 충격에 빠진 상태. 쇼크 상태에서는 지금 여기에서 무슨 일이 일어나는지 제대로 깨닫지 못한다. 일어나서 먼지를 털며 "흠, 그렇게 나쁘지는 않네"라고 말한다. 기분이 괜찮아지고 심지어 좋을 수도 있지만, 그것은 그날 실제로 얼마나 많은 걸 잃었는지 모르기 때문이다. 몇 년이 지나서야 깨닫게 된다.

경기 침체를 이해하려면 1990년대 중반, 내가 아홉 살에서 열 살 정도였던 어린 시절로 돌아가야 한다. 그때 아빠와 새엄마는 두 사람의 첫 집을 사기 위해 적당한 매물을 찾던 중이었다. 1995년부터 2006년까지 미국 주택시장에는 거품이 형성되고 있었다. '거품'은 무언가가 인위적으로 과대평가된 것으로, 가격 추세가 불안정하게 증가를 이어가다가 결국 거품처럼 터지고 마는 걸 말한다. 거품이 끼면 주택 가치가 너무 빠르게 상승해서 가계소득 등을 앞지르기에 이른다. 하지만 거품의 진짜 문제는 그것이 터지기 전까지는 자신이 거품 속에 있다는 걸 알기가 어렵다는 점이다.

1990년대 중반, 아빠와 새엄마 같은 사람들이 첫 주택을 매입하려고 할 시점에는 집을 사는 것이 돈을 벌 수 있는 확실한 방법처럼 보였다. 주택 가격이 빠르게 치솟았기 때문에 집을 갖기만 하면 몇 년 안에 큰돈을 벌 수 있을 것만 같았다. 주택 투자의 '확실한 보장' 때문에 은행은 '서브프라임' 구매자를 대상으로 한 새로운 유형의 모기지를 도입했다. 모기지는 부동산을 담보로 장기주택자금을 대출해 주는 제도다. '서브프라임' 구매자는 신용점수와 소득이 낮고, 상대적으로 부채가 많으며, 계약금을 낼 만큼 저축액이 충분하지 않거나 아예 없는 사람들이었다.

아빠와 새엄마가 1990년대 중반에 첫 집을 구매했을 때 서브프라임 대출자였는지는 확실하지 않다. 그러나 얼마 지나지 않아 집이 압류되었고, 우리가 패스트푸드의 1달러 메뉴를 먹으며 많은 시간을 보냈다는 사실을 고려하면, 그렇게 생각하는 것도 무리는 아닐 것이다. 확실한 건 아메리칸드림이 주택 마련이라는 개념에 바탕을 두고 있으며, 사람들은 그 꿈이 실현 가능하다고 믿고 싶어 한다는 것이다. 평생을 일정한 주거지를 마련하기 위해 애쓰는 가난한 사람들에게 집을 산다는 건 안정과 안전을 의미하기 때문이다. 내 집을 간절히 원하지만 금융 지식이 부족한 이 절박한 사람들은 자신들이 마땅히 누려야 할 미래라고 약속하는 모든 것에 쉽게 현혹될 수밖에 없다.

주택 마련을 더 쉽게 만드는 제도가 무엇이 문제냐고 생각할 수 있다. 물론 사람들이 매달 모기지 금액을 감당할 수 있다면 대답은 쉽다. 그러나 이러한 서브프라임 대출 시스템은 대출자가 주택담보대출을 받은 후에 매달 상환 금액을 감당할 수 없도록 만들어졌다. 서브프라임 대출자는 변동금리 모기지를 포함한 약탈적 대출 관행의 표적이 되었는데, 이는 대출 초반의 고정금리 기간이 지나면 변동금리로 전환돼 월별 상환 금액이 갑자기 달라질 수 있다는 의미였다. 이론적으로 변동금리 모기지는 시간이 지남에 따라 돈을 아껴준다. 하지만 저소득층에게는 금리 변동에 따라 주택 가격이 오르락내리락하는 것이 재앙처럼 느껴진다.

2007년 초에 연방 정부는 서브프라임 모기지가 경제시장에 악영향을 끼칠 거란 점을 인식하기 시작했다. 주택시장이 침체되고 이자율이 눈에 띄게 상승했다. 변동금리로 대출을 받은 사람들이 월마다 높아지는 상환액을 감당하지 못하면서 대출자들의 채무 불이행이 시작되었다. 미국의 평균적인 사람들이 집을 잃기 시작했다. 연말이 다가오자 전미 경제조사국은 2분기 연속 경제 하락을 선언하고 미국이 경기 침체에 빠졌다고 공식적으로 발표했다.

2008년 초, 미국인들 사이에서는 경제에 대한 두려움이 고조되었고, 경제에서 소비자 지출 부문(경제의 '중추'라고 부르는 부분)은 은유적으로 디스크가 터지는 고통을 겪었다. 종합 증권회사와 주택자금 대출기업들도 파산신청을 하기 시작했다. 85년의 역사를 지닌 베어스턴스라는 투자은행이 2008년 3월에 무너졌을 때, 나는 스물한 살이었고 대학은 마지막 학기였다. 대침체기로 한창 들어서고 있었지만 아직은 나나 의류 디자인 동기들의 삶에 영향을 미칠 것 같지는 않았다. 가구점, 자동차 공급업체, 시멘트 회사, 항공사 등 주변의 산업이 하나씩 무너졌다.

하지만 내 생계를 책임지는 패션과 사진 산업은 그때도 별다른 피해가 없어 보였다. 토니와 함께 일할 때 주요 고객은 부유한 엘리트층이었다. '올드 샌프란시스코 머니'라고 불리는 이 사람들에게 경제 불황은 딴 나라 이야기 같았다. 토니의 사무실에는 꾸준히 일감이 들어왔고, 학교 취업 서비스 센터의 무능함에도 불구하고 나는 내 포트폴리오만으로 그토록 갈망하던 리바이스의 6개월 디자인 인턴십 자격을 얻어냈다.

샌프란시스코는 미국에서 큰 도시지만, 의류 산업으로 보면 리바이스와 갭이라는 두 개의 회사가 점유한 작고 고립된 도시였다. 따라서 리바이스에서 디자인 인턴십을 한다는 건 샌프란시스코 의류 디자인 경쟁 복권에서 대박을 터뜨린 것과 다름없었다. 그곳에서 내 가치를 증명한다면 6월에 대학을 졸업하자마자 정규직으로 취업할 수도 있었다. 일주일에 이틀은 인턴십을 하고, 이틀은 풀타임으로 수업을 듣고, 남은 사흘은 토니의 사무실에서 최대한 많은 시간을 일했다. 리바이스는 패션계에서 흔치 않게 인턴십 기간에도 시간당 25달러를 주었다. 강사들과 동기들은 리바이스가 '좋은 직장'이니 여기서 계속 일할 수 있다면 여생은 보장된 것이라고 말했다. 경기 침체 속에서 모두가 150년이 넘는 역사를 지닌 리바이스 같은 회사에 다니고 싶어 했다. 그동안 숱한 폭풍우를 이겨내며 저력을 입증한 회사였으니까.

샌프란시스코 노스비치 인근의 대규모 상공업 지구에 자리한 리바이스 건물은 햇빛이 쏟아져 들어오는 커다란 개방형 창문 밖으로 멋진 전망이 펼쳐졌다. 어떤 날에는 돈을 좀 챙겨 길 건너편 커피숍에서 회사이름이 새겨진 키카드를 목에 건 다른 리바이스 직원들과 나란히 줄을 서서 커피를 사기도 했다. 내가 일했던 메인 디자인 빌딩 1층에는 리바이스의 150년 역사를 전시한 박물관이 있었다. 나는 바로 그 위층 디자인실에서 이 부서 저 부서를 돌아다니며 콘셉트 소책자, 컬러스토리, 기술 스케치를 만들었다. 온갖 심부름을 하며 모든 작업에 관여했다. 관리자들은 내게 고개를 끄덕이며 인정하는 미소를 지어 보였다.

누군가는 "지금처럼만 해요. 그러면 인턴십이 끝나면 서로 데려가겠다고 할 테니까"라고 말하기도 했다.

나는 점심시간에 카페테리아에서 디자인 어시스턴트들과 조용히 이야기를 나눴다. "여기 디자인 어시스턴트 초봉은 어떻게 돼요?"

연간 6만 5000달러 정도라는 당당한 대답이 돌아왔다. 급여도 좋았지만, 더 좋은 건 승진할 여지가 있다는 사실이었다. 수석 디자이너들은 연간 15만 달러 정도를, 그리고 그들의 상사는 20만 달러 이상을 벌었다. 리바이스에 남을 수 있다면 내 미래는 보장된 것이나 다름없었다.

마침내 2008년 6월에 나는 졸업했다. 그리고 내 인턴십은 졸업 이후 3개월 더 연장되었다. 학위를 받자 리바이스 상사들은 내가 인턴십이 끝나면 정규직으로 채용될 거라는 확신을 심어주었다. 그들은 내가 어떤 부서를 선호하는지 물었고, 일 전반에서 내 창의적인 의견을 더 반영하기 시작했다.

토니는 복잡한 감정으로 한탄했다. "나는 네가 정말 자랑스러워. 넌 반드시 행복해질 거야. 그래도 여기에 남고 싶지는 않니? 그래, 알지! 괜찮아! 넌 정말 행복해질 거야!"

"도움이 필요하면 언제든 부르세요." 나는 그녀에게 말했다. "아시잖아요."

토니는 진정으로 나의 가족이 되었다. 좋은 가족 말이다. 나는 그녀에게 죄책감이 아닌 유대감을 느꼈고, 그곳에서 그녀의 행복뿐만 아니라 같이 일하는 모든 사람의 안녕을 걱정했다. 나는 '그때가 오면' 일을 맡길 수 있도록 다른 직원들에게 내 업무를 가르쳤다. 내 인턴십은 9월 말에 만료될 예정이었고, 10월 초에 하나 이상의 부서로부터 정규직을 제안받을 터였다. 공식적으로 내 경력이 시작되기까지 불과 몇 달밖에 남지 않은 상황이었다.

그런데 졸업한 지 한 달 만에 실업률이 5.8퍼센트까지 치솟았다. 거의 900만 명의 미국인이 실업 상태였고, 도산하는 기업들이 점점 늘어났다. 사람들은 매일 신문으로 또 다른 회사가 파산했다는 사실을 확인하며 조용히 세상을 지켜보는 듯했다. 뉴스는 노숙자로 전락한 가족들과 망가진 인생 이야기들만 보여주었다. 토니의 고객 중에 부동산 개발업자들이 서서히 우리의 전화에 응답하지 않았다. 남은 것은 대대로 부자이며 신비에 싸인 '올드 머니' 고객들과 나이 많은 록스타뿐이었다. 자산이 워낙 탄탄해서 단일 산업에 의존할 필요가 없는 사람들이었다.

같은 달, 나는 샌프란시스코에서 열린 하우스 파티에 갔다가 그곳에서 나의 오랜 샌프란시스코 친구들과 어울리고 있는 아빠를 발견하고 놀랐다. 우리가 서로 반가워하며 껴안자 친구들도 놀란 표정을 지었다. 아빠는 나도 모르는 사이 일자리를 찾아 샌프란시스코로 올라왔고, 내 친구의 집에 신세를 지고 있었다. 친구들은 우리가 포옹하고 추상적이며 친숙한 용어('아빠'와 '내 딸')로 이야기 나누는 걸 들으며 퍼즐 조각을 맞춰보려 했지만, 우리가 진짜로 부녀지간이라는 걸 전혀 깨닫지 못했다. 샌프란시스코까지 일자리를 찾으러 온 이유를 묻자 아빠는 간단하다고 설명했다. 무대 장치 일을 위해 노조 카드를 얻으려는데 IATSE로 컬16*에 가입할 기회가 있다는 것이었다. 매주 프레즈노에서 샌프란시스코까지 차를 타고 오가는 게 고되었지만, 잘만 버틴다면 흔들리는 경제에서 보호받을 좋은 일자리, 즉 노조 일자리를 얻을 수도 있었다. 노조는 보호를 의미한다고 아빠는 내게 말했다. 그건 상황이 아무리 나빠지더라도 절대 혼자 내버려두지 않는다는 의미였다.

한편 나는 넉넉한 급여는 물론 건강보험, 유급휴가 등의 혜택을 자랑하는 내 꿈이자 안정적인 '좋은 직업'으로 전환되는 날만을 고대하고 있었다. 그런데 인턴십이 끝나기 2주 전 리바이스에서 채용을 동결한다는 발표가 나왔다. 추후 공지가 있을 때까지 신규 채용은 없을 거라고 했다. 나는 당장 상사에게 달려갔다.

"이게 무슨 말이에요?" 나는 두근거리는 마음으로 물었다. "제가 신입

---

* International Alliance of Theatrical Stage Employees. 국제연극무대종사자연합. 로컬16은 샌프란시스코를 의미한다.

사원 채용에 속하나요? 전 신입이 아니죠? 전 여기 다니고 있었으니까요. 저는 그냥…… 업무만 변경하는 거잖아요. 저는 정규직 준비가 됐어요. 그러니 정직원이 되는 거죠? 그렇죠?"

그는 입술을 꽉 깨물고 슬픈 표정으로 고개를 저었다.

"고용 동결에는 승진과 직위 변경도 포함돼요"라고 그는 슬프게 말했다. "당신의 인턴십은 계약 상태로 월말에 만료될 예정이고, 그 시점에서는 엄밀히 말해 새로운 계약이 되기 때문에 지금 자리도 유지할 수 없을 것 같네요. 정말 미안해요, 매들린. 그렇지만 고용 동결이 끝나면 다시 지원할 수 있어요."

나는 숨을 쉬려고 노력했다. 내 미래가 한순간에 눈앞에서 무너지는 느낌이었다. "얼마나 걸릴 것 같나요?" 나는 좌절한 채 물었다.

그는 한숨을 쉬었다. "고용 동결은 2009년까지 유지될 거예요"라고 말했다.

나는 침통하게 고개를 끄덕였다. 적어도 토니만은 행복하리라는 생각이 들었다.

리바이스에서 인턴십이 끝난 지 며칠 후 머빈스 백화점이 파산신청을 했다. 머빈스는 샌프란시스코에서 차로 약 한 시간 거리에 있는 헤이워드라는 소도시의 이스트 베이에 자리하고 있었다. 머빈스는 저가 중심의 백화점이었지만 상대적으로 탄탄한 의류 디자이너 팀을 보유하고 있기도 했다. 따라서 머빈스 본사가 문을 닫으면서 안 그래도 좁은 샌프란시스코 디자인 시장에 실직한 의류 디자이너들이 넘쳐났다. 2008년

10월, 10년 차 경력 디자이너들이 그나마 온라인에 간헐적으로나마 뜨는 신입 자리에 지원했다. 나처럼 대학을 갓 졸업한 신입들은 제아무리 명문 리바이스에서 인턴십을 한 경험이 있어도 시간당 10달러 자리에 필사적으로 매달리는 경력자들과는 경쟁이 되지 않았다. 노동력 공급 과잉으로 도시 내에서 디자인 작업의 가치가 떨어지면서 새로운 디자인 일자리에 지원하는 일은 완전히 무의미해졌다. 내 학자금 대출은 2009년 3월부터 상환을 시작해야 했다. 나는 안정적이고 꾸준한, 어떤 일자리든 필요했다.

다행스럽게도 토니는 큰 손실 없이 경기 침체를 헤쳐나갔다. 주변 대학 졸업생들은 허둥대며 최저임금을 받고 소매업에 종사하거나 다시 부모님 집으로 들어갔다. 그나마 나는 생계를 이어갈 급여가 나오는 직업이 있다는 게 행운이라는 생각이 들었다.

10월 6일부터 10월 10일까지 미국의 주식시장은 사상 최대의 주간 손실을 보았다. 그 결과, 퇴직금 적립제도인 401(k)와 개인퇴직계좌^{IRA,} Individual Retirement Account를 통해 은퇴 자금을 주식시장에 투자하던 미국인들은 평생 저축한 돈의 가치가 곤두박질치는 경험을 했다. 당황한 일부 사람들은 투자 포트폴리오의 손실을 감수하고 무분별하게 주식을 매도하는 바람에 회복 가능성을 완전히 잃고 말았다. 10월 6일에 전직 헤지펀드 매니저인 짐 크레이머가 〈투데이〉 프로그램에 출연해 향후 5년 안에 현금이 필요하면 지금 당장 주식시장에서 돈을 빼내라고 촉구했다. 다른 금융 전문가들도 TV 방송에서 이러한 행동을 부추기는 식으로 시청률을 얻었다. 실제로 주식시장은 이듬해 3월 바닥을 쳤지만, 이후

10년간 지속된 강세장이 시작됐다.

대침체가 맹위를 떨치면서 어디를 가든 공황과 혼란이 존재했다. 2008년 말, 미국 전역의 소기업이 몰락하면서 연방 실업률은 7.2퍼센트에 이르렀다. 사람들은 실업보험 혜택을 받기 위해 여기저기 전화하기 바빴지만 돌아오는 건 허무한 응대뿐이었다. 친구들은 언젠가는 실업급여를 받을 수 있기를 바라며 실업신청서를 작성해 주 실업보험 부서에 수신 확인이 되지 않는 일반 우편을 보내기 시작했다. 뉴욕 같은 대도시의 노숙자 보호소에는 노숙자 수가 전년도에 비해 40퍼센트나 증가했다. 경기 침체로 집을 잃은 사람들은 다시 일어설 방법이 없었다.

2009년에 이르자 대침체는 우리에게 잘 알려진 패턴을 만들어냈다. 작은 회사는 도산하고 대기업들은 의회에 의해 구제된다. 주가는 폭락하고 주택은 압류된다. 부유한 사람들은 투자용으로 헐값에 압류된 주택을 사들인다. 부자는 더 부자가 되고 가난한 사람들은 노숙자로 전락한다. 더 많은 사람이 일자리를 잃는다.

이런 상황에서 나는 나대로 해결해야 할 문제가 생겼다. 토니가 갑작스레 허리를 심하게 다쳐 일을 할 수 없게 된 것이다. 토니가 사진을 찍지 못하자 사무실에서 할 일이 없었다. 나는 토니가 다치고 처음 몇 달 동안 오래된 고객의 기록을 살펴보며 보냈다. 토니는 1980년대부터 샌프란시스코에서 일해왔다. 즉 그녀의 초창기 고객 중에는 그해 고등학교나 대학을 졸업하는 자녀가 있었다. 나는 전화번호가 바뀌지 않았기를 바라면서 그들에게 전화를 걸었다.

"안녕하세요." 전화를 받는 고객에게 나는 어렵게 말을 꺼냈다. "토니 사무실에서 연락드려요. 17년 전에 아기 사진을 찍어드렸어요. 제 계산이 맞다면, 아기가 올해 고등학교를 졸업할 것 같은데요! 어른이 되는 기념으로 추억이 될 수 있게 어린 시절 사진을 담은 사진 앨범을 선물해도 될까요?"

절반 정도는 효과가 있었다. 나이 든 고객을 상대로는 유품을 제작해 판매했다. 하지만 몇 달이 지나자 연락할 수 있는 옛 고객도 거의 다 동이 났다. 토니의 부상은 호전의 기미가 보이지 않았다. 토니는 내가 부분 실업급여를 신청하도록 도와주었고, 일주일에 15~20시간은 일할 수 있을 만큼 일거리를 만들어주었다.

"토니, 제가 실업수당을 신청하면 돈이 들죠? 지금 당장 수입도 없으시잖아요. 금전적인 부담은 주고 싶지 않아요. 타코벨이나 스타벅스 같은 곳에 일자리를 알아볼게요."

"바보 같은 소리 하지 마. 난 이미 실업보험료를 납부했어. 실업수당은 모든 직원에게 나오는 보험이나 급여 같은 거야."

나는 이전 고용주에게 실업수당 청구를 거부당한 친구들을 떠올렸다.[*]

"실업수당을 받아들이면 회사가 추가 비용을 내야 하지 않아요?" 나는 다시 물었다.

"아니." 그녀가 말했다. "설마! 실업수당 청구가 많아지면 보험료가 더 높아질 수는 있겠지. 하지만 실업수당 청구를 거부하는 사람은 그냥 나

---

[*] 미국은 고용주만 실업보험료를 부담하고, 실업수당 청구가 타당한지 고용주의 확인을 거친다.

쁜 놈인 거야."

세상에는 나쁜 놈이 많았다.

다시 자유 시간이 늘자 나는 크레이그리스트를 뒤져 내가 할 만한 프리랜서 일자리나 공연 일자리를 찾기 시작했다. 그렇게 비디오 게임이나 요가 회사, 골프복 라인을 위한 의류를 디자인했는데, 완성된 작업에 대한 대금을 받기까지 30일 이상 기다려야 하는 경우가 많았고, 회사가 파산신청을 해서 돈을 전혀 받지 못한 적도 있었다. 결국 새로운 거처를 찾아 다시 크레이그리스트를 뒤져야만 했다. 나는 도시 외곽의 방 세 개짜리 집으로 이사했고 거기서 10~20명과 같이 살았다. 한 달에 300달러였던 집세는 당시 샌프란시스코에서는 대단히 싼 가격이었다. 가끔 공공요금을 충당하기 위해 지하실에서 DIY 공연을 열었다. 이마저도 여의찮을 때는 우리 스타일을 좋아하던 이웃의 친근한 마약상이 자기 집에서 우리 집까지 커다란 오렌지색 연장선으로 전기를 공급해 주었다.

집에는 인디 로커들로 가득 차 있었지만, 내가 가본 어떤 펑크 하우스보다 더 펑크 하우스처럼 느껴졌다. 도시의 가장자리에 자리한 그 집은 생존을 위한 공동 노력의 산물이었다. 집에는 마치 룸메이트라는 회전문이 있는 것처럼 매주 새로운 사람들이 등장했다. 어떤 날은 아침에 일어났을 때 부엌에 낯선 사람이 있기도 했다. 어떤 룸메이트는 외부인에게 한 달에 50달러를 받고 그가 자립할 수 있을 때까지 지하실의 낡은 소파에서 자게 해주기도 했다. 우리는 살아가기 위해 최선을 다해 서로의 자원을 공유했다. 한 명은 위대한 소설가가 되겠다며 내 10년 된 투박한 노트북으로 중편 소설을 썼다. 자신이 일하는 카페에서 훔쳐 온 식료품으로 우리에게 빵을 구워준 사람도 있었다. 밤이면 모두가 식탁에 둘러앉아 (때로는 촛불만 켜놓고) 보드게임을 하고 각자 인생에 대해 생각에 잠겼다. 우리는 대침체 이후의 자기 미래를 그려보려 애썼지만, 적어도 지금은 집세가 저렴하다는 사실에 감사했다.

펑크 아닌 펑크 하우스에서 나는 친구들과 같이 스냅SNAP*(이전에는 '푸드 스탬프'라고 불렀다)을 신청했다. 그렇게 하여 우리는 정부에서 받은 EBT 카드로 무료 샌드위치를 먹으며, 오후 햇볕 아래 공원에 누워 돈 걱정을 하며 시간을 보냈다. 당시 사람들이 '펀 임플로이먼트'**라고 불렀던 행동을 하고 있으니 기분이 이상했다. 풀타임보다 적게 일한 것은 고등학교 졸업 이후 처음이었다. 여러 면에서 그 시간은 내게 깨달음을 주었다. 생계를 유지하기 위해 주당 60~80시간을 일하도록 강요받지 않고 좀 더 인간다운 노동 시간을 가짐으로써 얻을 수 있는 자유를 이해하게 되었다. 갑자기 나는 취미 부자가 되었고, 친구나 주변 사람들과 더 나은 관계를 쌓을 시간적 여유가 생겼다.

그러나 마음 한구석에 절박한 두려움을 늘 안고 살았다. 이번 주에 실업수당이 나오지 않으면 어쩌지? EBT 카드가 충전되지 않으면 어쩌지? 우리가 상상조차 할 수 없는 새롭고 끔찍한 방식으로 모든 게 그냥 무너진다면? 그건 마치 여름학교에서 선생님에게 수업 끝나고 남으라는 말을 들은 기분이었다. 우리는 한계 상태에서 강제로 아무것도 하지 않을

---

* Supplemental Nutrition Assistance Program, 저소득층 대상 영양 보충 지원 프로그램.
** Funemployment, 휴식을 즐기고 오락 활동을 하면서 보내는 실직 기간.

수밖에 없었지만, 결코 긴장을 풀 수는 없었다. 2009년 말, 미국의 실업률은 25년 만에 처음으로 10퍼센트를 기록했다. 열 명 중 한 명이 실직 상태였다. 주택 압류 건수는 2009년 한 해에만 290만 건에 달했다. 대침체가 시작된 2007년 이후부터 따지면 총 750만 건에 이르렀다.

대침체가 우리 밀레니얼 세대에게 미친 지체효과[*]는 광범위하고 복잡하다. 많은 사람이 나처럼 고등학교나 대학을 졸업했지만 취업시장이 존재하지 않은 탓에 이전 세대와 달리 업무 경험을 쌓지 못했다. 꾸준히 성장 궤도를 그리며 커가야 하는 직업 세계에서, 사회 초년생 때 겪어야 할 경험이 부족한 탓에 경력을 쌓으며 성장할 기회를 놓치게 된 것이다. 또한 많은 사람이 첫 채용 당시의 직업이 저임금 서비스업이었다는 이유로 십수 년 동안 같은 직업군에 종사해야 했고, 이후로 그것이 그들이 갖게 되는 유일한 직업군이 되었다.

2010년, 경기 침체 이전보다 약 900만 개의 일자리가 줄어들었다. 내 연령대인 16~24세의 실업률은 19퍼센트로 당시 최고치를 기록했는데, 이는 약 다섯 명 중 한 명이 일자리를 찾는 데 어려움을 겪었다는 의미다. 나머지도 자신의 자격이나 학위에 걸맞지 않은 저임금 일자리를 찾아야만 했다. 그 결과 밀레니얼 세대는 30대가 되어도 10년 전에 태어난 같은 나이대의 사람만큼 돈을 벌지 못한 첫 번째 세대가 되었다.

서비스 노동자의 포화 상태와 노동시장 불안정성에 대응해 새로운

---

[*] Lingering Effect. 이미 해결된 일이 후에도 영향을 끼치는 것.

경제 형태가 탄생했는데, 바로 긱 경제*다. 대침체 이후 몇 년 동안 긱 경제가 만들어낸 비고용 '사업체'의 일자리는 기존 고용주가 제공하던 것을 크게 앞질렀다. 전통적인 고용 형태가 아닌 단기 업무를 수행하는 프리랜서 자영업자로 구성된 긱 경제는 일반적으로 앱과 같은 수단을 통해 이루어진다. 우리가 잘 아는 우버, 리프트, 도어대시, 태스크래빗 같은 앱 기반 긱 경제 서비스가 매일 새롭게 등장하고 있다. 하지만 이러한 긱 경제 일자리의 문제점은 노동자 보호 장치와 혜택이 적고 단체 교섭 능력이 떨어진다는 것이다. 간단히 말해, 이들은 합법성이 의심되는 형편없는 저임금 일자리라는 뜻이다.

오늘날 미국인 여섯 명 중 한 명은 전통적인 고용 형태가 아닌 직업을 갖고 있다. 대부분이 긱 경제에 속한 MZ 세대 프리랜서 노동자들이다. 이는 긱 경제가 이들 두 세대의 노동력 착취 증가에 직접적으로 기여하고 있기에 문제가 된다. 긱 경제 노동자 일곱 명 중 한 명은 연방에서 정한 최저시급보다 낮은 시급을 받고, 세 명 중 한 명은 주의 최저임금보다 낮은 임금을 받는다. 연구에 따르면, 긱 경제 노동자 다섯 명 중 한 명은 1년 동안 충분한 음식을 구하지 못해 굶주린 적이 있으며, 30퍼센트는 정부지원으로 끼니를 해결한다. 이는 긱 경제 기업들이 노동자에게 적절한 보상을 하지 못하는 부분을 세금이 보조하고 있다는 의미다.

반면 긱 경제 기반 앱 회사들의 CEO는 사상 최고 수준의 연봉과 보상을 한꺼번에 가져간다. 이것이 암시하는 바를 알면 매우 놀랍다. 평범한

---

* Gig Economy. 산업 현장에서 필요에 따라 직원을 정규직이 아닌 계약직, 임시직, 일용직으로 고용하는 경제 형태.

미국의 납세자는 자기도 모르게 지불한 돈으로 수십억 달러 규모의 기업 직원들에게 생계를 위한 음식을 사주고, 그들의 상사는 직원들에게 돌아가야 할 수입을 자기 주머니로 가져간다. 다시 말해, 긱 경제 기반 기업의 CEO들은 우리 모두의 것을 훔치고 있다는 뜻이다.

주택시장 역시 대침체의 여파가 지금껏 남아 있다. 2007~2009년에 수백만 명의 사람들이 압류로 인해 집을 잃는 동안, 부동산 회사는 투자 목적으로 단독주택을 마구 사들였다. 압류 주택이 경매를 통해 대량으로 판매되어 자산이 있는 사람은 주택을 대량으로 쉽게 살 수 있었다. 캘리포니아에서만 2006년부터 2012년까지 실제 소유자가 거주하는 주택 수가 32만 채나 급감했다. 반면 임대인이 거주하는 단독주택의 수는 그 두 배 이상 증가했다. 오늘날 생애 첫 내 집 마련을 꿈꾸는 사람들은 블랙스톤 같은 대형 부동산 회사와 경쟁해야 하며, 이는 미 전역의 주택 소유율 감소로 이어지고 있다.

그리하여 대침체를 겪은 밀레니얼 세대는 전례 없는 경제적 불안정과 싸워야 했으며, 특히 불황기에 졸업한 사람들[4]은 '절망사'라고도 불리는 약물 과다복용으로 인한 조기 사망률이 높은 것으로 나타났다. 대침체는 자본주의의 비효율성이 가져온 대규모 경제 실패였고, 내 또래 사람들은 여전히 그 여파에 시달리고 있다. 빚질 가능성은 커지고, 좋은 임금을 받을 가능성은 적다. 따라서 적절한 저축을 하기 어렵고, 직업 안정성이 낮으며, 이 모든 결과로 심각한 정신 건강 문제에 직면할 공산이 매우 크다.

펑크 하우스의 우리는 마지막 푸드 스탬프를 친구들과 공유하거나

지하실 공연으로 모은 돈으로 서로의 집세를 내주면서 함께 뭉쳐서 살아남았다. 전국 각지의 다른 밀레니얼 세대 역시 경제적 폭풍을 이겨내기 위해 작은 집에 모여들어 한 방에 세 명 이상이 살았다. 우리 정치인들이 대기업을 구제하고 우리는 알아서 하도록 내버려 두는 동안, 우리는 서로를 구제하기 위해 최선을 다했다. 대침체가 물러갈 때쯤 우리는 위기의 순간에 지역사회가 함께하면 무엇을 할 수 있는지를 이해했다. 동시에 권력을 가진 사람들은 우리에게 관심이 없으며, 앞으로도 계속 없을 거라는 가혹한 깨달음을 얻었다. 부유하고 힘 있는 자들이 알아서 하라며 우리를 두고 떠나자, 많은 사람이 함께 싸우는 것을 선택했다. 밀레니얼 세대는 미국 자본주의가 모래로 만든 누각에 불과하며, 부자들이 그 누각이 언제 어떻게 무너질지를 놓고 내기했다는 사실을 집단적으로 깨달은 첫 번째 세대일지도 모른다.

마침내 나의 실업수당은 종료가 되었지만, 샌프란시스코의 패션산업은 다른 산업만큼 빠르게 반등하지 못했다. 나는 친구들의 도움으로 대침체에서 살아남았지만, 샌프란시스코에서 성공한 미래를 펼칠 가능성은 없었다. 대침체가 일어나지 않았으면 가졌을 내 모습을 상상했다. 꿈에 그리던 안정적이고 꾸준한 디자인 기업인 리바이스에서 정직원으로 일했을 것이다. 상상 속에는 원룸 아파트, 건강보험, 저축 등 너무나 소박하지만 지금은 그림의 떡처럼 느껴지는 것들이 있었다. 손에 잡힐 것 같았던 것들이 이제는 너무 멀어졌다는 사실을 받아들이기 힘들었다. 자꾸만 터져 나오는 분노를 주체할 수 없던 나는 위로를 얻고 싶어 로스앤젤레스에 사는 친구에게 전화를 걸었다.

"일자리를 찾아야 하는데 어떡해야 할지 모르겠어." 나는 눈물을 흘리며 말했다. "이제 여기는 예전처럼 일자리가 없어."

"그냥 로스앤젤레스로 당장 이사하면 어때?" 그가 짜증스러운 목소리로 말했다. "알다시피, 여긴 온갖 직업이 다 있잖아. 친구들도 있고. 그리고 솔직히 파티도 더 훌륭해. 샌프란시스코에는 밤문화가 별로 없잖아."

나는 피식 웃었다. "우리 집 파티는 재미있어!" 나는 일부러 요점을 피해 말을 돌렸다. "모르겠어. 그냥 좀 두려워."

"인생은 당신이 편하게 여기는 영역 끝에서부터 시작된다. 그게 뭐든." 그가 명언을 읊었다.

그 순간, 그보다 더 진솔한 말은 들어본 적이 없는 것 같았다. 샌프란시스코에 머물며 안전망 없는 프리랜서와 파트타임 일을 병행하면서 서서히 익사하거나, 아니면 로스앤젤레스로 가서 더 큰 시장에서 더 안정적인 직업을 구하려고 노력해야 했다. 2010년 1월 1일, 나는 백기를 들었다. 짐을 싸서 이사 트럭에 실었다. 베이브리지를 건너면서 나는 내가 사랑했던 도시에 울며 작별 인사를 고했다.

경기 침체에서 살아남기

경기 침체는 심각한 일이다. 경기 침체기에는 일자리를 찾거나 유지하는 것이 더 어려워진다. 임금 동결, 물가 상승, 전반적인 금융 공황 등이 일어난다. 그래도 경기 침체를 극복하기 위한 몇 가지 팁이 있다.

1. 어떤 정부지원 프로그램을 받을 자격이 있는지 알아봐라. 거주하는 지역마다 자체적으로 운영되는 사회복지기관이 있을 것이다. 기관은 개인이 경제 위기에 처했을 때 재정 보조나 지원을 제공하는 프로그램을 운영한다. 주저하지 말고 신청할 수 있는 건 모두 해라. 당신이 어떤 프로그램에 자격이 되는지 알 수 없다. 자격이 되는 프로그램이 있다면 적극적으로 활용해야 한다. 필요할 때 도움받는 것을 부끄러워하지 마라. 어차피 당신과 나의 세금으로 운영되는 것들이다. 나는 개인적으로 내 세금이 필요한 사람들에게 도움이 되기를 바라고, 수백만 명의 사람이 이에 동의할 거라고 생각한다! 도시마다 당신의 신청을 도와줄 사회복지센터 또는 그와 비슷한 기관이 있을 것이다.

2. 실직했을 때는 실업급여를 신청해라. 미국 대부분의 주에서는 업무 시간이 단축된 경우, 단축으로 인한 손실을 보상하기 위한 부분실업급여도 신청할 수 있다.

3. 퇴거와 같은 사항에 대해서는 최신 현행법을 잘 알아둬야 한다. 경제 위기 시기에는 퇴거와 같은 일로부터 임차인들을 보호하기 위해 긴급 법률이 통과되는 경향이 있기 때문이다. 당신이 속한 연방, 주, 시의 보호 조치를 알아보고 정보를 최신 상태로 유지해라! 법 조항이 확장되고 변경되는 경우가 많다. 당신이 받을 수 있는 모든 보호 조치를 활용하고 있는지 확실히 해두는 것이 좋다.

4. 식재료를 직접 재배해 봐라. 어린잎 채소와 허브 같은 건 주방 조리대처럼 작은 공간에서 쉽게 키울 수 있으며 궁핍할 때는 돈 절약도 된다. 감자, 양파, 마늘, 샐러리, 당근, 양상추, 바질, 민트, 고수풀, 파스닙, 샬롯, 고구마 같은 건 먹고 남은 조각으로도 쉽게 재배가 가능하다.

5. 쇼핑이 하고 싶을 때는 친구들과 옷을 교환해 봐라. 서로 옷을 교환하면 옷장도 정리되고 동시에 쇼핑하는 기분도 낼 수 있다. 이런 게 바로 윈윈이다.

6. 집에 필요한 것이 있으면 온라인에서 무료 나눔 목록을 찾아봐라. 나는 무료 나눔으로 진공청소기, 냉장고, 소파, 텔레비전, 매트리스 등을

얻었다. 음식과 식물을 나눠주는 사람도 간혹 있다. 뭐든 돈을 쓰기 전에 무료 자원부터 확인해 보자. 직장을 잃어서 시간적 여유가 생겼다면 무료 가구를 얻어서 다시 페인트칠해 보자. 새것처럼 쓸 수 있다.

7. 직장을 잃었다면 차라리 휴가의 기회로 삼아라. 스트레스를 받아 봤자 이런 시간을 제대로 활용하지 못할 뿐이다. 생계유지가 걱정되기는 하지만, 우리 같은 대부분의 사람에게 실직은 휴식을 취할 유일한 기회이기도 하다. 그러니 스스로 즐길 수 있는 시간을 조금이나마 가지려고 노력해 보자. 새로운 기술을 배울 수도 있다. 요새는 유튜브로 집에서도 다양한 기술을 무료로 배울 수 있다. 그동안 도저히 짬이 나지 않아서 해보지 못했던 예술 작품이나 프로젝트에 참여하는 기회로도 활용할 수 있다. 아니면 아무것도 하지 않는 기회로 삼는 것도 좋다. 이상하게 느껴질 수도 있지만, 책임감도 없고 생산적인 일을 하지 않는 시간을 갖는 것으로 하루를 시작할 수 있다. 휴식을 일정으로 정하면 그것이 지금 당장 해야 할 일이 되기 때문에 좀 더 기분이 나아진다.

8. 마음이 불안하다면 시간을 들여 재정 계획을 세워보자. 생계를 이어갈 수 있는 가장 저렴한 시나리오를 그려보는 것이다. 이때 상세하고 구체적으로 계획해야 한다. 나는 어디에 살고 있는가? 나의 소득은 얼마인가? 나의 예산은 얼마인가? 누구와 함께 사는가? 지금 당장 뭔가 조치할 필요는 없지만, '재난 상황'을 위한 백업 계획을 세웠다는 사실만으로도 불확실한 상황에서 마음을 편하게 하는 데 큰 도움이 될 것이다.

9. 지역사회 사람들과 재능을 교환해 보자. 예를 들어 빵 굽는 재주가 있는데 옷단 수선이 필요하다면, 바느질할 줄 아는 사람에게 수선을 부탁하고 그 대가로 빵을 만들어주겠다고 제안하는 것이다. 대체로 재능을 나누는 것만으로도 긍정적인 도움이 되며, 실직으로 인해 시간이 많아진 친구, 가족, 이웃이 당신에게 무상으로 도움을 줄 수도 있다.

10. 학자금 대출이나 다른 빚이 있는 경우 상환을 연기할 수 있는지 알아봐라. 장기적으로 더 많은 이자를 내게 될 수도 있지만, 당장 매달 나가던 돈을 막아서 생기는 현금의 여유는 그만한 가치가 있다.

우리는 '안락한' 정도지

I Survived
Capitalism
and All
I Got Was
This Lousy
T-Shirt

"로스앤젤레스에 사는 거 좋아?"

나는 하우스 파티에 있었다. 헤어스타일리스트인 친구의 친구와 내가 최근 로스앤젤레스로 이사한 것을 두고 이야기 나누고 있었다.

"그럼." 나는 그에게 말했다. "샌프란시스코가 좋기는 하지만 로스앤젤레스가 훨씬 더 실용적이야."

"실용적이라는 게 무슨 뜻이야?"

"글쎄. 그냥 살기가 더 쉬운 곳이랄까. 프레즈노에 사는 거랑 아주 비슷해."

"프레즈노라고?" 근처에 있던 젊은 여자가 놀라 우리 대화에 끼어들었다. "어떻게 로스앤젤레스를 보고 프레즈노를 떠올릴 수 있어?" 그녀는 내 비교에 기분이 상한 것 같았다.

"글쎄, 좀 교외 지역이잖아." 내가 말했다. "스트립 몰, 주차장, 단독주택과 드라이브 스루 레스토랑도 있고 말이지. 프레즈노와 비슷해……
샌프란시스코에 비해서 말이지."

그녀가 멈칫했다. "로스앤젤레스는 프레즈노와 전혀 비슷하지 않아."

"내가 사는 곳은 코리아타운이야. 그리고 친구 대부분이 웨스트레이
크에서 살아."

"웨스트레이크?" 그녀가 놀라서 말했다. "웨스트레이크는 프레즈노와
전혀 달라! 웨스트레이크 빌리지는 아름답잖아."

"웨스트레이크 빌리지를 말한 게 아냐." 나는 혼란스러워하며 말했다.
"시내와 코리아타운 사이에 있는 웨스트레이크를 말한 거야. 고속도로
옆 말이야."

찰스 디킨스가《두 도시 이야기》를 로스앤젤레스 배경으로 썼다면
《두 웨스트레이크 이야기》라고 나왔을 것이다. 로스앤젤레스 서쪽에 있
는 웨스트레이크 빌리지는 인구가 8000명이 조금 넘는 상류층 거주지
로, 평균 가계소득이 연간 16만 달러를 넘는다. 이와 대조적으로 동쪽에
있는 웨스트레이크 지역에는 10만 명이 넘는 사람들이 산다. 대부분 멕
시코나 엘살바도르에서 온 이민자들로, 이들의 소득은 웨스트레이크 빌
리지 사람들 소득의 10퍼센트가 조금 넘는다.

"또 다른 웨스트레이크가 있는 줄은 몰랐는데." 여자가 경멸하는 듯한
표정으로 말했다.

"넌 어느 동네에 사는데?" 나는 물었다.

"베벌리힐스." 그녀가 대답했다.

이제야 설명이 됐다. 베벌리힐스는 로스앤젤레스 카운티(자치주)에 속

할 뿐, 로스앤젤레스시와는 멀리 떨어져 있다. 그곳은 자체적인 법률과 규칙, 경찰서가 있는 독자적인 도시였고, 내가 알고 사랑하는 로스앤젤레스에 속하지 않았다. 그곳은 주변 지역의 '하층민'이 '언덕'으로 들어오는 것을 막았다. 마치 그들의 완벽하게 깨끗하고 선별된 삶의 방식을 방해하는 것을 필사적으로 저지하는 것처럼 보였다.

"직업이 뭐야?" 나는 캐묻듯이 물었다. 어쩌면 그녀는 배우든 뭐든 유명인일 수도 있었다.

"아, 난 너무 어려서 아직 일할 수 없어." 그녀가 웃으며 말했다. "난 FIDM에 다녀."

FIDM이라면 내가 10대 때 알아본 적 있는 로스앤젤레스의 패션 학교 중 하나였다. 그때 나는 이미 수년간 일한 경험이 있었다. 이 20대가 너무 어려서 일할 수 없다면, 거대한 간식 상자를 목에 걸고 프레즈노의 여름 햇볕 아래 경기장 계단을 오르내리며 열네 살의 매들린이 하던 행위는 무엇이었는지 궁금했다. FIDM의 등록금만 연간 2만 3000달러였다. 내가 다니던 샌프란시스코 학교 등록금의 거의 두 배였다. 대체 누가 이런 학교에 갈 여유가 있는지 나는 알지 못했다.

"부모님은 무슨 일 하시는데?" 나는 그녀의 삶을 이해하려고 노력하며 물었다.

"아빠가 사업체를 몇 개 운영해." 그녀는 태연하게 대답했다.

나는 암호를 풀었다. 누군가가 도무지 이해할 수 없는 생활방식을 취하고 있다면 그 답은 보통 부유한 부모를 둔 덕이었다.

"아, 부자구나." 나는 애써 정중하게 웃으며 말했다. "그래, 로스앤젤레스에서 프레즈노랑 비슷한 동네는 자주 와보지 않은 것 같네."

"우리 집 부자 아니야." 그녀가 방어적인 태도로 말했다. "그냥 안락한 정도지."

'안락한 정도'라. 내가 자랄 때 '안락하다'는 말은 끼니를 때울 수 있고 잘 때 몸을 뉠 집이 있다는 뜻이었다. 그런데 로스앤젤레스의 특정 지역에서는 '안락하다'는 말이 부모가 여러 사업체를 소유하고 있고 해변 근처 어딘가의 대저택에 산다는 것을 의미하는 듯했다. 로스앤젤레스의 '안락한' 집 아이들은 월 한도가 없는 아빠 명의의 아메리칸 익스프레스 플래티넘 카드를 사용했다. 그들은 술값, 옷값, 밥값, 콘서트 티켓값 등이 얼마인지 생각하지도 않고 한 달 내내 카드를 긁어댔고, 로스앤젤레스 서쪽에 있는 부모님의 대저택으로 도착하는 청구서는 본 적도 없다. 거기 있는 자금 관리인이 아무런 질문 없이 매달 청구서를 즉시 해결했으니까. 어떤 집단에서는 '안락함'이 '과잉'의 또 다른 단어라는 사실을 깨달았다.

하지만 베벌리힐스와 말리부의 풍요로움과는 멀리 떨어진 로스앤젤레스 동쪽은 내게 집처럼 느껴졌다. 우리 할머니는 임대료가 오르고 취업 기회가 줄어들면서 가족이 프레즈노로 이사 오기 전까지 로스앤젤레스 동부에서 자랐다. 오래된 혼다, 닛산, 도요타가 길가에 주차되어 있고, 매일 통근하는 혼잡한 고속도로에서 무보험 운전자가 쌍방 충돌했다는 표시로 범퍼나 사이드미러에 반짝이는 은색 덕트 테이프를 붙인 차들이 지나다니는 동쪽의 스트립 몰은 내게 매우 친숙했다. 서쪽으로 갈수록 다른 로스앤젤레스가 나타났다. 햇빛에 기분 좋게 그을린 유명인들이 고급 스포츠카를 몰고 저택에서 내리막길을 내려가 20달러짜리 스무디와 합성 마약을 사곤 했다. 서쪽에는 부유한 사람들이 살았고, 동쪽에는 그들의 집을 청소하는 사람들이 살았다.

로스앤젤레스 친구들은 나를 그곳에 오게 하려고 오랫동안 설득했는데, 레미 역시 그랬다. 레미는 내가 열여덟 살이던 2004년 가을, 그의 밴드가 로스앤젤레스 다운타운에서 열린 내 친구의 아트 오프닝 공연에 오게 되면서 처음 만났다. 우리는 음악과 패션을 통해 친밀감을 느꼈고, 내가 가끔 로스앤젤레스에 가면 당시 그가 살던 더러운 파티 하우스에서 하룻밤 신세를 지곤 했다. 그가 살았던 집은 시각적으로 눈길을 사로잡는 곳이었다. 복도나 다이닝룸 같은 예상치 못한 장소에 침대 매트리스가 놓여 있었고, 때로는 밴드 연습을 위한 공간을 만들기 위해 주방 가전제품이 몽땅 거실로 나오기도 했다. 내가 스무 살쯤 되었을 때 한번은 그의 부엌 찬장을 열어보았는데 그 안에는 달랑 수프캔 하나밖에 없었다.

"이게 무슨 일이야?" 나는 당황해서 물었다.

"그게, 숟가락이 없어서. 수프 통조림은 있는데 어떻게 먹어야 할지 아무도 몰라."

"왜 숟가락이 없어?" 나는 믿을 수 없다는 듯이 물었다.

"글쎄, 우리는 포크 하나밖에 없어." 그는 아무 일도 아니라는 듯 대답했다.

그날 밤 레미와 그의 룸메이트들과 함께 값싼 식당에서 식사를 하던 중 나는 문제의 식기류 상황에 대한 이야기를 꺼냈다.

"도대체 누가 포크 하나만으로 살지?" 내가 물었다. "뭔 일이래?"

그의 룸메이트인 아브라함이 뭔가 고통스러운 일을 기억하는 듯 애석한 표정으로 먼 곳을 응시했다.

"한동안 그마저도 보지 못했어." 그가 말했다. "포크 어디 있는지 아는 사람?"

레미는 테이블에서 일어나 레스토랑의 서비스 카트에서 포크 몇 개를 훔치는 것으로 대답을 대신했다.

"여기. 이제 우리에겐 포크가 생겼어." 그가 포크를 가방에 밀어 넣으며 말했다.

그날 밤, 나는 레미를 식료품점에 데려가서 먹을거리를 사주었다.

"뭘 좀 먹어야지." 나는 그에게 말했다.

"그래, 그런데 너무 비싸." 그가 말했다.

나도 잘 알았다. 샌프란시스코에서 돈이 제일 없던 시절, 나는 유통기한이 지난 전자레인지 팝콘 한 봉지를 먹다 남은 초콜릿 프로스팅에 담가서 먹었다. 집에 있던 게 그게 전부였기 때문이다. 팝콘은 흐물흐물해서 이상했지만, 초콜릿 프로스팅이 스펀지 같은 질감을 완충해 주었다. 보통은 감자와 쌀을 섞어 먹었다. 식료품점에서 가장 만만하게 살 수 있는 재료였다. 돈이 조금 생기면 신이 나서 레스토랑으로 달려가 메뉴판에서 가장 맛있어 보이는 것들을 이것저것 시켰다. 그야말로 잔치 아니면 기근의 날들이었다. 재정에 대한 나의 이런 일관성 없는 접근 방식은 어린 시절 가졌던 돈에 대한 관점이 반영된 것이었다. 어린 나는 보통 빈털터리였다. 따라서 그렇지 않을 때는 스스로에게 오랫동안 겪지 못한 특별한 대접을 해줌으로써 그 시간을 소중하게 만들어야 한다고 생각했다. 그게 삶을 가치 있게 만드는 방법이라고 판단했다.

마침내 로스앤젤레스로 이사했을 때(포크 사건이 있고 대략 3년 후), 레미와 나는 코리아타운에 월세 1100달러인 원룸 아파트를 함께 빌렸다. 93제곱미터에 달하는 널찍한 공간에 한쪽 창문은 시내 스카이라인이 보이고, 다른 쪽 창문은 언덕이 보이는 꼭대기 층의 코너 자리였다. 고개를 살짝 기울이면 화장실에서도 할리우드 간판이 보였는데, 그건 그때까지 내가 한 경험 중에서 가장 호화롭게 느껴졌다. 각자 부담금은 550달러였는데, 샌프란시스코에서 냈던 임대료에 비하면 이 정도는 합리적인 것처럼 느껴졌다. 하지만 학자금 대출과 신용카드 청구서 등 다른 비용도 감당해야 했다. 아직 엄청난 빚이 남아 있었고, 터널의 끝에서 빛이 되어줄 직업을 찾을 수 있기를 바랐다.

작고 경쟁이 치열한 샌프란시스코의 취업시장과 달리 로스앤젤레스는 항상 일자리가 있는 거대한 시장이었다. 하지만 샌프란시스코와 마찬가지로 의류 디자인 쪽 일자리는 모두 시간당 10달러 정도였다. 그걸로는 학자금 대출 상환금과 자동차 구입 비용을 감당하기는커녕 생활하기에도 턱없이 부족했다. 다른 대부분의 미국 도시와 마찬가지로 로스앤젤레스 역시 자동차 중심 도시였기에 새로 차를 살 수밖에 없었다. 월 비용이 300달러 이상 늘 수도 있었다. 나는 내 전공과 관련이 없거나 학위가 필요하지 않은 행정 보조직에 지원하면서 구직 범위를 넓혔다. 이

직종은 시간당 15달러에서 최대 25달러까지 받을 수 있어서 내 전공 분야보다 급여가 좋았다. 그래도 대학 학위가 아깝다는 생각에 한숨이 절로 나왔다.

로스앤젤레스에 도착한 첫 주에 다섯 곳의 면접 약속을 잡고 이삿짐 상자를 뒤져 사무실 업무에 어울릴 만한 옷을 찾았다. 면접 내내 미소를 짓고 고개를 끄덕이며 "나는 믿을 수 있고 열심히 일하지만 겸손하고 배우고자 하는 열망이 있습니다!"라고 외칠 수 있게 무척 노력했다. 스물셋, 거의 10년 동안 직장 경험을 쌓은 나는 예비 고용주들이 무엇을 원하는지 몇 가지 알게 되었다. 고용주들은 기대 이상의 성과를 내면서도 상사의 권력을 위협하지 않는 사람을 원했다. 나는 월급만 받을 수 있다면 아무 생각 없이 윙윙거리며 쉴 새 없이 움직이는 완벽한 일벌이 될 수 있었다. 코걸이도 빼고, 머리를 자연스러운 색으로 염색하고, 문신도 모두 가렸다. 취직은 생존의 문제였다. 패션 같은 사치를 누릴 여유 따위는 없었다.

그런데 고급 주얼리 브랜드의 영업 및 마케팅 실장의 어시스턴트로 지원한 곳이 그 주의 마지막 면접으로 잡힌 시점에, 때마침 사무용 정장이 전부 세탁 중이었다. 절박한 마음에 평소 입던 대로 빈티지 란제리 스타일의 탱크톱과 찢어진 청바지 위에 카디건을 걸치고, 막 이사 온 터라 옷이 모두 짐 박스 안에 있어서 미리 양해를 구한다는 문자 메시지를 보냈다. 프로답지 못한 메시지였고, 외양 때문에 면접에서 떨어질 수도 있겠다고 생각했지만, 아무것도 하지 않는 것보다는 낫다고 생각했다. 면접장에 도착했을 때 실장이 나를 위아래로 훑어보았다.

"이런 복장이라 정말 죄송합니다." 나는 복장을 가리키며 말했다. 평소 면접 때 입던 바지와 칼라 셔츠와는 너무 다른 옷차림이어서 부끄러움에 얼굴이 빨개졌다

"사과는 안 해도 돼요." 그녀가 웃으며 말했다. "그건 패션이고 그게 우리가 하는 일이니까요."

실장이 나를 마음에 들어 한다는 걸 알 수 있었다. 그녀는 내가 말할 때 미소를 지었다. 나도 그녀가 마음에 들었다. 드라마 〈섹스 앤 더 시티〉에 등장할 법한 캐릭터처럼 괴팍하고 엉뚱한 말투를 구사했다. 그녀는 전에 들어본 적 없는 유럽식 억양의 스페인어를 유창하게 구사했고, 단순한 티셔츠 위에 액세서리를 여러 개 겹쳐 착용했다. 그런 그녀를 보고 있으니 나 같은 사람은 닿을 수 없는, 신화적이고 아득하며 존재한다고만 들었던 세계를 들여다보는 것 같은 기분에 휩싸였다. 면접이 끝나갈 무렵에야 임금이 온라인에 공개되지 않았던데 명확하게 알려줄 수 있는지 물었다.

"아, 시간당 10달러예요!" 그녀는 유쾌하게 대답했다.

내 얼굴이 창백해졌다.

"시간을 낭비하게 해서 정말 죄송합니다." 나는 자리에서 일어나 정중하게 말했다. "안타깝게도 저는 시간당 10달러로는 생활할 여유가 없습니다. 학자금 대출도 있고 집세도 내야 해서요. 이해해 주시리라 믿을게요. 다시 한번 사과드립니다. 그래도 면접 기회를 주셔서 고마워요. 만나서 정말 반가웠어요."

내가 방에서 나가려고 일어서자 실장이 벌떡 일어섰다.

"잠깐만요." 그녀가 말했다. "난 당신이 마음에 들어요. 유행을 아는 사람 같거든요. 무슨 말인지 알죠? 게다가 열심히 일하는 사람처럼 보이고요. 저와 잘 맞을 것 같아요. 그럼 급여는 얼마면 좋겠어요?"

산타크루즈에 있는 사진 현상소의 로라를 떠올렸다. 로스앤젤레스에서 제대로 살기 위해서는 현실적으로 얼마나 필요할까?

"글쎄요. 시간당 25달러 정도는 되어야 할 것 같아요."

실장이 사과하고 내 구직 활동이 잘되기를 바란다고 말할 거라고 예상했다. 어쨌든 제안한 임금의 두 배가 넘는 금액이었으니까. 하지만 그녀는 내 눈을 똑바로 바라보더니 알겠다는 듯 고개를 한 번 끄덕였다.

"내가 방법을 한번 찾아보죠." 그녀는 진지하게 말했다.

며칠 후 실장으로부터 전화가 왔다.

"25달러까지는 힘들고 18달러에 오케이됐어요. 내가 정말 열심히 싸웠다는 걸 알아줬으면 좋겠네요. 우리가 같이 일할 수 있을까요?"

다른 일자리에 대해 생각해 봤다. 시내에 자리한 큰 기업의 사무 보조직이 있었다. 급여는 시간당 20달러로 괜찮았지만, 온종일 정장을 입어야 했기 때문에 새로 옷을 장만하는 데 비용이 추가되고 성공 기회도 별로 없었다. 내 전공 분야와는 거리가 멀었고, 사무 보조 이상의 직위로 승진할 자격도 없었으니까. 코리아타운의 한 사무실에서도 접수원 제의를 받았다. 사무실에는 나이 든 남자들만 있었는데, 그중 누구도 내 인간성에는 관심이 없고 분당 102개 단어를 타이핑하는 능력에만 관심이 있었다. 그리고 면접을 보는 내내 나를 '아가씨'라고 불러서 소름이 끼쳤다. 내가 매일 그 사무실에 있으면 그 역학 관계가 얼마나 낯설지 상상되었다. 예전에 한 선생님이 구직 활동에 대해 "오르고 싶지 않은 사다리의 꼭대기보다 오르고 싶은 사다리의 맨 아래가 낫다"라고 한 말이 생각났다. 나는 실장이 마음에 들었고, 적어도 내 전공 분야에 대해 어느 정도 배울 수 있다는 것만으로도 가치 있어 보였다.

"좋아요." 나는 대답했다. "그렇게 할게요. 하지만 6개월 후에 급여와 성과를 검토받고 싶어요."

"그러죠." 그녀가 말했다.

실장은 마을 동쪽의 실버레이크 인근 집에 살았다. 우리는 그 집의 남는 방에서 전화와 이메일을 통해 전 세계의 다른 직원들과 자유롭게 일했다. 그 동네는 빠르게 고급화되고 있었는데, 나는 집을 구할 때 애써 그 동네는 피하려고 노력했다. 내 존재가 그곳에서 일어나는 '변화'에 부정적 요소가 될 수 있다는 윤리적 두려움 때문이었다. 나는 저소득층 노동자 계급이었는데도 내가 젠트리피케이션*의 선구자처럼 느껴졌다. 어디를 가든 나보다 돈 많은 사람들에게 "여기 물 괜찮으니 들어와요!"라고 외치는 해안가의 초록 깃발이 되는 느낌이었다. 내가 이사하면 타코 가게와 세탁소가 고급 커피숍과 유기농 캔들 가게로 바뀌는 건 시간문제일 것 같았다.

하지만 실장에게는 '떠오르는' 지역에 주택을 사는 것이 당연한 일이었다.

---

* Gentrification. 낙후된 지역이 활성화되면서 외부인과 돈이 유입되어 원주민이 밀려나는 현상.

"은퇴 후에 집을 팔면 엄청난 투자 수익을 낼 수 있을 거예요." 그녀가 말했다. "은퇴를 위해 200만 달러는 저축해야 한다는 거 알고 있어요? 누가 그 많은 돈을 모을 수 있겠어요? 집을 사는 방법이 가장 가능성 있어요."

나는 실장을 돈에 대한 나의 정신적 틀 어디에 위치시켜야 할지 혼란스러웠다. 여섯 자리 연봉과 고급스러운 동네에 있는 아름다운 집은 10대의 펑크록 매들린에게 '적' 같은 존재였다. 실제로 로스앤젤레스에서는 여섯 자리 연봉을 받는다고 해서 그 사람을 부자로 여길 수는 없었다. 나보다 훨씬 부유하긴 했지만 말이다. 2010년에 미국 주택도시개발부는 로스앤젤레스의 '매우 낮은 소득 한도'를 연간 6만 3000달러 미만으로 설정했는데, 이는 시간당 30달러 이상을 벌어야 빈곤층이 아니라는 뜻이다. 실장은 1억 달러 이상의 자산을 가진 베벌리힐스나 웨스트레이크 빌리지의 사교계 인사와는 거리가 멀었다. 그녀는 자녀 없는 40대 미혼여성으로서 생존 계획을 세우는 데 최선을 다하는 중산층에 불과했다.

그녀의 생존 계획에는 거의 매일 정신적, 언어적 폭력을 가하는 성질 고약한 주얼리 브랜드 사장을 상대하는 일도 포함되었다. 그녀는 집이라고 부를 수 있는 좋은 공간과 죽을 때까지 먹고살 충분한 돈을 모아 안락한 삶을 누리기 위해 이 모든 것을 견뎌냈다. 그녀는 정규 업무 외에도 매일 사장으로부터 학대당하는 다른 직원을 보호하는 역할까지 맡았다.

"나는 사장으로부터 직원들을 보호해야 해요." 그녀는 언젠가 한 번

단호하게 말했다.

실장은 이 역할을 잘 해냈다. 가장 연약하고 취약한 직원이 사장에게 노출되는 것을 최소화하기 위해 복잡한 방법으로 회의와 약속을 계획했다. 특히 사장이 모욕적이거나 부적절한 행동을 하지 못하도록 여성 직원은 그와 멀찍이 떨어뜨렸다. 나 역시도 사장과 같은 방에 있도록 두지 않았다.

"분명 당신을 성희롱할 거예요." 그녀의 말에는 확신이 있었다.

그 소기업을 가족이라고 가정하면, 그곳 사장은 집안 사람 모두를 불편하고 불안하게 만드는 다혈질적이고 무관심한 아빠였다. 실장은 다른 사람들이 그의 폭발에 휘말리지 않도록 주변의 문을 닫고 고함에 정면으로 맞서는 어머니 역할을 했다. 하지만 그것은 그녀가 맡아야 할 역할이 아니었고, 가부장적인 방식으로 여성에게 감정 노동을 기대하는 성차별 같았다. 나는 원래 상사와 비싼 신발을 신는 사람은 무조건 싫어했지만, 이 실장은 사실 *좋았다.* 그녀는 적일까? 확실히 그렇지는 않았다.

대신 실장의 삶은 끊임없는 역설처럼 보였다. 회사에서 큰 권력을 가졌지만, 또한 그렇지 않기도 했다. 사장은 언제든지 자기 내키는 대로 실장의 계획이나 조직을 뒤엎었다. 그녀가 성실한 직원이라고 생각하는 사람을 해고하거나 몇 시간 동안 전화로 그녀를 질책하거나 하는 식으로 말이다. 실장은 돈을 많이 벌었지만 사장만큼은 아니었다. 그녀는 좋은 집과 내가 '비싸다'고 분류할 옷 몇 벌을 소유했지만, 늘 밑바탕에 깔린 재정적 스트레스의 원인인 은퇴 계획을 위해 노력하며 살았다. 그녀는 여러 면에서 겸손하고 검소했다.

실장에 대해 가장 헷갈렸던 것 중 하나는 그녀의 차였다. 실장은 오래된 지프를 몰았다. 빈티지나 클래식으로 분류할 만큼 옛날 차는 아니었지만, 그녀의 소득 수준과 직책을 고려할 때 내게는 의아한 일이었다. 내 기준에 '실장' 수준의 차라고는 생각되지 않는 1990년식의 샴페인 골드색 차였는데 몇 달에 한 번씩은 뭔가가 고장 났다.

"새 차를 사는 게 어떠세요?" 어느 날 나는 그녀에게 물었다. "좀 더 좋은 걸로요."

"새 차를 왜 사요?" 그녀는 진심으로 의아한 표정으로 되물었다. "값도 다 치렀고 잘 작동하는걸요. 몇 달에 한 번씩 수리하는 게 새 차를 사는 것보다 훨씬 저렴해요."

나는 놀라서 물었다. "새 차를 사도 매달 수백 달러만 더 내면 되지 않아요?"

"그렇긴 하죠. 하지만 그 돈이면 내 퇴직계좌에 들어가는 돈이 한 달에 수백 달러씩 줄어들잖아요. 그리고 자동차는 감가상각 자산이고요."

퇴직계좌나 감가상각 자산이 뭔지는 몰랐지만, 그래도 이해한 것처럼 고개를 끄덕였다.

"은퇴를 위해 저축을 하고 있나요?" 그녀가 내게 물었다.

"아니요." 나는 고개를 저으며 말했다. "저는 그저 빚을 갚고 생계를 이어가느라 바쁜걸요."

"이 일은 당신에게 성장의 기회가 될 거예요." 그녀가 웃으며 말했다.

당시에는 깨닫지 못했지만, 실장은 내게 세상이 어떻게 돌아가는지 가르쳐주려고 했던 것 같다. 몇 주 후, 그녀는 회사 사장이 사는 유럽으로 출장을 갔다가 돌아와서 내 책상에 휴대폰 요금 청구서를 올려놓았다.

"200달러예요." 그녀가 말했다.

나는 청구서를 보았다. 거의 1000달러 정도였다.

"200달러라니요? 900달러가 훨씬 넘는걸요."

"내가 낼 돈은 200달러라고요. 그렇게 해주세요."

나는 책상 위에 놓인 청구서를 바라보았다. 부채를 협상할 수 있다는 것은 알았지만, 휴대폰 요금 청구서의 금액은 어떻게 바꿔야 하는지 전혀 몰랐다. 고객 서비스 담당자에게 전화를 걸어 규칙을 바꾸거나 어겨 달라고 요청하는 건 너무 터무니없고 끔찍해 보였다. 과연 그게 가능할까? 나는 한숨을 쉬며 청구서를 집어 들고 어떻게 하면 이 일을 해결할지 고민했다. 일단 실장인 척 고객 서비스 센터에 전화를 걸어 담당자와 통화를 했다.

"이 청구서요." 나는 천천히 말했다. "제 생각엔…… 오류가 있는 것 같아요. 잘못된 것 같다고요."

"아니요." 담당자가 대답했다. "맞아요. 유럽에 가서서 내내 데이터 로밍을 사용하셨어요. 많이 사용하신 것 같네요."

"네, 죄송합니다. 감사합니다. 좋은 하루 보내세요." 나는 중얼거리고 전화를 끊었다.

"이건 안 될 것 같아요." 나는 실장에게 말했다.

"다시 해봐요." 그녀는 단호하게 말하고는 다시 작업하던 컴퓨터로 돌아갔다. 나는 고객 서비스 센터에 다시 전화를 걸었다. 이번에는 다른 직원이 전화를 받았다.

"청구서를 받았는데요." 나는 좀 더 자신 있게 말했다. "금액을 더 낮춰야겠어요. 저는 이 돈을 낼 수가 없네요."

"고객님, 청구서 금액을 그냥 바꿀 수는 없습니다." 전화기 너머로 웃음을 참는 목소리가 들렸다. "데이터를 사용했으니 비용을 지불하셔야 합니다."

"어…… 매니저와 통화할 수 있을까요?" 나는 말끝을 힘주어 올리며 물었다.

"그러지요." 남자가 말했다. 그는 나를 관리자에게 연결해 주었다.

"무슨 문제가 있으신가요?" 관리자가 차갑게 물었다.

"제게 이 요금을 지불할 여유가 없어서요. 혹시…… 협상할 수 있을까요?"

"뭘 협상해요?"

"금액을 낮추는 거요. 예를 들어…… 200달러 정도로요."

"저희는 그렇게 하지 않습니다, 고객님." 관리자가 대답했다. "청구서 전액을 지불하셔야 합니다. 그렇지 않으면 추심소로 보내겠습니다. 제가 더 도와드릴 일이 있나요?"

"아." 나는 패배감에 한숨을 쉬며 말했다. "아니요. 괜찮습니다."

"그럼 좋은 하루 보내세요." 그가 말했다.

그는 전화를 끊었고, 나는 잠시 수화기를 귀에 댄 채 움직이지 못했다.

나는 실장에게 돌아섰다.

"청구서대로 내야 할 것 같아요. 변경할 수 없대요. 관리자와도 이야기해 봤어요."

"다시 해봐요." 그녀가 말했다.

이것이 시험이라면 굴욕스러운 일이 아닐 수 없었다. 다시 고객센터에 전화했는데 이번에는 여자가 전화를 받았다.

"로스앤젤레스에 계세요?" 그녀는 실장의 데이터를 조회하면서 소리쳤다. 감미로운 남부 억양이었고, 말할 때 목소리에 미소가 묻어나는 게 느껴졌다.

"와, 정말 멋지네요. 언젠가는 저도 꼭 가보고 싶어요! 무슨 일을 하세요?"

"패션 업계에서 일해요." 나는 건성으로 대답했다.

"와우." 그녀가 숨을 헐떡이며 말했다. "정말 화려하겠어요. 마치 〈악마는 프라다를 입는다〉처럼요!"

나는 갑자기 기운이 솟았다.

"그런 셈이죠. 네, 사실 그래요. 영화 보셨어요?"

"네. 정말 좋았어요! 그 미란다 프리슬리, 정말 멋진 캐릭터예요!"

"그런데요, 지금 상황이 실제로…… 〈악마는 프라다를 입는다〉와 매우 비슷해요. 제가 조수인 앤드리아고, 제 상사는 미란다 프리슬리죠. 그래서 그녀를 만족시킬 방법을 찾지 못하면 큰일 날 것 같아요. 어떻게 해야 할지 모르겠어요. 도와주실 수 있나요?"

"후후." 그녀가 행복한 듯 대답했다. "정말 신나네요! 네, 이해했어요. 어떻게 도와드릴까요?"

나는 청구서에 대해 설명했다. 실장이 내 책상 위에 청구서를 내려놓고 숫자를 외쳤던 일, 온종일 전화기를 붙들고 통화한 일, 도대체 이 일을 어떻게 처리해야 할지 막막했던 일들을 모두 털어놓았다. 통화로 이야기하면서 바로 옆에 앉아 있던 실장을 어깨 너머로 바라보았다. 그녀는 내가 설명하는 동안에도 움찔하거나 어떤 반응을 보이지 않았고, 심지어 내가 그녀의 요청이 터무니없음을 암시하거나 애초에 이런 걸 원한 것이 곤란하고 불합리하다는 투로 말할 때도 아무런 반응이 없었다.

"잠깐만요." 상담원이 큰 소리로 자판을 두드리며 말했다. 뭔가 진행되고 있었다. 앞서는 이렇게 진도를 나간 적이 없었다.

"네." 나는 그녀에게 말했다. "들어준 것만으로도 고마워요. 솔직히 여기까지 내 말을 들어준 사람도 없었는걸요."

"괜찮아요." 그녀가 말했다. "우리 여자들은 뭉쳐야 해요. 좋아요, 좋은 방법이 떠올랐어요. 당신 상사가 출국하기 전에 해외 데이터 요금제에 가입했다면, 월 100달러만 더 내면 여행 중에 무제한 데이터를 사용할 수 있었을 거예요. 상사의 요금제 금액이 한 달에 약 50달러네요. 그러면 월 청구액은 150달러가 될 거고, 당신 상사가 말한 200달러보다 훨씬 적죠. 방금 확인했는데, 관리자의 무효 권한으로 해당 구매를 당신 상사의 계정에 소급 적용할 수 있어요. 마침 여기 관리자가 제게 신세를 진 게 있네요. 관리자한테 승인받는 동안 잠시 기다려주시겠어요?"

"당연하죠!" 나는 너무 놀라 숨이 막혔다. "감사합니다!"

몇 분 후, 청구 무효가 입력되었고 실장의 최종 휴대폰 요금은 그녀가 요구한 200달러보다 훨씬 적은 152.12달러로 수정되었다. 나는 전화를 끊고 조용히 그녀에게로 돌아섰다.

"제가 해냈네요. 믿기지 않지만요." 나는 여전히 충격 속에서 말했다.

"바꿀 방법을 아셨던 건가요? 전에도 해보신 적이 있어요?"

"아니요." 그녀가 말했다. "그런데 사람들은 보통 자신이 인정하는 것보다 훨씬 더 많은 것을 할 수 있는 힘이 있잖아요. 통신 회사는 실제로 800달러의 추가 요금이 필요하지 않아요. 나의 말을 들어주고 나에게 유리하게 규칙을 조금만 바꿔줄 사람을 찾으면 되는 거예요. 내가 말했잖아요. 이 일이 당신에게 성장의 기회가 될 거라고요."

실장은 미소를 지으며 반짝이는 은과 금으로 만든 거대한 반지를 들어올렸다. "자, 말해봐요." 그녀가 말했다. "이 반지, 얼마나 할 것 같아요?"

"100달러요?" 나는 불쑥 그렇게 말했다. 나는 평생 보석 하나에 15달러 이상을 써본 적이 없었다.

"*100달러요?*" 그녀는 비웃었다. "아니, 이걸 좀 자세히 봐요. 금형을 만드는 데만 몇 시간이 걸렸을 텐데 여기에 순은과 18캐럿 금까지. 가격은 기존 모델의 경우 3400달러 정도 하지만, 은이 너무 많이 들어가서 다소 비싼 것 같아요."

그녀는 사무실 창문을 통해 들어오는 햇빛에 반지가 반짝이도록 앞뒤로 살며시 움직이며 반지를 바라보았다. "3100달러 정도가 적당하겠어요." 그녀가 말했다. "그렇게 하면 조금 손해는 나겠지만 물량으로 만회할 수 있을 거예요."

실장은 다시 컴퓨터로 돌아가 새로운 가격을 입력했다. 깜짝 놀라 그녀의 뒤통수를 쳐다보다가 그녀의 책상에 있는 반지를 바라보았다. 그 반지는 분명히 내 첫 두 대의 자동차보다 더 비싼 것 같았다. 내가 모르는 세상이 참 많았다. 너무 많은 것을 요구하지 않으려는 마음에서, 나는 내 주변 세상에 대해 너무 묻지 않고 살았다. 실제로 '충분하다'가 어느 정도인지 파악하는 게 중요하다는 것을 깨달았다. 실장의 말은 옳았다. 이 일은 여러 면에서 내게 성장의 기회가 되었다.

내가 새 직장에 적응하는 동안, 뛰어난 음악가지만 수년간 음악 산업에서의 실패로 지친 레미는 로스앤젤레스 명문 예술학교에서 모션 그래픽이라는 새로운 예술 분야를 공부하고 있었다. 겉보기에 레미는 나와 경제적 상황이 매우 비슷해 보였다. 그는 절약하며 검소하게 생활했다. 구제 옷 가게에서 산 옷은 너무 오래 입어서 구멍이 났지만 그대로 입고 다녔다. 음식이 남으면 신중하게 배분해서 길거리 트럭에서 산 3달러짜리 부리토와 함께 먹으며 며칠을 버텼다. 대부분의 재능 있는 음악가들과 마찬가지로 레미는 항상 큰 성공을 눈앞에 두었지만 결국 결실은 맺지 못했다. 그는 어떤 대가를 치르더라도 음악에 전념하는 전형적인 '배고픈 예술가'였다. 가끔 로스앤젤레스 주변의 에드 하디와 아메리칸 어패럴 같은 곳에서 일용직으로 일하면서 잠재 고객을 끌어들이는 광고판 역할도 했지만, 일주일 내내 일하는 경우는 드물었다.

우리 둘 중에는 그나마 내가 재정적으로 더 안정적이었다. 어쨌든 내 수입이 더 일정했고, 우리가 40달러짜리 저녁 식사를 하거나 극장에서 영화를 볼 때면 내가 주로 돈을 냈다. 어느 주말에는 충동적으로 그랜드 캐니언으로 차를 몰고 간 적이 있었다. 한밤중에 곧장 달려서 갔다가 월요일 출근 시간에 맞춰 돌아올 계획이었다. 여행에 필요한 기름값과 어느 이상한 호텔의 숙박비도 내가 냈다. 타워 지구 시절에 서로 돕고 살던 기억 덕분에 나는 가난한 사람들을 돕는 데 익숙했다. 레미가 생활비를 충당할 수 있는 인생 계획을 세우는 동안 재정적으로 부족한 부분을 내가 메워주는 것이 당연했다.

로스앤젤레스에서의 첫해가 끝나갈 무렵, 레미는 휴가를 맞아 나를 오리건주 포틀랜드에 있는 자기 가족 집으로 초대했다. 난 레미의 부모님이 아직 결혼한 상태라는 것을 알고 있었고, 맞벌이라면 우리 엄마나 아빠처럼 작은 아파트가 아닌 주택에 살고 있을 거라 예상했다. 나는 도시 외곽 어딘가에 있는 (포틀랜드의 흔한) 장인 스타일의 소박한 집을 기대했다. 하지만 공항에서 그의 부모님 집으로 차를 몰고 가다가 거대한 언덕 꼭대기에 있는 문으로 둘러싸인 단지를 보고 깜짝 놀랐다. 언덕 아래쪽 단지로 들어서자 넓은 뒷마당이 있는 거대한 2층짜리 주택과 그 앞으로 주차된 신형 차들이 보였다. 언덕 위로 올라갈수록 집들은 더욱 화려해졌다. 나는 당황한 얼굴로 창밖을 내다보았다. 마침내 언덕 꼭대기에 다다랐고, 기둥과 분수로 장식된 거대한 주택 앞 진입로에 차를 세웠다. 아래로 포틀랜드 시내 전체가 내려다보였고 사방으로 멋진 풍경이 펼쳐졌다. 그에 비하면 실장의 집은 초라했다. 현관문을 열고 들어서는 순간 나는 할 말을 잃고 대리석 바닥에 가방을 떨어뜨렸다.

"내가 본 집 중 가장 멋있어." 나는 충격에 휩싸여 중얼거렸다.

천장은 너무 높아서 우리 머리 위에 또 다른 층을 놓을 수 있을 정도였다. 집 뒤쪽 벽은 전체가 발코니로 이어지는 창문과 통창으로 된 문으로만 이루어져 있었다. 가구는 최신에 최고급 제품이었고, 일부 가구는 레미의 부모님이 운영하는 도시의 가구점에서 가져온 그대로 태그가 붙어 있었다.

"아빠가 한때 건축가로 일하셨어." 레미가 태연하게 말했다. "아빠가 디자인한 집이야. 이리 와, 내가 구경시켜 줄게."

레미는 집을 안내하며 거대한 주방과 격식을 갖춘 다이닝룸, 아침 식사 공간, 넓은 거실, 침실 두 개와 욕실을 보여주었다.

"우리는 여기 남는 방에 묵는 거야?" 나는 지금까지 본 어떤 문보다 두 배는 높아 보이는 거대한 문틀 모퉁이로 고개를 내밀며 물었다.

"아, 우리는 이 층에 머물지 않을 거야." 그가 말했다.

나는 의아했다. 밖에서 보면 이 집은 단층처럼 보였다. 물론 거대했지만 모두 한 층에 있었다. 다른 층이 있었나? 나는 놓친 게 있는지 궁금해하며 위를 올려다봤지만, 레미는 나를 데리고 모퉁이를 돌아 아래쪽으로 이어진 거대한 계단으로 갔다. 계단 가장자리 너머를 내려다보다가 아래로 주르륵 이어진 계단을 보고 현기증이 일었다. 나는 모든 것을 이해해 보려고 잠시 얼어붙은 채 가만히 서 있었다.

"엘리베이터를 탈까? 가방이 있으니까." 그가 말했다.

"엘리베이터가 있다고?!" 나는 비명을 질렀다.

언덕에 지어진 집은 아래에 두 개 층이 더 있었다. 각 층은 마치 별채처럼 거대했고, 집을 둘러싼 발코니가 있어서 아래쪽 도시를 조망할 수 있었다. 바로 아래층에는 침실 네 개, 욕실 두 개와 벽난로, TV, 피아노, 가죽 소파를 둔 거대한 거실이 있었다. 다시 그 아래층은 손님 접대용 공간이라고 레미가 설명했다. 거기에는 사우나, 홈짐, 와인 저장고, 연회장 등 다양한 시설이 있었다. 연회장에 도착했을 때 나는 피가 거꾸로

솟구치기 시작했다

"식료품도 내가 사게 했잖아!" 나는 화가 나서 그에게 말했다. "왜 부모님이 부자라고 말하지 않은 거야?"

"우리 부모님은 부자가 아니야." 그는 짜증을 내며 말했다. "그냥……안락한 정도지."

집으로 돌아와서, 레미의 부모님이 내가 상상했던 것보다 훨씬 부유하다는 사실에 당혹한 나는 실장을 떠올렸다. 나는 내가 가능하다고 생각했던 것보다 돈에 대해 더 많은 것을 배우고 있었다. 그녀에게 배운 것 이상으로 말이다. 어느 날, 집을 나서다가 문손잡이에 꽂혀 있는 전단지를 집어 들었다. 그 전단지는 때때로 시내에 있는 아메리칸 어패럴 공장의 재봉사 채용 광고를 스페인어로 실었다. 시간당 20달러. 주변의 평균적인 재봉직보다 급여가 훨씬 나았다. 나는 스페인어를 못해서 지원할 엄두를 내지 못했지만 실장은 그 사실을 몰랐다. 나는 전단지를 회사에 가져가서 실장의 책상 위에 올려놓았다.

"이게 뭐죠? 왜 내 책상 위에 있어요?" 그녀가 물었다.

"구인 전단지예요." 내가 말했다. "아침에 집 앞에 있더라고요. 시내에 있는 아메리칸 어패럴 공장에서 재봉 감독자를 구한대요. 지금보다 시간당 2달러를 더 주네요. 전 전단지에 나온 기계를 사용하는 방법을 알아요. 학교에서 배웠거든요. 그냥 생각해 보시라고요. 제 성과 평가가 다가오고 있으니까요."

실장은 전단지를 손에 쥐고 충격과 자부심이 뒤섞인 묘한 눈빛으로 나를 바라보았다.

"알았어요." 그녀는 고개를 끄덕이며 말했다.

집으로 돌아와서 다가오는 성과 평가를 성실하고 진지하게 준비했다. 인터넷을 뒤져 로스앤젤레스에서 나와 비슷한 직군의 급여를 찾아보았다. 낮은 금액부터 높은 금액까지 급여의 범위를 보여주는 그래프를 찾았는데 중간에 평균이 나와 있었다. 내 급여는 업계 평균보다 낮았다. 나는 그래프를 인쇄해 두었다가 성과 평가를 할 때 가져갔다.

"제 성과가 평균 이하인지, 평균인지, 평균 이상인지 말씀해 주시겠어요?" 나는 실장에게 물었다.

"평균 이상이에요." 그녀는 고개를 끄덕이며 자신 있게 말했다.

"그렇게 생각해 주시다니 정말 다행이에요." 나는 서류를 꺼내며 대답했다. "이건 로스앤젤레스에서 제 직위에 대한 평균 급여 그래프예요. 여기에서 볼 수 있듯이, 제 현재 급여는 이 직위의 평균보다 낮은 수준이네요. 제가 원하는 시간당 25달러는 연간 약 5만 2000달러로 평균 범위에 속합니다. 제가 평균 이상의 직원이라고 하시니 이 그래프에 따르면 저는 평균 이상의 임금인 연간 7만 5000달러 이상을 받아야 하고요. 하지만 이 회사는 비교적 작은 규모에 현재 그만한 급여를 지급할 여력이 없다는 것을 잘 알고 있어요. 저는 여기서 일하는 것이 좋아요. 그래서 평균 급여인 5만 2000달러에라도 계속 일할 수 있다면 기쁠 거예요."

다음 주, 급여가 인상되어 나는 연봉 5만 2000달러의 월급직으로 전환되었고 건강보험에도 가입되었다. 세후 금액으로 한 달에 약 3000달러를 받게 된 것이다. 정말 오랜만에 재정적으로 숨통이 트이는 것 같왔다.

"그 직위의 사람이 지금껏 받은 것 중에 가장 많은 금액이에요." 실장이 내게 진지하게 말했다. "이 문제로 며칠 동안 사장과 싸워야 했지만, 그만한 가치가 있다고 생각했다는 것만 알아줬으면 좋겠어요."

세상에는 내가 생각했던 것보다 훨씬 더 많은 돈이 있었다. 많이 필요하지는 않았지만, 지금보다 더 많이 받을 자격이 있는 것은 분명했다. 나는 충분히 먹고살 수 있을 만큼의 돈을 벌기로 결심했다.

실장 밑에서 일할 때 나는 여섯 자리 연봉을 받는 사람들을 '부자'로 분류했다. 하지만 은퇴를 위해 돈을 저축하거나 집을 소유하는 것처럼, 지극히 정상적인 생활을 하기 위해서는 대부분 그 정도 금액이 필요한 미국의 평범한 노동자들에게 모진 잣대였다는 것을 이제야 깨달았다. 저임금 노동자와 중임금 노동자를 대립시키는 것은 저임금 노동자가 경험하는 경제적 스트레스를 완화하는 데 전혀 도움이 되지 않는다. 오히려 가장 많은 혜택을 누리며 사는 부유층이 받는 사회적 압력을 제거하는 데만 도움이 될 뿐이란 것도 깨달았다. '나보다 부자'가 반드시 '부자'를 의미하지 않는다는 사실을 깨닫는 것은 개념적으로 어려운 일이었고, 해석하기 어려운 좌절감을 느꼈다. 하지만 이 문제를 정리할 수 있게 되었을 때, 내가 여섯 자리 급여를 버는 한 사람보다 자본주의라는 시스템에 대한 불만이 더 크다는 것을 알게 되었다.

세상의 돈이 흘러가는 방식에 대해 더 많이 알게 되면서 나는 돈이 '어떻게 작동하는지' 이해할 수 있는 틀을 개발했다. 내가 깨달은 사실은 이렇다. 부자는 다른 사람들과 달리 돈을 벌기 위해 일하지 않는다. 부자들은 회사와 아파트 같은 건물을 소유하고, 나와 실장 같은 사람을 비롯한 다른 사람들에게 자신의 일을 대신하게 한다. 실장이 경제적으로 나보다 낫다는 사실은 부인할 수 없었다. 하지만 단지 자신의 생존을 위해 불완전한 시스템 속에서 불완전한 결정을 내리는 그녀를 보면서, 나는 우리가 생각했던 것보다 더 많은 공통점을 가졌다는 것을 깨달았다. 우리는 둘 다 같은 경주를 하고 있었다. 나는 닥터마틴을 신고 그녀는 페라가모 펌프스를 신고서 말이다. 그녀가 나보다 조금 더 앞서 있었다. 그러나 우리 둘 다 이기지는 못했다.

연봉을 협상하는 방법

취업할 땐 오르고 싶지 않은 사다리의 꼭대기보다는 오르고 싶은 사다리의 맨 아래에 있는 것이 더 낫다. 하지만 사다리의 맨 아래에 있다고 해서 더 높은 급여를 협상할 수 없다는 의미는 아니다! 현재 직장에서 더 높은 급여를 받을 수 있는 세 가지 방법을 소개한다.

1. 인터넷을 통해 현재 직급의 평균 급여를 알아보고 적게 받고 있다면 고용주 또는 상사와 해당 데이터를 공유해라. 해당 지역의 평균 급여를 알아보려면 온라인에서 그 지역의 일자리를 검색해 보면 된다. 데이터에 접근하려면 급여를 입력해야 할 수도 있지만 괜찮다! 급여가 하위권에 속한다면 고용주에게 당신의 성과가 평균 이상이라고 생각하는지 물어봐라. 그렇다고 대답하면 그래프를 보여주고 평균 급여에 맞춰달라고 요청해라. 급여가 평균 수준이라면 성과가 평균 이상인지 물어보고 그에 맞는 급여를 요청해라.

2. 다른 채용 공고도 활용해라. 지금 일하는 분야의 다른 채용 공고에 실제로 지원해서 인터뷰 단계까지 진행해 보자. 현재 급여보다 높은 제안을 받는다면 현재 고용주에게 제안받은 것을 알려라. 회사를 사랑하고 팀의 일원인 것이 즐겁지만 다른 곳에서 이직 제안을 받았다고 말하고, 그 제안을 되돌릴 수 있는지 물어봐라. 최소한 제안한 수준으로 맞춰주는 경우가 많다. 그렇게 되지 않는다면 같은 분야에서 더 나은 일자리를 제안받은 것이니 부담 없이 받아들이면 된다. 이직이나 전직하는 것도 더 많은 급여를 받는 좋은 방법이다! 이러한 행위를 '잡 호핑Job hopping'이라고도 하는데, 잡 호핑을 하면 같은 직급 및 회사에 오래 머무르는 사람에 비해 임금이 12퍼센트 더 상승한다.

3. 임금 투명성과 단체교섭을 활용해라. 동료와 함께하면 힘이 더 강해진다. 미국에서는 직원들이 동료와 급여 정보를 공유하는 것을 고용주가 금지하거나 막을 수 없다. 동료들 간에 서로의 임금을 더 많이 알수록 공정한 임금과 회사에서 감당할 수 있는 임금 수준에 관해 더 잘 파악할 수 있다. 개별적 임금 협상에 실패했다면 노동조합을 결성할 때다! 평균적으로 노조 노동자는 비노조 노동자에 비해 11.2퍼센트 더 많은 급여를 받는다. 인터넷에서 해당 분야의 노동조합 담당자를 검색하여 도움을 받아라.

무일푼에서 무일푼으로

I Survived
Capitalism
and All
I Got Was
This Lousy
T-Shirt

2011년 어느 날, 실장 집에 도착했는데 그녀가 자리에 앉아 나를 기다리고 있었다.

"어, 저 오늘 해고되나요?" 나는 침울하게 말했다.

"맙소사, 아니에요." 그녀는 고개를 흔들며 말했다. "말할 게 있는데, 내가 한 달 뒤에 그만둬요. 더는 이 일을 못 할 것 같아요."

알고 있었다. 지난 몇 달 동안만 해도 사장이 영업 담당자를 성희롱하고, 고객에게 인종차별적인 발언을 하고, 회의실에서 직원 한 명을 '쌍년'이라고 부르고, 직원들을 해고했다가 며칠 후 다시 고용했다는 얘기들이 계속 들려왔다.

"저는 어떻게 되나요?" 나는 당황해하며 물었다. 영업 및 마케팅 책임자가 없는데 그 어시스턴트가 있을 수는 없으니까.

"매들린은 지금 하던 일을 계속해요. 어쨌거나 내가 그만두면 실질적으로 사진 촬영이나 라인 시트 같은 일을 맡게 될 테니까요. 걱정하지 말아요. 매들린은 지금 이 회사에서 매우 귀중한 인재예요. 물론 급여 인상은 없어요. 그건 미안해요."

아무렴요. 그래도 직장이 있다는 것만으로도 행운이라고 생각했다. 몇 주 동안 업무 도구를 실장 집에서 내 아파트로 하나씩 옮기며 재택업무를 준비했다. 실장과 다른 직원들은 내 업무가 가치 있고 심지어 내가 없어서는 안 된다고 확신했지만, 사장에 대해 너무 잘 알고 있어서 나는 내 자리가 오래갈지 확신할 수 없었다. 분명 똑같이 불안정한 프리랜서 자리겠지만 다른 일자리를 찾아 다시 크레이그리스트를 뒤졌다. 나는 밤과 주말에 할 수 있는 스타일링과 디자인 작업을 부업으로 시작했다. 직장을 잃을까 봐 겁에 질린 채 공황발작을 일으키며 밤잠을 깨는 날들이 이어졌다.

어느 날, 나와 여러모로 비슷한 삶을 사는 친구 브릿과 이야기를 나누고 있었다. 브릿도 프레즈노에서 로스앤젤레스로 넘어와 의류 디자인 학위를 취득한 친구였는데, 고향에서는 가까운 사이가 아니었다.

"우리, 같이 사업을 해보면 어떨까?" 브릿이 말을 꺼냈다. "우린 안정적인 일이 필요해. 둘 다 이 안 좋은 상황에서 벗어나야 한다고."

"어떤 사업? 나 돈 없어. 200달러 정도 투자할 수 있을까?"

꿈의 연봉이었던 5만 2000달러까지 급여가 인상되어 모든 걸 감당할 수 있을 것 같았지만 나는 여전히 생활고에 허덕였다. 돈은 들어오는 대로 그대로 통장에서 빠져나갔다. 실패자가 된 기분이었다. 당시로써는 급여가 꽤 괜찮았다. 그런데도 나는 왜 성공하지 못했던 걸까?

그 답은 높은 이자율 때문에 줄어들기는커녕 매달 늘어나는 내 빚에 있었다. 나는 매일 거의 눈치채지 못할 정도로 아주 천천히 쌓여가는, 극복할 수 없을 것 같은 쓰레기 더미와 싸우고 있었다. 겉으로는 튼튼해 보이는데 알고 보니 불량이었던 볼보의 자동차 할부금, 응급 진료비, 툭하면 고장 나는 자동차 수리로 인한 신용카드 빚, 그리고 그 신용카드 금액을 막느라 얻은 신용 대출이 있었다. 학자금 대출까지 합치면 5만 2200달러로 연봉보다 빚이 더 많았다. 어렸을 때 내가 엄마에게 말했던 것처럼 빚이 클럽의 멤버십 같은 거라면, 나는 그 멤버십에 그만한 가치가 있는지 의문이 들기 시작했다.

나는 돈의 원리를 전혀 모르는 데다가 항상 스트레스를 받았고, 그 고통을 덜어줄 '특별한 대접'을 지출로 해결했다. 그리고 이를 월 지출 항목에서 '혼란스러운 지출'이라고 불렀다. 그 당시에는 몰랐지만 나는 ADHD를 앓고 있었기 때문에 일상에서 충동적인 소비를 통제하기가 어려웠다. 그나마 부업을 하면서 200달러를 모아두었다.

"나도 200달러는 낼 수 있어"라고 브릿은 말했다. 나처럼 브릿도 낮은 임금과 높은 비용의 시스템에서 수년간 버텨오면서 빚에 쪼들렸다. "우리가 잘 아는 빈티지 의류로 간단하게 시작해 보자. 빈티지 제품을 재가공하거나 수정할 수도 있고, 주문제작을 받아서 큰돈 들이지 않고 디자인한 제품을 판매할 수도 있잖아. 온라인으로 팔 수 있으니 임대료를 낼 필요도 없고 말이야."

설득력 있는 주장이었다. 우리는 연봉보다 빚이 많고 미래가 불확실한 직장에 다니는 파산한 밀레니얼 세대였다. 어쩌면 우리 스스로 미래를 만들 수 있을지도 몰랐다.

"좋아." 나는 말했다. "할게. 해보자. 내년 1월까지 웹사이트를 구축하고 운영하는 걸 목표로 하자."

9월이었으니 몇 달의 준비 기간이 있었다. 먼저 이름을 정해야 했다. 나는 빈 프린터 용지에 생각나는 대로 수백 가지 후보를 마구 적었다. 브릿이 읽어보고는 얼굴을 찡그렸다.

"모르겠어. 너무 부담스러워. 어떻게 하나를 골라?"

"이름은 그다지 중요하지 않아. 그냥 제일 마음에 안 드는 걸 빼봐."

"음……." 브릿이 신음했다.

브릿은 완벽주의자였다. 완벽함은 완료의 적이다. 우리는 함께 균형을 맞춰갔다. 결국 브릿은 '터널비전^{Tunnel Vision}'을 골랐다. 우리는 카운티 서기 사무실로 갔고, 네 시간 후 터널비전이라는 이름으로 합법적으로 '사업을 수행'할 수 있는 증명서와 사업자등록증을 받았다. 25달러 정도가 들었다. 다행히도 캘리포니아에서는 판매자허가증^{Seller's Permit}은 무료였다. 이제 창업 자금은 400달러에서 375달러가 남았다.

집에 돌아와서 스프레드시트에 숫자를 입력했다. 초기 비용을 상환하기 위해 제품을 얼마나 출시해야 하는지 정확히 파악하기 위해서였다. 모든 제품이 세상에 하나밖에 없는 것들이라 소싱, 수선, 사진 촬영, 업로드까지 매번 엄청난 공을 들여야만 했다. 인건비가 많이 들었기에 모든 제품이 가치 있어야만 했다. 재료가 될 빈티지 옷은 찾기 쉬웠지만 가공과 판매 준비 비용 때문에 수익성을 높이기는 어려웠다. 다음 날 나는 브릿에게 숫자를 보여줬다.

"100벌로는 시작해야 할 것 같아." 내가 말했다.

"괜찮은데! 예산은 얼마야?"

나는 입술을 꽉 다물고 눈을 내리깔았다. "음…… 옷 한 벌당 3달러."

"3달러?" 브릿이 눈을 크게 뜨고 말했다. "그건 불가능해!"

우리는 낙담했다. 대부분의 빈티지 의류는 중고품 가게와 자선 단체에서 받기 거부한 옷들이 모이는 거대한 창고인 래그 하우스에서 '골라낸' 것들이다. 그래서 빈티지 판매자를 피커Picker라고도 부른다. 창고라는 장소를 고려할 때 이는 매우 위험한 작업이며, 실제로 로스앤젤레스에서는 옷 더미가 무너져 한 피커가 사망한 적도 있다. 피커는 리셀러허가증을 소지하고 상당한 최소 구매 금액에 서명을 해야 창고에 입장할 수 있다. 옷 가격은 개당 8~200달러고, 한 번 갈 때 1000달러 미만으로 지출하면 운이 좋은 거다.

래그 하우스 안에 들어가면 경이로운 광경이 펼쳐진다. 마치 죽어가는 옷을 위한 거대한 묘지처럼, 거대 창고에 옷 더미가 건물 2층 높이로 수북이 쌓여 있다. 품질과 섬유 종류에 따라 건초처럼 한데 묶여 지게차에 실려 이리저리 옮겨지기도 한다. 구멍이나 얼룩이 있는 등 상태가 좋지 않은 옷들은 물론이고, 중고품 가게에서 팔기에도 유행이 지났거나 자선 단체에서 받기에는 실용적이지 않은 옷들도 있다.

일단 옷들이 래그 하우스에 도착하면 여러 장소로 나뉘어 보내진다. 재활용되는 직물로 만들어졌지만 아직 생분해가 시작되지 않은 최신 제품은 산업용 직물로 전환된다. 천연섬유보다 수명이 열 배 더 긴 합성섬유로 제작된 의류는 가난한 나라로 보내지는데, 지역 의류시장을 황폐

화시켜 현지 주민들의 원망을 산다. 참신하고 여전히 입을 수 있을 정도로 상태가 괜찮은 옷들은 구매할 만한 고객이 있다고 생각하는 빈티지 판매자가 '골라낸다'.

래그 하우스를 찾아내는 건 은밀한 방식으로 이루어진다. 베일에 싸인 래그 하우스는 한 피커가 다른 피커에게 추천하면서 입소문을 통해 전해진다. 어느 한 곳을 알아내기 위해서는 거기를 아는 딱 한 사람을 찾아야만 할 때도 많다. 설사 래그 하우스를 찾았다고 해도 옷 한 벌당 3달러만 지출하는 건 무리다.

"좀 더 색다르게 뽑아보자." 내가 제안했다. "드레스를 사서 스커트와 상의로 나누는 것처럼 하나로 여러 벌을 만드는 거지. 우리 둘 다 재봉할 줄 알잖아."

"맞아." 브릿이 고개를 끄덕이며 말했다. "양면 티셔츠를 잘라서 프린트를 튜브탑이나 홀터탑같이 별도의 옷으로 만들 수도 있겠지. 염색해서 좀 더 독특하게 만들 수도 있고…… 패치를 붙여도 되고."

창의력과 기발함을 잘만 발휘하면 진짜 해낼 수도 있을 것 같았다. 하지만 우리를 새 고객으로 받아줄 래그 하우스를 찾는 게 급선무였다. 최소 구매 금액이 없는 곳이 가장 좋았다. 우리는 일단 퇴근 후 시간과 주말을 이용해 각자 옷장을 뒤졌다. 우리 사업에 기부할 옷들을 찾아내 브릿의 56제곱미터쯤 되는 아파트 거실에 모으기 시작했다.

그러던 어느 날, 브릿과 나는 시내에 있는 빈티지 가게 개업식에 참석했다. 인터넷을 통해 알게 된 여성 두 명이 운영하는 곳이었다. 인맥을 쌓아서 나쁠 건 없었다. 그게 비즈니스 정장을 입은 멋진 남자들이 하는 일이지 않은가? 알고 보니 그 '인맥 쌓기'에 대단한 게 있었다. 개업식 파티에서 지역 래그 하우스에서 일하는 한 남자를 만났는데, 그는 새로운 빈티지 고객을 찾는 일을 담당하고 있었다. 최소 구매 금액은 500달러로 우리 예상보다 높았지만, 첫 방문인 만큼 예외를 두어 면제해 주었다. 우리가 살펴보고 마음에 드는 제품을 구매할 수 있도록 배려도 해주었다. 우리는 곧장 그의 사무실에 판매자허가증 사본을 팩스로 보내고 다음 주에 약속을 잡았다.

갔더니 빈티지 옷들은 대형 골판지 상자에 꽉 채워져서 이미 분류되어 있었다. 분류 기준은 1980년대 드레스나 1990년대 재킷 등 품목과 시대였다. 우리는 상자를 뒤져 1970년대 드레스를 최대한 많이 찾았다. 결국 300달러의 예산을 다 쓰고, 대신 냄새나는 헌 옷으로 가득 찬 대형 쓰레기봉투를 들고 와서 브릿의 거실에다가 쏟았다. 변형하거나 염색해서 특별하고 독특한 옷으로 만들 것과 두 가지 이상의 아이템으로 바꿀 것들을 골라 더미로 분류했다. 그리고 낡은 양동이에 염료를 섞고, 바닥에 놓인 작은 가정용 싱어 재봉틀로 오후 여섯 시부터 다음 날 새벽 두세 시까지 허리를 구부린 채 옷을 하나씩 박음질했다.

그 후 몇 달 동안 우리는 완성된 옷을 임시로 만든 옷장 막대기에 걸어놓거나 바닥에 높이 쌓아서 브릿의 거실을 의류 창고처럼 만들었다. 12월까지 총 100개의 의류 제작을 끝냈는데 이 정도면 온라인 판매를 시작하기에 충분했다. 우리는 사진 촬영 일정을 잡고 브릿의 친구를 모델로 고용했다. 브릿네 집 거실에 흰색 천으로 임시 스튜디오를 만들고 소파를 벽에 최대한 밀착시켜 촬영 공간을 확보했다.

조명이 형편없었지만 내게는 몇 년 전 전당포에서 산 노트북으로 독학한 포토샵 실력이 있었다. 나는 어도비 라이트룸과 포토샵으로 사진을 좋게 만들기 위해 애썼다. 이상한 그림자나 결과물을 매만지며 몇 시간씩 씨름했다. 우리는 불길한 숫자를 의미하는 1월 13일을 시작일로 정했다. 무료 체험 웹사이트에 가입하고, 그 상단에 터널비전의 알파벳 'O' 가운데에 달을 삽입한 임시 로고를 만들어 넣었다. 그러고 나서 2주에 걸쳐 모든 제품을 웹사이트에 업로드했다. 카운트다운 타이머가 나오는 랜딩 페이지는 이메일 가입 신청으로 연결되게 설정해 놓았다. 이메일을 등록한 사람에게는 판매 시작일에 전체 주문액에서 50퍼센트 할인받을 수 있는 코드를 제공할 예정이었다. 제품을 빨리 구매할수록 재구매할 가능성이 커질 거라고 판단했기 때문이다. 어서 *추진력*을 만들고 싶었다. 우리는 인스타그램 계정을 만들고, 인터넷으로 가능한 방법을 총동원해 우리의 새 웹사이트를 홍보했다.

시작 당일 오전 9시, 웹사이트를 공개하고 이메일 가입 신청자에게 할인 코드를 보냈다. 그리고 숨죽이고 앉아서 두근거리는 마음으로 기다렸다. 드디어 오전 9시 13분에 첫 주문이 들어왔다. 꽃무늬 패치를 붙인 청바지였다. 32.5달러에 팔았는데, 옷을 찾고 수선하는 데 들인 인건비와 시간에 비하면 매우 낮은 가격이었다. 그러나 우리는 고객을 얻었다. 그것은 세상을 얻은 것이나 다름없었다. 13분 후 또 다른 주문이 들어왔다. 이번에는 네 벌이었다. 그중 두 벌은 거실 바닥에서 재가공한 것으로 총 90달러였다. 1분 후에 또 다른 주문이 들어왔다. 이번에는 세 개 품목에 총 57.5달러였다.

하루가 끝날 무렵 50건 주문에 3078달러 45센트의 매출을 올렸다. 이는 우리 둘이 일반 직장에서 한 달 동안 버는 것보다 많은 액수였다. 웹사이트에는 판매 품목이 네 개밖에 남지 않았다. 거의 매진에 가까웠고, 갑작스러운 판매 폭증으로 인해 '의심스러운 활동'을 이유로 페이팔은 30일 동안 우리 계정을 동결했다. 더는 판매가 불가능했고, 배송 건이 50개 있었지만, 앞으로 30일 동안 우리는 재료를 구매하거나 배송비를 낼 돈이 없었다. 우리는 할 수 없이 배송 라벨을 사는 데 개인 신용카드를 한도까지 사용했다. 자금이 풀리면 회사에서 돌려받으면 된다고 생각했다. 그동안 어서 제품을 확보할 방법을 찾아야만 했다.

터널비전은 빠르게 탈출하려야 탈출할 수 없는 롤러코스터가 되었다. 그렇지만 꼭 빠져나가고 싶진 않았다. 우리는 아직 돈을 벌지 못했고, 앞으로 몇 년 동안은 급여를 받을 수 없겠지만, 직접 돈을 벌 수 있다는 가능성을 알았기에 충분한 동기부여가 되었다. 우리는 각자 직장에서 일주일에 40시간씩 일하고, 거의 매일 밤에 만나 주문 건을 배송하고 전략을 세우는 일상에 빠져들었다. 드디어 페이팔에서 자금이 풀렸고, 래그 하우스에 가서 이번에는 고객이 더 좋아할 만한 비싸고 품질 좋은 옷들을 골랐다. 가죽 재킷과 화려한 가운, 오래된 가죽 벨트, 헤진 빈티지 데님을 구입했다. 주말에는 사진 촬영을 예약하고 판매 품목의 수를 늘리려고 노력했다. 더 많은 제품은 곧 더 많은 돈을 의미했다.

무급노동의 순환 속에서 몇 달이 흘렀다. 비용을 지급한 후 남은 약간의 수익은 자체 주문제작 의류를 개발하기 위해 따로 모아두었다. 마침내 충분한 돈을 모았고, 우리만의 의류 라인 작업을 시작하기 위해 크레이그리스트에서 전문 패턴 제작자를 찾았다. 나와 브릿은 둘 다 수만 달러의 학자금 대출 덕분에 패턴 제작을 배울 수 있었고, 덕분에 기본은 할 수 있었다. 그러나 여전히 풀타임 일을 해야 하는 상황에서 복잡한 패턴 제작과 다양한 크기에 맞게 조정하는 패턴 그레이딩 작업을 하기에는 시간이 모자랐다.

우리는 곧바로 크레이그리스트에서 '배드 바이브스Bad Vibes'라는 하우스 브랜드를 위한 첫 번째 패턴 제작자를 찾았다. 그는 나이 든 게이로, 주로 레더 대디*를 위한 킹크와 페티쉬 의상을 전문으로 제작했지만 여성복으로 사업을 확장하고 싶어 했다. 나는 쇠고리와 레이스업이 있는 짧은 반바지와 인조 가죽으로 만든 아이템 등 우리가 원하는 디자인을 그에게 보여주었다. 우리는 환상의 팀이 되었다. 그런데 첫 피팅 때 그가 코드피스(낭심 보호대)를 넣을 수 있도록 가랑이에 여유 공간을 두고 패턴을 만들었다는 사실을 알고 모두가 웃음을 터뜨렸다.

"아직 여성복이 낯설어서 그래요!" 그는 '사진 찍지 마세요!'라고 말하는 듯 손으로 얼굴을 가리며 웃었다.

"모든 옷은 엄밀히 말해 중성적이죠." 내가 말했다. "그런데 우리 고객 중 얼마나 많은 사람이 가랑이에 달린 것과 상관없이 일상에서 가죽 코드피스를 착용할지는 모르겠어요."

그는 인내심을 가지고 수개월의 시간과 몇 번의 피팅을 거쳐 반바지

---

* Leather Daddies. 가죽 옷을 즐겨 입는 남성. 성적인 함의가 있는 단어다.

컬렉션을 완성했다. 마침내 우리는 사진을 찍고 웹사이트에 샘플 상품을 게시했다. 주문에서 제작까지 필요한 시간은 3주로 잡았다. 큰 성과는 아니었지만 뭔가 목표를 향해 나아가고 있다는 느낌이 들었다.

대신 직장 업무로 돌아오면 나는 끝없는 불안에 시달려야만 했다. 밀워키에 있는 본사에서 온 전화를 받을 때마다 가슴이 철렁 내려앉았다.

"안녕하세요. 오늘이 제가 해고되는 날인가요?" 나는 전화를 받으면 이렇게 말하곤 했다.

보통은 키스라는 슈퍼바이저가 웃으며 "아니요, 그냥 확인 차 전화했어요"라고 말했다. 그런데 그날은 키스가 깊은 한숨을 내쉬더니 "네"라고 말했다.

숨이 멎는 느낌이었다. 마치 누가 내 배를 한 대 친 것 같았다. 올 것이 왔다는 걸 알았지만, 알고 있었다고 해서 기분이 나아지는 건 아니었다. "그렇군요." 나는 고개를 끄덕이며 받아들였다. "이제 어쩌죠?"

"정말 미안해요, 매들린." 키스의 목소리도 슬펐다. "우리도 당신을 지키려고 노력했어요. 당신은 잘해왔어요. 당신이 잘못한 건 없어요."

"괜찮아요." 나는 눈물을 참으며 말했다. "실장님이 그만두셨을 때 이럴 줄 알았어요. 시간문제였어요."

이곳에서 일하는 게 참 좋았다. 대학 졸업 후 처음으로 꾸준하고 안정적인 수입을 얻은 곳이었다. 대학 졸업 후 생계를 위해 오랫동안 임시직을 전전하다가 일정한 직업을 찾았을 때는 복권에 당첨된 것 같은 기분이었다. 그 일자리를 잃는다는 건 그 당첨 티켓을 잃어버린 느낌이었다.

마음이 아팠지만 애초에 내 자리가 아니라고 생각했다. 이제 다시 생계를 유지할 방법을 찾아야 했다.

"그쪽에 보유하고 있는 재고 목록을 보내드릴게요. 확인하시고 우편으로 보내주시면 고맙겠어요. 마지막 수표도 처리하도록 할게요." 키스가 말했다.

그날 오후 이메일로 재고 목록이 도착했다. 수년간 마케팅 프로젝트를 진행하면서 내가 보관해 온 본사의 보석 목록이었다. 그런데 목록을 열었을 때 약 100만 달러의 제품이 빠져 있는 걸 보고 깜짝 놀랐다. 나는 레미를 불러 목록을 함께 살펴보았다.

"이것 봐. 목록을 보면 여기에 있는 보석이 25만 달러 정도라고 나와 있어. 그런데 실제로 이보다 더 많이 있거든. 150만 달러 정도의 보석이 더 있어."

우리는 눈을 크게 뜨고 서로를 쳐다보았다. 둘 다 말은 안 했지만 이해했다. 100만 달러가 넘는 보석을 몰래 가져가도 아무도 모를 거란 사실을 말이다. 온전히 100만 달러에 팔 수는 없겠지만, 적어도 4분의 1 가격에는 팔 수 있으리라는 확신이 들었다. 그동안 집세를 벌기 위해 닥치는 대로 물건을 팔며 전당포를 전전하다 보니 동네 전당포 직원들과 친해졌기 때문이다.

"어떡하지?" 나는 작은 목소리로 말했다.

레미는 잠시 멈칫했다. "모르겠네. 가져도 되지 않나? 해고당했잖아. 너네 사장은 변태야. 누구도 네가 이걸 가지고 있다는 사실조차 모르고. 찾지도 않을걸."

"알아." 내가 말했다. "전당포에 맡기면 돼. 팔 수도 있고. 내 인생을 바꿀 수 있어."

우리는 말없이 서로를 바라보았다.

"언제까지 돌려줘야 해?" 레미가 물었다.

"내일."

"자면서 생각해. 좀 고민해 봐."

그날 밤, 100만 달러어치 보석으로 정확히 무엇을 해야 할지 고민하며 뜬눈으로 밤을 지새웠다. 한꺼번에 팔면 의심을 받을 것이다. 가지고 있다가 시간이 지나면 조금씩 팔아야겠다고 생각했다. 아니면 전국을 돌아다니며 매일 다른 마을에서 하나씩 파는 방법도 있었다. 전당포에다 팔지 않으면 더 많은 돈을 받을 수 있을 텐데. 아까워서 배가 뒤틀렸다. 다음 날 아침, 동료가 확인을 위해 전화했다. 그녀는 내가 해고되었다는 소식을 듣고 보고 싶을 거라는 인사를 전했다.

"왜 그런지 들었죠? 그 멍청이요." 그녀가 말했다.

"어떤 거요?"

"왜 당신을 해고했는지 말이에요." 그녀가 말했다. "사장이 전화 회의에서 자랑했어요. 새 스포츠카를 사고 싶어서래요. 당신이 그만두면 누가 그 일을 맡게 되냐고 제가 물었죠. 자기가 신경 쓸 문제가 아니니 우리더러 알아서 하라더군요."

전화를 끊은 후 나는 책상에 보석을 놓고 앉았다. 재고 목록에 있는 보석들을 하나하나 확인하며 조심스럽게 분류해 나갔다. 그런 다음, 컴퓨터에 별도의 스프레드시트를 만들어 미계상 품목의 목록을 작성하고 그 옆에 가격을 기재했다. 짐작했던 대로 125만 달러가량의 제품이 더 있었다. 나는 과연 어떤 사람인가 생각하며 화면을 응시했다. 회사 사장은 확실히 재수 없는 놈이었다. 나는 보석을 바라보며 동료와의 통화를 떠올렸다. 사장은 나를 신경 쓰지 않는다. 그런데 내가 왜 그를 신경 써야 하지? 그러다가 밀워키 본사에서 일하는 사람들이 생각났다. 만약 이 일로 그들에게 피해가 간다면 어떻게 하나? 연말에 재고를 조사했는데 제품이 백만 달러 이상 부족하다는 사실을 알게 된다면 어떻게 될까? 사장은 그들에게 어떻게 할까?

내게 보낼 회사 명절 선물로 내가 가장 좋아하는 반지 샘플을 찾는다고 한 달 내내 보석 보관소를 뒤졌던 접수원 캐시와 그녀가 키우는 두 마리의 든든한 구조견이 떠올랐다. 이 순간 나의 이기적이고 악의적인 결정으로 보석 회사에서 10여 년을 일했는데 새 직장을 찾아야만 하는 그녀의 모습이 그려졌다. 갑자기 속이 메스꺼웠다. 또 사장에게 가장 먼저 질책받게 될 키스도 생각났다. 그는 보석 만들기 연습을 하다가 내가 좋아할 것 같다며 루비 눈이 달린 스털링 실버 소재의 용 반지를 직접 만들어주었다. 내 동료들은 좋은 사람들이었다. 그들이 곤경에 처할 이유는 없었다.

나는 보석을 포장한 후 키스에게 이메일을 보냈다. "안녕하세요. 재고 목록에 있는 것은 모두 준비되었습니다. 그 외에 다른 전체 재고 목록이 있습니다. 첨부한 파일을 봐주세요. 봄 시즌 마케팅했던 것들입니다. 그것도 보내드릴게요."

나는 보석 가방을 상자에 포장해서 우선 배송 라벨을 붙이고, 200만 달러의 보험을 든 다음, 상자를 찌그러진 볼보에 실어 직접 페덱스 지점으로 가져갔다. 카운터에 있는 페덱스 직원에게 상자를 건네면서 사장이 어떤 차를 사게 될지 궁금했다. 아마 마세라티가 아닐까. 그렇게 밥맛없고 천박한 사람에게 딱 맞는 차다.

그날 밤, 몇 가지를 계산해 보았다. 터널비전의 월 평균 매출은 약 4000달러였다. 운영 비용도 거의 그만큼 들었다. 사업을 전업으로 삼을 수는 없었다. 나는 주 정부 웹사이트에서 실업수당을 신청하고, 소파에 앉아 레미와 함께 영화를 보며 스트레스에 쓰러지지 않으려고 안간힘을 썼다. 마음이 조마조마했다. 2주 후면 집세도 내야 했다. 저축한 돈도 없었다. 대부분의 청구서는 15일까지가 납부 기한이었다. 어떻게 헤쳐나가야 할까?

"뭘 어떻게 해야 할지 모르겠어." 나는 큰 소리로 말했다. 절반은 레미에게, 절반은 나 자신에게 하는 말이었다.

"글쎄, 넌 먹는 데 돈을 많이 쓰잖아." 레미가 말했다. "그건 쉽게 줄일 수 있어."

나는 레미를 흘겨보았다. 당장 내게 필요한 조언도 아니었고, 한 달에 식비 400달러, 유흥비 250달러를 줄인다고 해결할 수 있는 문제가 아니었다.

"말이라고 하는 거야?" 나는 기운 없이 말했다. "월에 500달러 정도야 줄일 수 있지. 하지만 청구서를 처리하려면 1000달러가 필요하다고."

"실업수당은 신청했어?"

"그럼. 하지만 언제 결과가 나올지 누가 알아."

"그만둔 거야, 해고된 거야?"

"나는 아무 잘못도 없어." 나는 그렇게 판단했다. "해고된 것 같아."

"그럼 나오지 않을까?"

나는 토니가 실업수당에 대해서 했던 말을 다시 떠올려 보았다. 전 직원의 실업수당 청구를 거부하는 사람은 나쁜 놈이다. 그런데 사장은 정말 나쁜 놈이었다. 그에게 청구 승인을 받아야 한다면 그가 승인할 리없었다. 하지만 키스에게 갔다면 사장 모르게 승인해 줄 것이다.

"두고 봐야지." 나는 소파에 앉아 몸을 앞뒤로 흔들며 손톱을 잘근잘근 씹었다.

그날, 밤새 일자리를 찾기 위해 크레이그리스트를 뒤졌다. 접수 담당, 관리직, 심지어는 지난 몇 년간 생활비가 많이 올랐는데도 불구하고 여전히 시간당 10달러에 머물러 있는 초급 디자인직까지, 수십 개의 직종에 지원했다. 내 자기소개서는 최근 실직의 공포가 묻어나는 정신없고 당황스러운 내용들로 가득했다. 어쩌면 다시 스타일링 일을 할 수 있겠다고 생각했다. 구직에 일관성이 없었지만 내가 다 잘할 수 있는 일이었다. 자정 무렵, 레미가 나에게 다가와 내 어깨에 손을 얹었다.

"금요일 자정에는 일자리가 나오지 않을 거야. 좀 자도록 해. 쉬면서 머리 좀 식혀."

그가 옳았다. 나는 노트북을 닫고 침대에 누워 어둠 속에서 천장을 응시했다. 내 인생의 2년 반을 보석 회사에 바쳤고, 기회가 있을 때마다 그 사업을 마치 내 사업처럼 최선을 다해 돌봤다. 그런데 얻은 건 아무것도 없었다. 세상의 사장들에게 나 같은 노동자들은 항상 일회용이었다. 우리는 조종당해야 할 체스 말이거나 학대당해야 할 사람, 편한 순간에 버려지는 비인간적 존재였다. 사장은 얼마를 버는지 궁금했다. 지난 2년여 동안 일하며 내게는 큰돈으로 느껴졌던 5만 2000달러라는 '저임금'(주택도시개발부에 따르면)을 받아내기 위해 실장이 얼마나 힘들게 싸워야 했는지 생각했다. 인생이란 정말 그런 걸까? 회사에서 회사로, 사장에서 사장으로 끊임없이 이리저리 옮겨 다니며 대차대조표의 한 항목, 즉 수익을 극대화하기 위해 최대한 낮춰야 하는 숫자로 여겨지는 거?

그날 밤 잠들면서 터널비전과 토니에 대해 생각했다. 더 나은 방법이 있을 것이다. 나는 그 방법을 찾아내기로 결심했다.

자동차를 사는 방법

내 20대 초반의 빚과 그에 따른 재정 스트레스의 대부분은 완전 쓰레기 덩어리인 차를 구입한 데서 비롯되었다! 내가 그렇게 빚과 자동차 문제의 악순환에 빠진 건 모두 자동차를 구입하는 방법을 몰랐고, 언제 내 차를 포기하고 손실을 줄여야 할지 몰랐기 때문이다. 지금 내가 차를 사야 하는 입장이라면 모든 것을 완전히 다르게 결정할 것이다. 내가 시행착오를 겪으며 배운 내용을 소개한다.

1. 예산을 파악해라. 전문가들은 구입하는 자동차의 총 가격은 연간 소득의 10~20퍼센트 사이가 적당하다고 말한다. 2002년형 볼보를 샀을 때 내 연 소득은 3만 7440달러였다. 즉 내 자동차 예산은 4800달러에서 9600달러 사이가 맞았다. 1만 달러짜리 차는 예산 초과였다! 우리는 자동차를 살 때 자동차의 총 가격보다는 한 달에 얼마를 감당할 수 있는지를 훨씬 많이 생각한다. 돈에 대해 생각할 때 가장 좋은 방법은 월 단위가 아닌 장기적인 관점으로 보는 것이다. 자동차의 장기적인 가

치를 알려면 자신의 연간 수입과 자동차의 총 가격을 비교해 봐라.

2. 장기적인 안정성을 보고 쇼핑해라. 자동차 구입 예산이 확보되면 온라인에서 '___달러 미만 최고의 중고차'를 검색해 봐라(빈칸에는 최대 예산을 쓴다). 꽤 많은 목록이 뜰 것이다. 전부 읽어보고 여러 곳에서 자주 언급되는 자동차를 기록해 둬라. 여러 사람이 구매해도 괜찮은 차로 꼽았다면 그 차를 후보에 올려라.

3. 신뢰할 수 있는 차량 목록에서 마음에 드는 차를 온라인으로 검색해라. 자동차 브랜드만 보고 구매하지 않도록 주의해야 한다. 예를 들어 도요타는 신뢰할 수 있는 제조사로 잘 알려져 있지만, 2021년 도요타 수프라는 1년에 세 번의 리콜이 발생할 정도로 신뢰할 수 없는 차량이다. 자동차의 신뢰성과 관련해 중요한 것은 브랜드(또는 제조사)뿐만 아니라 모델(차종) 및 연도도 포함된다. 어떤 연식의 자동차는 다른 연식의 자동차보다 더 안정적이다. 참고로 온라인으로 검색할 때 개인 판매자를 미심쩍어하지 마라. 그들은 대리점만큼 신뢰할 수 있으며 때로는 훨씬 더 믿을 만하다.

4. 자동차를 보기 위해 개인 판매자와 약속을 잡을 때, 해당 지역에서 '구매 전 검사'를 받을 수 있는 정비소를 온라인으로 알아봐라. 가까운 정비소를 찾았다면 전화로 구매 전 검사가 가능한지 물어봐라. 그런 다음 판매자에게 연락해서 당신이 찾은 정비소에서 만날 수 있는지 확인

해라. 직접 차량을 확인하고 그 자리에서 정비사로부터 자세한 설명을 들으면 시간을 절약할 수 있다. 혹시 판매자가 정비사에게 차량에 문제가 있다는 얘기를 듣게 된다면 거기서부터 가격을 협상할 수 있는 토대가 되니 양쪽 모두에게 좋다.

5. 협상하는 것을 두려워 마라! 해당 차량의 시세를 보여주는 자료를 휴대폰 스크린샷이나 인쇄한 종이로 미리 준비해라. '[차 모델명] 공정 시세'나 '[차 모델명] 시세'를 온라인에 입력하면 미리 알아볼 수 있다. 차량 상태, 사고 여부, 주행 거리에 따라 다양한 가격대를 찾을 수 있다. 이를 바탕으로 자동차의 적정 가격을 결정해라. 딜러를 상대한다면 그들이 너무 많은 돈을 강요하도록 두지 마라! 마음에 들지 않는다면 자리에서 일어나라. 언제든지 다른 곳에서 다른 차를 찾을 수 있다.

6. 판매자에게 보고 있는 차량의 차대 번호VIN, Vehicle Identification Number 를 요청해라. VIN은 차량과 관련된 모든 정보를 확인할 수 있는 고유의 식별 번호다. 온라인에서 무료로 VIN 번호를 검색해 공개 데이터베이스에서 차량의 간략한 이력을 확인하거나, 카팩스나 오토체크 같은 유료 서비스를 통해 차량의 전체 이력을 확인한 후 구매를 결정할 수 있다.

7. 개인 판매자는 현금을 가장 좋아하지만 딜러샵에서는 할부를 선호하는 경우가 많다. 딜러샵에서 거래할 때는 가격을 협상한 후에 결제 방법을 알려주도록 해라. 딜러가 자체적으로 할부를 제공하는 경우, 딜러

도 이자 형태로 수익을 얻기 때문에 할부 차량을 더 좋은 조건으로 제공할 가능성이 크다. 자동차를 구매할 때는 여러 대출기관에서 원하는 가격대의 할부 제안을 미리 비교해야 한다. 최소 세 곳 이상의 대출기관에서 견적을 받아보는 게 좋다. 이렇게 하면 가장 낮은 이자율의 가장 좋은 대출을 받을 수 있다. 개인 판매자와 거래할 때도 할부를 이용할 수 있지만, 대출기관에서 차량 연식 등 특정 요건을 요구할 수도 있다.

8. 현금이 부족하면 보험 가입을 하기 싫을 수도 있다. 돈이 없을 때는 본능적으로 가장 저렴한 보험에 가입하고 싶어지기도 하고. 그렇지만 실제로는 가장 저렴한 자동차를 사고, 보험료를 매달 조금 더 내는 것이 낫다. 미국의 책임보험Liability은 당신이 사고를 냈을 때 보험회사가 당신의 자동차 이외에 발생한 모든 피해를 보상해 준다. 하지만 사고가 났는데 정작 내 차를 교체할 수 없다면? 이런 상황은 절대 원하지 않을 것이다! 이럴 때 도움이 되는 무보험/뺑소니 보상 보험Uninsured/Underinsured motorist coverage이 있다. 즉 나를 친 사람이 차량 손상을 보상할 책임보험이 없거나 뺑소니 칠 경우 내 차량을 보상해 주는 보험이다. 또한 차량이 손상되었지만 자동차 대출 때문에 여전히 돈을 갚아야 하는 경우, 차량 가치와 아직 갚아야 할 금액의 차액을 보상하는 갭 보험Gap Insurance이 있다. 갭 보험이 없으면 대출을 받은 상태에서 차량이 전손된 경우에도 매달 할부금을 갚아야 하는 상황이 발생할 수 있다. 자동차를 두 번 살 여력이 없다면 항상 보험 옵션을 철저하게 살펴보는 것이 좋다.

9. 오일 교환을 소홀히 하지 마라. 돈이 없을 때는 자동차의 정기적인 유지 보수를 포기하고 싶은 유혹이 생긴다. 그러나 이는 장기적으로 볼 때 더 큰 손해를 입을 뿐이다. 정기적으로 정비하면 자동차 수명은 최대 15년까지 늘어난다. 자동차 코드 리더기를 장만하는 것도 고려해 봐라. 보통 20~25달러 정도로 저렴하며, 자동차에 '엔진 점검' 표시등이 켜지면 코드 리더기를 차량에 직접 연결하여 문제가 무엇인지 파악할 수 있다. 코드 리더기에 문제가 생기면 자동차 부품점 직원이 자동차 정비사보다 훨씬 저렴한 비용으로 문제를 파악하는 데 도움을 줄 것이다. 정비사를 만날 때는 내게 더 많은 정보가 있을수록 불필요한 서비스를 살 가능성이 줄어든다.

10. 감당하기 어렵다면 판단해라. 일반적으로 1년 동안 자동차 수리 비용이 자동차 전체 가치의 절반 이상을 차지하면 차를 팔아치우는 것을 고려해야 한다.

11. 차가 너무 오래되어 처분하고 싶을 때는 해당 주의 자동차 환매 프로그램을 찾아봐라. 많은 주에서 매연을 내뿜는 오래된 고물차를 도로에서 치우기 위해 보상금을 주는 프로그램을 제공한다. 이런 프로그램을 이용하면 자동차를 그냥 판매할 때보다 가끔은 더 많은 금액을 받기도 한다.

12. 이미 소유하고 있는 자동차가 예산 범위를 벗어나는 것 같다면 그

자동차에 연연하지 마라. 그걸 팔면 얼마를 받을 수 있는지 온라인으로 알아봐라. 차를 팔아서 현재 자동차 대출 상환액보다 더 받을 수 있다면 대출금을 상환하고 더 저렴한 자동차를 사는 것이 좋다. 자동차의 가치가 대출금보다 낮은 경우, 빚이 많더라도 차를 팔고 손실을 감수해서 전체적인 부채 부담을 줄이는 것이 합리적일 수 있다. 예를 들어 5000달러 가치의 자동차에 대해 7000달러의 대출이 있다면, 5000달러에 차를 판 다음 대출금을 상환하고 2000달러의 부채를 남기는 것을 고려해 볼 수 있다. 그런 다음 3000달러짜리 자동차를 대출로 사면 총 5000달러만 갚으면 된다. 손해를 본 것 같아 기분이 썩 좋지 않을 수도 있다. 하지만 자금 사정이 빠듯하다면 7000달러 대신 5000달러를 갚는 편이 장기적으로 봤을 때 더 나은 재정적 조치이며, 주머니에 더 많은 돈을 넣을 수 있는 방법이다.

13. 자동차는 우리가 살아가는 동안 가장 큰 낭비를 하게 하는 대상이라는 점을 명심해라! 자동차는 시간이 지남에 따라 가치도 떨어지고 비용도 많이 들기 때문이다. 그러나 대중교통 가까이에 살지 않는 한 차는 필요악이다. 예쁘고 반짝이는 새것에 현혹되지 말고 자동차에 대한 지출을 최대한 낮게 유지해라.

자본주의가 죽인 남자친구

I Survived
Capitalism
and All
I Got Was
This Lousy
T-Shirt

나는 토요일에 드루와 사랑에 빠졌다. 로스앤젤레스에서 불과 몇 시간 거리에 있는, 더위와 먼지로 뒤덮인 황량한 풍경에 황토색 벽돌집이 점점이 박힌 작은 사막 마을 조슈아트리에서. 37도가 넘는 무더운 날이었다. 이가 빠지고 햇볕에 그을린 코를 드러낸 현지인들이 엉덩이에 손을 얹고 주차장에 있는 고급 자동차를 보며 눈살을 찌푸리고 있었다.

"어디서 오셨어요?" 주유하러 마을에 들어섰을 때 한 사람이 내게 물었다.

"로스앤젤레스요. 걱정하지 마세요! 금방 돌아갈 거니까요!" 내가 대답했다.

그는 살짝 웃었고 우리 둘 다 그 이유를 알았다. 조슈아트리는 대도시에서 떨어져 나온 힙스터의 안식처로 변모하는 중이었다. 허름한 건물들은 세컨드 하우스와 휴가용 임대 주택으로 개조되고 있었다. 현지인들은 재앙의 조짐을 눈치챘다.

"주말을 맞아 일하러 왔어요." 나는 그들을 안심시켰다.

"아." 그가 고개를 끄덕이며 갈라진 입술을 툭툭 치며 말했다. "무슨 일 하쇼?"

"아마 스타일리스트일걸요?" 나는 대답했다. 보석 회사에서 해고되기 몇 달 전이었다. 나는 이미 여기저기서 임시직을 맡으며 피할 수 없는 일에 대비했다. 그때 일은 '스타일리스트'에 가장 가까워 보였다. 어쨌든 그게 내가 그 주말에 하던 일이다.

나는 고물 차를 몰고 고속도로를 벗어나 끝이 보이지 않는 비포장도로를 달렸다. 내 작은 검은색 볼보는 코리아타운의 움푹 파인 도로를 간신히 통과하는 정도였기에 비포장도로를 견딜지 확신할 수 없었다. 차는 흔들거리고 덜컹대며 바위 같은 큰 흙덩이에 긁혔다. 마침내 사진 촬영 콜시트에 적힌 주소지를 찾아냈다. 넓은 대지 위에 지어진 그 거대한 집은 조슈아나무로 둘러싸였고 활기가 넘쳤다. 나머지 스태프들도 여행 가방과 삼각대, 조명과 장비를 들고 속속 도착했다.

나는 차에서 내려 주변을 둘러보았다. 집은 사막에 있는 다른 집들처럼 단층이었다. 풍경을 가리지 않기 위해 그런 것 같았다. 그곳엔 신화 속에 등장할 법한 나무, 경이로운 구조의 암석, 신발 위로 쏟아지는 햇살을 다시 곧장 산란시키는 반짝이는 뜨거운 모래가 360도로 펼쳐져 있었다. 저 멀리 사막에서 바닥에 웅크린 채 홀로 뭔가를 만지작거리는 사람의 형체가 보였다. 촬영 스태프일 거라 짐작했다. 호기심에 잠시 지켜보다가 도와줄까 하는 마음에 다가갔다.

가까이 다가가자 그 형체가 눈에 확실히 들어왔다. 40대쯤 되어 보이는 남자였는데, 강단 있는 몸에 구릿빛 피부가 문신으로 덮여 있고, 태양으로부터 얼굴을 보호하기 위해 쓴 모자 아래로 갈색 머리가 허리까지 내려왔다. 무릎이 찢어진 몸에 딱 붙는 검은색 청바지를 입었는데, 가게에서는 살 수 없는 진짜 찢어진 청바지였다. 이전에 그런 식으로 찢은 데님을 만들려고 한 적이 있다. 쫙 잡아서 갈기갈기 찢은 모양과 마모된 흔적은 복제할 수 없었다. '진짜'는 축복이자 저주이며, 그것을 실현하기 위해선 시간과 에너지를 투입해야 하는 법이다. 어떤 옷은 몸에서 떨어질 때까지 뼛속까지 수년 동안 입어야만 얻을 수 있다. 나는 그렇게 입는 걸 좋아한다. 돈값을 제대로 치른 기분이다.

너덜너덜한 옷을 입고 긴 머리에 문신을 한 남자는 자기 신발을 만지작거리고 있었다. 1980년대부터 신었을 것 같은 커다란 검은색 부츠였다. 그는 큰 은색 덕트 테이프를 부츠 밑창에 붙이고 다시 큰 원을 그려가며 단단히 감쌌다. 사막에 웅크리고 앉아서 신발에 테이프를 붙이는 남자의 모습은 좀 황당한 광경이었다. 그래서 매료되고 말았다.

"뭐하세요?" 나는 햇빛을 가려주기 위해 다가가면서 물었다. 그가 그러는 동안 그 위에 우뚝 서서 그에게 그림자를 드리웠다.

"신발을 고치는 중이에요." 그는 고개를 숙인 채 대답했다. 떨어진 게 분명한 밑창을 다시 붙이려고 계속해서 덕트 테이프를 감았다. 잘 안 되는 것 같았다. 사막의 먼지와 모래, 흙먼지가 테이프에 계속 붙어서 접착이 잘 되지 않았다.

"떨어졌거든요." 그가 심드렁하게 말했다.

"다른 신발은 없나요?" 내가 물었다.

"다른 신발은 필요 없어요." 그는 여전히 신발에서 시선을 떼지 않은 채 말했다. "이게 좋아요."

그는 재미있었다. 나는 미소를 지었다. 잇몸이 너무 많이 드러나고 삐뚤삐뚤한 치아가 훤히 보이는 기괴한 미소, 어렸을 때부터 하지 않으려고 수년간 연습했던 그 미소였다. 하지만 그건 중요하지 않았다. 그는 내가 다가온 이후로 한 번도 고개를 들지 않았다. 나는 첫눈에 반하는 사랑은 믿지 않았다. 아니 2분 30초 만에 빠지는 사랑도. 내가 얼마나 오랫동안 그 남자가 신발에 테이프 붙이는 모습을 지켜보았는지도 믿지 않았다. 그럼에도 눈앞에서 신발에 테이프를 붙이는 이 남자가 내 인생에서 본 사람 중 가장 완벽해 보였고, 나는 날아오를 것만 같았다.

레미와의 관계는 돈부터 마약, 미래에 대한 희망에 이르기까지 모든 것에 대한 의견 차이로 인해 틀어져서 복잡했다. 우리는 비독점적 관계였고, 덕분에 부담은 크지 않았다. 하지만 누군가와 사랑에 빠지면 이미 불안정한 관계에 문제가 생길 터였다. '새로운 관계 에너지'가 이 평형 상태에 끼어드는 것은 가장 불필요한 일이었다. 나는 이 만남을 마음속에서 떨쳐버리려고 애쓰며 더는 아무 말도 하지 않고 돌아서서 저택으로 돌아갔다.

저택으로 돌아와 생각을 정리하기 위해 여기저기 돌아다녔다. 침실은 네 개 정도 있었는데, 그중 하나는 간이침대와 싱글 침대가 벽을 따라 늘어서 있고 중앙에 자쿠지가 있었다. 다이닝룸 테이블은 스타일링 작업대로 바뀌어 있었다. 나는 스팀다리미의 전원을 켜고 여행가방에서 옷을 꺼내 선반에 걸기 시작했다. 잠시 후 케네디가 나에게 다가왔다. 케네디는 시내에서 만났다. 몇 달 전 술에 취해 방탕한 시간을 보내던 밤, 그녀는 내가 거의 10년을 알고 지냈던 유럽식 이름을 가진 헤어스타일리스트인 친구의 친구와 결혼했다. 그때부터 케네디는 레미의 친한 친구의 일원이 되었다. 케네디는 메이크업과 촬영 일을 병행했는데, 직업으로 하기보다는 하우스 파티를 하는 느낌이었다.

"안녕." 그녀가 웃으며 말했다. "준비 다 끝났네. 좋아 좋아. 드루는 만나 봤어?"

"아니." 나는 대답했다. "그게 누군데?"

"브랜드 대표야." 그녀가 말했다. "멋진 사람이니 걱정하지 마. 우리가 7월 4일에 다 같이 온수 욕조에서 논 덕분에 이 일을 얻었거든. 그 사람 재미있어서 편할 거야. 머리 길고, 문신 많고, 키 크고 말랐어. 보면 알 거야."

와, 완벽한데. 나는 생각했다. 나는 내게 월급 주는 남자를 사랑하게 된 것이다. 이 얼마나 부르주아적인지.

몇 달 후 보석 회사라는 직장을 잃었다. 나는 주말을 공황 상태로 보냈는데, 일요일이 되자 케네디가 나를 위해 파트타임으로 시내에 있는 패션 브랜드의 이메일 마케팅 디자인 자리를 주선해 주었다. 큰 금액은 아니었지만 뭔가를 할 수 있었고, 무엇보다 나는 일자리가 절박했다.

"대표를 이미 한번 만났을 거야." 그녀가 내게 말했다. "이름이 드루야. 그 사람 기억나?"

젠장.

"기억나지." 나는 한숨을 쉬며 말했다.

다음 날, 나는 낡고 더러운 볼보를 몰고 드루의 사업장이 있는 시내 창고로 갔다. 아래층에는 드루가 1985년 데스록 패션과 치유에 대한 애정에서 영감을 받아 시작한 사업인 '립 서비스'가 있었다. 위층에는 하늘 느낌으로 매달린 금속 플랫폼에 좀 더 클래식하고 일상적인 의류로 제작된 로큰롤 기반의 데님 브랜드 '킬 시티'가 있었다. 그 밖에도 좀 더 대중적인 작은 규모의 브랜드들이 있었다. 1층에는 코르셋과 비닐 레코드판, 라블렛 피어싱이 전부였다. 2층은 모터사이클 재킷과 낡은 빈티지 티, 닥터마틴 신발이 전시되어 있었다. 사무실에서는 아래층 구식 괴짜들과 최신 유행에 민감한 위층 괴짜들 간의 경쟁이 벌어졌다. 즉 괴짜 대 괴짜의 대결이었다.

점심시간쯤 디자인 팀이 있는 로프트 끝에 갑자기 드루가 나타났다. 거기서 몇 걸음만 가면, 손 모양의 밝은 빨간색 의자와 아이디어를 스케치하는 거대한 화이트보드가 있는 그의 사무실이 나왔다. 사무실 안에는 1970년대 후반과 1980년대 초반 로스앤젤레스 펑크 신의 유물이 여기저기 흩어져 있었다. 연단에는 '드루 번스타인: 내가 거기 있었다!'라고 적힌 명판과 함께 거대한 금속 스파이크가 놓여 있었다. 드루가 문신을 하기 전에 헨리 롤린스와 친구였다는 소문이 있었다. 한 번은 일요일 저녁에 펑크록 밴드 더 점스의 다비 크래시를 집으로 데려와 그의 부모님과 함께 저녁을 먹었다고 했다.

"이봐요!" 드루가 활짝 웃으며 우리 책상으로 다가와 말했다. "누구시죠?!"

당연하게도 그는 나를 기억하지 못했다. 당연하게도 그 때문에 나는 그를 더욱 좋아하게 되었다.

"이쪽은 매들린이야." 케네디가 말했다. "우리 이메일 마케팅 디자인을 하고 있지."

"오, 멋진데!" 드루가 손을 내밀었다. "만나서 반가워요."

"사실 우리 전에 만난 적 있어요." 나는 미소 지었다. "사막에서? 부츠가 망가졌을 때?"

"아 그래, 기억나요!" 그는 소리쳤다. "부츠를 고쳤어요. 보세요!" 그는 발을 책상 위에 올려놓았다.

"드루, 내 책상에서 신발 치워!" 케네디가 소리쳤다.

"알았어, 알았어." 드루가 테이블에서 발을 떼며 말했다. "방해는 그만하죠." 그는 두 손으로 나를 가리켰다. "매들린." 그가 잊지 않겠다는 듯 말했다. "또 봐요."

나는 드루가 사라지는 모습을 지켜보았다.

"난 그를 사랑해." 혼잣말처럼 불쑥 뱉었다.

케네디는 웃었다. "그래, 꽤 괜찮지. 뭐 실제로 브랜드 대표가 될 만큼 말이야."

"아니." 나는 말했다. "그를 사랑해. 그와 사랑에 빠진 것처럼. 완전히 사로잡혔다고."

킬 시티의 보조 디자이너 젠이 컴퓨터 옆으로 고개를 획 돌렸다. "진심이에요?" 그녀가 물었다.

"네." 나는 고개를 위아래로 흔들며 단호히 말했다. "그는 내 피부를 따끔거리게 하고, 심장을 아프게 하고, 토할 것처럼 속이 뒤틀리게 해요. 사귀는 사람 있나요? 싱글인가요?"

"싱글이에요." 젠이 대답했다. "하지만 프리랜서기는 해도 이제 당신 상사인데 좀 이상하잖아요."

그가 이제 내 상사인가? 젠의 말이 맞았다. 나는 패배의 긴 한숨을 쉬었다. 남자친구보단 직업이 더 중요했다. 남자친구는 청구서를 해결해주지 않는다. 어쨌든 내가 사귄 남자들은 그렇지 않았다. 나는 나만의 방식대로 드루에 대한 집착을 해소하는 법을 찾아야 했다.

나는 이후 몇 달 동안 짝사랑에 관한 나쁜 영화의 모든 장면을 따라 하며 살았다. 볼륨을 최대치로 올려 낭만적인 색소폰 연주를 들으며 출근했고, 각 트랙이 절정에 달할 때마다 따라 울기도 했다. 드루가 나에게 사랑을 고백하는 가슴 벅찬 순간을 상상하며 잠이 들기도 했다. 나는 매일같이 쓸데없이 위층까지 빙 돌아가서 그의 사무실을 지나치며 그가 일하는 모습을 슬쩍 훔쳐보았다. 나는 친구들에게 드루에 대해 끝없이 이야기하며 이 모든 상황을 헤아리려고 노력했다. 누군가와 이렇게 즉각적이고 강하게 연결되어 있다는 느낌을 받은 적이 없어서 어떻게 해야 할지 혼란스러웠다. 밤낮 가리지 않고 친구들에게 좌절과 절망의 문자 메시지를 보냈다.

"난 드루를 아직도 사랑해. 마음이 너무 아파!"

애써 분위기를 밝게 하기 위해 유령이나 똥 더미 같은 이모티콘을 넣었다. 어떻게든 내 마음을 분출해야 할 것 같았고, 그렇지 않으면 그의 매력이 나를 산 채로 삼켜버릴 것 같았다.

그의 마음을 얻으려는 생각은 완전히 포기했다. 특히 직장에서의 관계를 고려할 때 그건 불가능하고 무리한 일처럼 보였다. 대신 일상에서 짧게 부딪히는 시간 속에서 그에 대해 더 잘 알고 이해하려고 애썼다. 그리고 새롭게 알게 되는 그의 면모를 곱씹었다.

드루에 대해 알게 된 것들

1. 드루가 가장 좋아하는 포크는 포키토 마스라는 멕시코 패스트 캐주얼 레스토랑의 검은색 플라스틱 포크다. 고무 느낌의 플라스틱으로 된 부분을 마음에 들어하는데, 그 포크에는 그런 부분이 몇 군데 있다.

2. 드루는 1980년대에 밴드 투어를 할 때 밴 안에서 수프캔을 따 먹던 기억 때문에 항상 캔 따개를 목에 걸고 다닌다. 지금도 가끔 배가 고플 때는 50센트짜리 수프캔을 사서 차 안에서 뜯어 먹는다.

3. 드루는 현재 채식주의자다. 동물을 너무 사랑한 나머지 육식을 하지 못한다. 드루는 로켓이라는 이름의 개를 키웠다. 로켓은 수년간 그의 가장 친한 친구였고, 로켓이 죽은 후 반려동물을 잃는 슬픔이 너무 고통스러워 다시는 개를 키우지 않기로 결심했다.

4. 드루는 팔에 죽음의 신 문신을 새겼다가 잘못돼서 정교한 물고기 문신으로 덮었다. 하지만 지금 와서는 그대로 됐어야 한다고 생각한다. 정교한 문신보다는 서툰 문신이 더 낫다고 생각하기 때문이다. 드루는 돈만 있으면 멍청이들도 정교한 문신을 할 수 있고, 정

교한 문신은 뻐기는 사람이나 하는 거라고 여긴다.

5. 드루는 자신의 직업이 마음에 들고 일도 괜찮다고 생각하지만, 펑크록 여름 캠프처럼 아무것도 팔 필요 없이 그냥 계속 뭔가를 만들 수 있으면 훨씬 좋을 것이라고 여긴다. 그는 친구가 실직하면 자기가 고용할 수 있다는 점 때문에 사업을 운영한다. 그것만 아니면 그는 돈이 곧 사기라고 생각한다.

6. 드루가 처음 디자인한 것에는 전부 '가난한 사람들에게 돈을 기부하세요' 같은 태그가 달려 있다. 드루는 길거리에서 구걸하는 사람을 마주칠 때를 대비해 항상 주머니에 현금을 가지고 다닌다. 정부가 당장 자원을 재분배하지는 않을 것이기 때문에 스스로 해야 한다고 여긴다.

7. 드루는 펑크 밴드 크루시픽스에서 연주하곤 하는데, 늘 그 밴드가 자신보다 훨씬 멋지다고 느낀다.

8. 드루는 강박장애가 있다. 그래서 그의 집은 신경을 안정시키기 위해 늘 꼼꼼하게 정리되어 있고 깔끔하다. 하지만 검은색 고무 재질의 포키토 마스의 포크 하나를 일반 은식기류 서랍에 섞어 보관해 둔다. 그는 이를 '노출 요법'이라고 부른다.

9. 드루는 가끔 10대 소녀들이 착용하는 플라스틱 집게 핀으로 머리를 높게 묶고 다닌다.

10. 드루는 물리와 우주에 대해 배우는 것을 좋아한다. 그러고 나면 자신이 작고 하찮은 존재로 느껴지지만 덕분에 영혼을 짓밟는 오늘날의 디스토피아적인 세상에서 성공해야 한다는 압박감에

서 조금이나마 벗어날 수 있었다.

드루는 나를 눈여겨보지 않았지만 내 의상에는 주목했다.

어느 날 그는 이렇게 말했다. "당신 스타일이 바로 우리가 가야 할 방향이에요. 하위문화이긴 하지만 요즘 트렌드죠. 전에 디자인을 해본 적이 있나요?"

"네. 의류 디자인 학사 학위를 받았고, 저만의 작은 의류 라인도 갖고 있어요."

그는 만족하며 고개를 끄덕였다. "우리 최신 브랜드의 디자인 컨설턴트가 되는 건 어때요? 당신 같은 사람을 타깃으로 하거든요."

돈도 더 벌고 드루와 더 많은 시간을 함께할 기회라 여기고 덥석 잡았다. 다음 몇 달 동안 그와 함께 콘셉트 개발, 디자인 검토, 무드보드와 스케치 작업을 진행했다. 회사 웹사이트의 사진 촬영과 스타일링에 더 많은 책임을 맡게 되었고, 매일 야근했다. 드루는 회사에 가장 먼저 출근해서 가장 늦게 퇴근하는 사람이었다. 따라서 문단속을 위해 사무실을 한 바퀴 돌 때 위층에서 컴퓨터의 푸른 불빛을 응시하며 스프레드시트와 시장 조사에 열중한 나를 종종 발견하곤 했다.

"저녁 먹으러 갈래요?" 다른 사람들은 퇴근한 지 한참 지난 어느 날 밤 그가 물었다.

"좋죠." 나는 환하게 웃었다.

우리는 차를 몰고 트리하우스처럼 생긴 레스토랑으로 갔다. 안뜰은 식물로 둘러싸여 있고 곳곳에 촛불이 켜져 있었다. 대로변에서 떨어져 있는 레스토랑은 간판이 없었고 발렛파킹을 해줬다. 수백 번 지나쳤지만 내가 갈 수 있는 곳이 아니었다.

"제가 살 겁니다." 레스토랑 직원에게 자리를 안내 받은 뒤에 드루가 말했다.

"좋아요." 나는 웃었다. "당신은 부자고 저는 가난하니까요."

"저 부자 아니에요!" 그는 깜짝 놀라며 말했다. "전 중산층이에요! 저 부자 싫어합니다!"

나는 눈썹을 치켜올렸다.

"중산층이요?" 나는 회의적으로 물었다. "*안락한* 정도라는 뜻인가요? 어디에 사세요?"

"로렐캐니언이요. 한때 프랭크 자파, 조니 미첼, 짐 모리슨 같은 음악가들이 살았던 언덕 위의 예술적인 동네죠. 서쪽에 있어요."

"아하." 나는 과장된 표정으로 눈을 동그랗게 뜨며 믿기지 않는다는 듯 말했다. "그러면 집값이 어느 정도 되는데요?"

"모르겠어요. 1990년대에 샀거든요. 아마 200만 달러 정도?"

"거봐요! 부자 맞잖아요!" 나는 그를 가리키며 소리쳤다.

"잘 들어봐요." 그가 대답했다. "제가 사는 곳은 로스앤젤레스에 있는 중산층 집이에요. 여기가 정말 비싼 식당이고! 제 연봉은 1년에 10만 달러예요. 저보다 더 많이 버는 직원들도 있다고요."

그보다 조금 더 많이 벌었던 실장이 생각났다. 사업주인데 그것보다는 더 벌어야 하는 게 마땅하다는 생각이 들었다. 그는 다른 사람들처럼 임금 노동자가 아니었으니까. 하지만 분명 수익 배당이나 회사 신용카드 같은 다른 특권은 누릴 수 있을 것이다.

"모르겠네요. 당신은 사업주잖아요. 조금은 부자여야 하지 않나요?"

"당신도 사업주잖아요." 그가 말했다. "터널비전 맞죠? 당신은 부자인가요?"

"아니요." 나는 깜짝 놀라서 말했다.

그는 내 게임에서 나를 이기고 있었다.

"하지만 그건 다르죠! 당신은 직원이 있잖아요!"

"직원이 있기 전에는 돈이 더 많았어요." 그가 웃으며 말했다. "이제 저는 부모 같아요. 돌봐야 할 자식들이 많죠. 누군가는 새 차가 필요하고, 누군가는 대학에 가야 하고요. 모두가 잘 먹고 잘 지낼 수 있도록 해야 해요. 내가 가져가고 싶어도 더 이상 가져갈 돈이 없어요!"

"부자들이나 하는 말 같군요." 나는 반은 농담으로 말했다.

"실제로 부자들을 만난 적이 있어요." 그는 누가 엿듣기라도 할까 봐 속삭이듯 말했다. "그런데 저랑 같지 않아요. 그들이 가진 돈은 정말 말도 안 돼요. 사악하죠. 저는 괜찮게 살아요. 잘된 일이죠. 하지만 그들은 필요 이상으로 많이 가졌어요. 그리고 그것을 다른 사람들과 어울리기 위해 사용하죠. 누구나 마음에 드는 집을 구하고, 좋은 차를 몰고, 가끔은 멋진 저녁 식사를 할 수 있어야 해요. 회사에서 일하는 모든 사람에게 나은 삶은 선사하는 것, 그게 제가 회사에서 하려는 일이에요. 프리랜서 말고 실제로 일해보면 더 많은 것을 알게 될 거예요. 우리는 이익 공유 프로그램을 운영하고 있거든요. 직원들에게 회사 차를 사주기도 하고요."

"그럴지도요." 나는 여전히 돈이 작용하는 원리에 대해 잘 몰랐지만, 200만 달러짜리 집주인이 로스앤젤레스를 포함해 어디에서든 중산층에 속할 것 같지는 않았다. "어쨌든 저한테는 여전히 부자시니까 사주신다면 마실 것 좀 시킬게요!"

"그래요." 그가 말했다. "전 원래 술을 잘 안 마시지만 당신이 마시는 건 저도 마실게요."

세 잔을 마시고 두 시간 후, 우리는 완전히 취한 채 레스토랑 옆 그의 차에 앉아 있었다. 우버가 생기기 전 시대였다.

"직원들과 술 마시면 안 되는 거 아닌가요?" 나는 웃으며 말했다.

"당신은 직원이 아니잖아요." 그가 말했다. "프리랜서죠. 그건 다르죠."

"프리랜서랑 술에 취해선 안 될 것 같은데요." 내가 속삭였다.

"술을 마시지 말았어야죠!" 그는 소리쳤다. "저는 술을 잘 안 마신다고 했잖아요. 술을 잘 못 마셔요!"

"지금 치아 때문에 항생제 먹고 있는 걸 깜빡했어요!" 나는 비명을 질렀다. "술 세 잔에 이렇게 될 줄은 몰랐어요!"

나는 외국 사이트의 동물병원에서 항생제를 주문했다는 부분은 생략했다. 당시 나는 의료보험에 가입하지 못한 상태였다. 프리랜서의 삶은 고난과 동의어 같았다.

"우리 이제 집에 어떻게 가요?" 나는 물었다. "여긴 택시가 없다고요!"

"그렇다면 우리 중 한 사람이 술이 깨서 운전할 수 있을 때까지 여기서 기다려야 할 것 같네요. 몇 시간이 걸릴 수도 있어요. 그래도 괜찮겠어요?"

"괜찮다마다요." 나는 조용히 말했다.

우리는 그의 차에서 세 시간 동안 이야기를 나누었다. 우리가 좋아하는 펑크 밴드와 그가 1980년대에 활동했던 밴드에 관해 이야기했다. 어린 시절에 대해서도 말했다. 그는 아버지가 로켓 과학자였다고 말했다. 나는 아버지가 스프링클러 판매원이라고 말한 다음, 웃으면서 어쩌면 마약상일지도 모른다고 말했다. 우리는 패스트 패션이 지구를 얼마나 망치고 있는지에 대해 이야기했고, 그는 지구뿐만 아니라 중소기업까지 망치고 있는 포에버21 같은 회사와 고성을 지르며 싸운 일화를 들려주었다.

우리는 그가 회사에서 운영하는 이익 공유 프로그램에 대해서도 이야기했고, 그는 실제로 자신보다 더 많은 돈을 버는 직원이 있다고 말했다. 그는 가장 좋아하는 1990년대 의류 브랜드에 대해 말했고, 나는 인터넷에서 내가 가장 좋아하는 최신 의류 브랜드에 관해 말해주었다. 그는 '오늘만 20퍼센트 세일'을 하는 판매 행사를 늘 반대하고 싶었다고 말했고, 나는 너무 웃어서 숨이 막힐 뻔했다.

"재미있네요!" 나는 술에 취해 그의 좌석을 두드리며 강조했다. "그래야 해요!"

"정말 그렇게 생각해요? 다들 멍청한 생각이라고 말하거든요."

"그 사람들은 이해하지 못해요." 나는 그에게 말했다. "광고판을 만들어야 할 것 같아요. '공허함을 채워라…… 새 청바지로!'라고 쓰는 거죠. 자본주의가 얼마나 엉터리인지 알게 하는 메타 마케팅 캠페인이 될 거예요!"

그는 나를 향해 마치 처음 보는 사람처럼 미소를 지었다.

"맞아요." 그가 말했다. "그래요……. 우리가 살기 위해 뭐든 팔아야 한다는 건 헛소리잖아요. 조금 비웃어 봅시다. 우리 다 그게 헛소리인 줄 알잖아요! 이런 부조리함을 적어도 비웃을 수는 있잖아요?!"

마침내 우리는 술이 깼고 그가 나를 집까지 데려다주었다.

"아파트가 좋아 보이네요. 룸메이트가 있나요?" 내가 차에서 내리기 전에 그가 물었다.

"남자친구랑 같이 살고 있어요." 내가 말했다.

"아." 그가 대답했다. "멋지네요! 언제 한번 만나봐야겠어요. 공연이나 뭐 그런 걸 같이 보러 가도 좋고요."

내가 문을 닫자 그는 손을 흔들며 작별 인사를 했다. 나는 구름 위를 걷는 듯한 기분으로 안으로 들어갔다.

다음 주, 우리는 메타 마케팅 캠페인을 시작했다. 나는 아무도 생각하지 못한 광고판과 광고를 디자인했고, 드루는 웃다가 의자에서 떨어질 뻔했다. 우리는 쉬는 시간에 비건 스낵을 나눠 먹으며 펑크록에 대한 농담을 주고받았다.

"둘 사이에 무슨 일이 일어나고는 있는 거야?" 어느 날 케네디가 물었다.

"내 생각에 우린 그냥 친구인 것 같아." 나는 그녀에게 말했다.

"근데 여전히 그 사람을 사랑하는 거야?"

"당연하지. 누군가를 사랑할 수 있다고 생각했던 것보다 더 많이."

"네 남자친구는 어떻게 생각해? 그도 알고 있는 것 같아?"

나는 잠시 멈칫했다. 드루와 저녁 식사를 하고 집에 돌아오던 날 밤, 레미가 나를 흘깃 쳐다보던 것이 기억났다. 회사 사람들끼리의 평범한 저녁 식사라고 하기에는 너무나 행복했다. 레미도 느꼈을 것이다.

"내가 드루를 좋아한다는 것쯤은 알고 있어. 하지만 알다시피 우리는 열려 있잖아. 서로 다른 사람 만난다고. 어쨌든 드루와 나⋯⋯ 사귀는 사이는 아니야. 그저 친구 사이지. 드루는 나한테 그런 식의 관심은 없는 것 같아."

나는 마음속으로는 내가 틀렸기를 바랐다.

몇 달이 지나면서 내 생각이 틀렸다는 것이 분명해졌다. 나는 그 사실이 매우 기뻤다. 드루와 나 사이에는 자석 같은 끌림이 있었고, 결국 그 것은 무시할 수 없을 정도로 뚜렷해졌다. 내가 항상 생각했던 대로 사랑이란 누군가를 이해하고 그 누군가로부터 이해받는 것이라면, 세계 역사상 드루와 나보다 더 사랑에 빠진 사람은 없을 것이다. 우리는 서로 조화를 이루며, 다른 사람들은 이해하지 못하는 내적인 농담과 말들로 우리만의 세계를 만들었다.

레미와 나는 헤어졌고, 6개월도 안 되어서 코리아타운에 있는 원룸 아파트에서 짐을 빼 드루의 로렐캐니언에 있는 집으로 옮겼다. 그와 그의 친구들은 내 옷을 위한 맞춤형 옷장을 만들어주었다. 주말이면 우리는 해안을 따라 운전하거나 사막으로 여행을 떠났다. 우리는 직접 병아리콩 껍질을 벗겨 후무스를 만들고, 수영장 옆에서 과일을 먹고, 드루가 마당에 심을 희귀 식물을 찾기 위해 원예용품점에 갔다. 그는 나를 위해 머리를 감겨주었고, 내가 좋아하는 방식으로 커피 내리는 법을 배웠다. 우리는 외출도 하고, 집에 머물기도 하고, 영화도 보고, 음악도 들었다. 우린 전 밴드를 알았기에 공연을 보러 가서는 바로 무대 앞에 앉았다. 나는 의식하지 못한 채 그의 집에 내 물건을 쌓아두었는데, 집을 어지럽힌 것에 대해 죄책감을 느꼈다.

"괜찮아." 그가 말했다. "당신 물건을 보면 당신이 여기에 있는 것 같아서 좋아."

내 친구들은 "너희 둘은 사랑이 진짜라고 믿게 해줘"라고 말했다.

나는 매일 아침, 전에는 느껴본 적 없는 감정 속에서 일어났다. 행복함이었다. 그 행복은 두 가지였다. 첫째는 물론 사랑이었지만, 이전에 느껴보지 못한 것, 바로 재정적 안정도 거기 포함되었다. 그는 그만의 방식으로 내 재정적 압박을 줄여주었다. 내가 돈에 대한 이해와 안정적인 일자리 확보에 어려움을 겪는다는 걸 안 드루는 내가 옮겨 올 때 자기 모기지 대출에 대해서는 걱정하지 말라고 간청했다. 대신 내게 공과금과 식료품비를 부담하고, 내 빚을 갚는 데 더 많이 쓰라고 제안했다.

프리랜서로서 내 수입은 여전히 일정하지 않고 변동이 심했지만, 우리가 새로운 관계로 접어들면서 드루는 나를 정식 직원으로 고용하는 것은 적절하지 않다고 생각했다. 일주일에 24시간은 드루의 회사에서 프리랜서로, 일주일에 30시간은 무급으로 브릿과 함께 터널비전 일을 하면서 언젠가는 시간을 투자한 만큼 가치가 생기기를 바랐다. 그러면서도 여전히 밤과 주말에 할 수 있는 다른 프리랜서 작업을 찾기 위해 크레이그리스트를 뒤졌다. 빚에 허덕였지만 드루가 산소 마스크를 건네

주었다. 덕분에 적어도 숨은 쉴 수 있게 되었다.

천천히, 그러나 확실하게, 나는 빚을 갚기 위해 여기저기서 100달러씩 돈을 모았다. 그렇지만 마음속에서는 부질없는 짓이라 생각했다. 나는 내 빚을 갚을 수 없다는 사실을 오랫동안 받아들였기 때문이다. 죽을 때까지 짊어지고 가야 할 것이라고 여겼다. 하지만 일정 부분 재정적 책임에서 벗어나자 내가 수년 동안 가진지도 몰랐던 부담감이 덜어졌다. 평생 시달렸던 불안이 새로 찾은 재정적 안정으로 인해 희석된 것처럼 보였다. 정신이 맑아지니 일의 능률도 올랐다. 의사결정을 내릴 때 충동적이고 두렵던 마음이 덜해졌다. 대신 신중하고 현실적인지를 따졌다. 때로는 완전히 새로운 사람이 내 몸에 사는 것 같은 느낌이 들 때도 있었다.

"행복하다는 게 이런 걸까?" 어느 날 아침 해가 뜰 때, 침대에 누워 드루에게 물었다. "내 인생이 이렇게 느껴질 줄은 몰랐어."

"나도 그래." 그는 손가락으로 내 머리카락을 쓰다듬으며 말했다. "전에는 이런 적 없었거든. 지금까지는 그랬어."

나는 가능하다고 생각했던 것보다 더 사랑에 빠져 있었다. 드루가 내 인생에서 나와 함께하는 한 미래에 무슨 일이 일어날지는 상관없었다.

우리가 함께 산 지 1년쯤 지나서 드루 회사의 재정 문제에 대한 소문이 들리기 시작했다. 하지만 드루는 모든 것이 다 잘될 거라고 나를 안심시켰다.

"지난 몇 년간 힘들었어." 그가 말했다. "하지만 이게 또 처음은 아니거든. 25년 동안 해온 사업이야. 전에도 이런 일은 있었어. 항상 마지막 순간에는 잘 해결돼."

그러나 몇 주, 몇 달이 지나면서 '마지막 순간'이 빠르게 다가왔다. 그어떤 구원의 손길도 없었다. 드루는 발걸음에서 탄력을 잃기 시작했다. 때때로 그는 한밤중에 극심한 공포 속에서 숨을 헐떡이며 깨어났다.

"손익분기점은 얼마야?" 어느 날 나는 그에게 물었다. "매달 손익분기점에서 얼마나 떨어져?"

"모르겠어." 그는 얼떨떨하게 말했다. "계산이 힘들어. 변동 부분이 너무 많거든."

"내가 한번 볼게." 내가 우겼다. "내가 숫자를 꽤 잘 보거든."

그가 스프레드시트와 은행 기록, 급여 기록, 재고 예상치를 내게 보였다. 나는 자료들을 꼼꼼히 살핀 뒤 비용과 자산에 대한 복잡하고 상세한 스프레드시트를 만들었다.

"현재 연간 총매출이 1000만 달러야"라고 그에게 말했다. "그 정도면 충분히 회사를 운영할 수 있는 금액이야. 그런데 지출한 비용이 1800만 달러에 가까워."

"매출이 1000만 달러밖에 안 된다고?" 그는 멈칫했다. "아니, 너무 적은데. 지출을 감당하기에는 너무 적은 액수야. 그 두 배 정도는 되어야 해."

"흠, 그렇다면 규모를 줄여야 할 때가 된 것 같은데? 여기서 몇 가지만 변경하면 1800만 달러의 지출을 1000만 달러 가깝게 줄일 수 있어."

"뭘 줄여?"

"여기." 나는 지출 목록을 건네며 말했다. "빨간색으로 표시된 사람들이 회사로서는 손실이야. 이 사람들은 급여가 너무 높고, 당신보다도 더 많이 받는 사람도 있어. 그런데 자기 역할을 제대로 해내지 못하고 있는 것 같거든. 말만 많고 행동은 하지 않는 영업사원 유형이지. 멋진 스포츠카를 몰고 다니면서 회사에는 아무것도 가져오지 않아. 비용만 축낸다고. 이들을 정리하면 아마도 세 개의 건물을 하나로 통합해서 비용을 약간이라도 절감할 수 있을 거야. 두 번째로, 높은 임금을 받는 사람들의 급여를 균등하게 지급하는 방법도 있어. 회사의 재정 상태를 설명하고, 당신이나 다른 직원들과 비슷한 수준으로 급여를 받고 계속 일할 의향이 있는지 물어봐."

"직원을 해고하란 뜻이야?" 드루는 비용을 살펴보며 믿을 수 없다는 듯이 물었다. "아무도 해고할 수 없어. 이 사람들은 나만 믿고 있다고. 우리는 정말로 큰 잘못을 하지 않는 한 직원을 해고하지 않아. 우리는 사람들을 보살펴야 해."

"글쎄. 어차피 생활비를 충분히 저축해 놓은 이 고액 직원 몇 명을 해고하고 회사 지출을 줄이거나, 저 고액 연봉자만큼 저축을 하지 못해서 생활하기 더 힘든 저임금 직원을 포함해 회사 전체를 잃고 모두가 쫓겨나거나야. 당신 선택에 달렸어."

"어떤 선택도 할 수 없어." 그는 고개를 저으며 말했다. "아마도 벳시 존슨처럼 파산신청과 사업 매각을 동시에 시도해 볼 수 있을 거야. 브랜드를 사겠다는 사람이 나타날 수도 있어. 매각 대금으로 최소한 회사의 빚은 어느 정도 갚을 수 있고, 직원들은 일자리를 잃지 않아도 되겠지. 그런 다음 집을 팔아서 나머지 빚을 갚을 수 있을 거야."

"개인 돈으로 남은 빚을 갚을 필요는 없어, 드루." 나는 당황한 표정으로 그에게 말했다. "회사가 갚는 거야, 개인이 아니라. 왜 당신이 그토록 사랑하고 애정도 많이 쏟은 집을 팔아서 사업 부채를 갚으려고 해?"

"우리가 빚진 사람들은 거대 기업이 아니야. 그들 역시 가족이 운영하는 소규모 기업이잖아. 그들에게 어떻게 그럴 수 있어. 그건 명예롭지 않아."

"그럼, 당신을 위해 저축한 돈은 있어? 은퇴 자금 같은 거?"

"아니. 10만 달러 정도는 있어. 집을 팔아서 쓰지 않는 한 은퇴 자금으로는 부족하지. 나는 실패자야. 모든 것이 내 통제하에 있었는데, 실패했어."

"당신은 실패하지 않았어." 나는 그를 감싸안으며 말했다.

"이 사업은 내가 완전 쓰레기에 개자식이 아니라는 걸 증명할 유일한 방법이었어. 그런데 알고 보니 나는 내내 망할 새끼였네."

"돈 때문에?" 나는 믿을 수 없다는 표정으로 물었다. "당신은 돈을 버는 능력보다 훨씬 더 특별하고 놀랍고 중요한 사람이야. 돈은 실재하는 것도 아니고 우리가 만들어낸 것에 불과해. 당신은 찬란한 빛으로 가득한 우주에서도 더 찬란하게 빛나는 빛이라고. 당신은 진짜고 여기 있고 사랑받고 있어. 무슨 일이 있어도 우리는 괜찮을 거야. 행복할 거야."

그는 고개를 끄덕였지만 회의적인 표정이었다.

"당신이 버거킹에서 일해도 나는 똑같이 당신을 사랑할 거야." 나는 그의 이마와 손에 키스하며 말했다. "아니, 더 사랑할지도 몰라. 감자튀김을 공짜로 먹을 수 있으니까."

그 후 몇 달 동안 드루는 사업을 매물로 내놓고, 파산신청을 하고, 집을 팔았다. 내 생일날 우리는 함께 시내에 있는 한 아파트에 보증금을 내고 임대를 하러 갔다.

"새로운 장이야." 나는 그에게 말했다.

"시내 좋은데." 그는 고개를 끄덕였다. "재미있을 것 같아."

우리는 그날 서류를 제출하기 위해 서둘러 임대 사무실로 달려갔지만, 도착했을 때는 2분 정도 늦은 상태였다. 사무실은 이미 문을 닫은 뒤였다. 나는 임대 담당자에게 문자 메시지를 보냈다. 내일 보자는 답변이 왔다.

"내일 오래." 나는 그에게 말했다.

"그렇군." 그는 웃으며 말했다. "내일 오자."

그는 마치 내 얼굴을 외우기라도 하는 듯, 아니면 비밀이 있는 듯, 아니면 그 둘 다인 듯 잠시 나를 바라보았다.

"매들린, 그거 알아?" 그는 침착하게 말했다. "당신은 투사야. 당신은 언제나 괜찮아질 수 있는 사람이야. 항상 그랬잖아."

나는 눈썹을 치켜올렸다. "물론이지." 나는 살짝 웃으며 말했다. "나는 싸움꾼인 것 같아."

그의 말이 맞았지만 왜 그가 그런 말을 했는지는 알 수 없었다. 그날 밤 우리는 집으로 와서 서로의 품에 안겨 잠이 들었다.

"사랑해." 잠자리에 들기 전 그는 내 이마에 키스하며 말했다. 다음 날 아침에 일어났는데 드루는 사라지고 없었다. 우리 집 근처 협곡에서 그는 스스로 자기 심장에 총을 쏘았다.

드루가 자살하고 난 몇 시간 후, 그의 휴대폰에서 'M을 위하여'라는 메모를 발견했다. 마치 완성하지 못한 듯 짧은 글이었다. 나는 의미를 하나라도 놓치지 않기 위해 그 자리에서 수없이 반복해서 읽었다.

나는 오늘 죽어도 괜찮을 것 같아. 내가 최선을 다해 살았다는 것, 내가 당신을 사랑했다는 것을 알았으니 행복할 거야.

사랑하는 사람을 갑자기 잃는 건 겪어보지 않은 사람에게는 설명하기 어려운 고통이다. 슬픔이 파도처럼 밀려온다. 우리 몸이 그 감정을 한꺼번에 감당할 수 없다는 것을 알기 때문이다. 몇 시간 동안 무감각해지다가 상상할 수 없을 정도로 강렬한 절망감과 무력감에 휩싸이게 된다. 몸을 앞뒤로 흔들거나, 바닥에 쓰러지거나, 고통스럽게 비명을 지르기도 한다. 드루가 죽은 후 몇 달, 아니 몇 년 동안 이 모든 행위를 반복해서 했다.

"다른 누구였더라도 너무 끔찍했을 거야." 나는 친구들에게 나지막한 목소리로 말했다. "이런 식으로 그를 잃다니. 왜 드루여야만 했을까? 왜 드루였을까?"

나는 답을 알고 있었다.

오늘날 미국에서 자살은 사망 원인 12위다. 자살률은 중년 남성층에서 가장 높게 나타난다. 재정적 안정이 생산성을 반영하며, 더 나아가 생산성이 인간으로서의 가치와 연결된다는 잘못된 주장을 하는 자본주의 시스템에서 자살의 주요 원인이 재정적 스트레스라는 것은 당연한 일이다. 재정적 스트레스로 인해 자살 가능성은 최대 스무 배까지 높아진다. 돌이켜 보면 드루는 생을 마감할 위험에 처한 남자의 모습에 완벽하게 들어맞았다. 하지만 드루를 지켜봤을 때, 아니 드루 본인 눈에도, 삶에서 가장 중요한 것이 돈을 버는 능력이라는 생각을 해본 적이 없기 때문에 이를 눈치채지 못했다.

가장 고통스러웠던 사실은, 드루가 가부장적 고정관념에 갇혀 사업가로서의 자신과 주변 사람들을 위한 재정적 지원자로서의 자신을 분리하지 못했다는 사실이다. 두 번째로 가슴 아픈 사실은, 드루가 직원을 챙기기보다는 자신의 이익을 극대화하기 위해 사업하는 전통적인 사업가였다면 아마 지금도 여전히 이 자리에 있었을 테지만, 그런 사람은 내가 사랑하기는커녕 알고 싶지도 않은 사람이었을 거란 사실이다.

자본주의의 위기가 커짐에 따라 점점 더 많은 사람이 재정적 부담을 느끼고 그 과정에서 정신 건강을 위협받는다. 자본주의는 우리에게 생존을 위한 선택지를 거의 남기지 않는다. 기업은 CEO와 사업주의 주머니를 채우기 위해 노동자에게는 살기 어려울 만큼 낮은 임금을 지급하고, 고객에게는 터무니없이 높은 비용을 청구한다. 이렇게 규제되지 않는 시스템 속에서 우리는 굶어 죽을 위험에 처할 수 있다(미국에서 굶주림을 경험한 사람의 43퍼센트[5]는 정규직이 있는 가정에 속한다). 아니면 우리가 스스로 소규모 기업의 사업주가 되어 사업 경영의 불확실한 재정 상황을 헤쳐나가는 방법도 있다. 열심히 일하면 제프 베조스가 될 수 있다는 말을 들으며 망하거나, 아니면 망할 때까지 버티며 사는 삶이다(미국 소규모 기업의 65퍼센트가 사업을 시작하고 10년 내에 도산한다). 어느 쪽이든 우리

대부분은 재정적 부담과 고난으로 점철된 삶을 살아갈 운명인 것 같다.

나는 드루를 생각할 때 사업가 드루를 떠올리지 않는다. 내가 만난 사람 중 가장 재미있는 사람, 창조적이고 열광적인 에너지를 가진 사람, 내 인생의 사랑인 드루를 떠올린다. 사막 한가운데에서 자신의 부츠를 테이프로 묶고 있을 때 내 그림자가 드리워져 있던 드루를 떠올린다. 기타를 연주하는 드루, 모독이 뛰어다니던 협곡(그가 자살한 바로 그 협곡)에서 함께 걷던 우리를 떠올린다.

나는 그의 이야기를 듣는 것이 좋았다. "당신과 이야기하는 게 내 삶의 즐거움이야." 언젠가 그는 내 옆으로 베개를 베고 누우며 말했다. 나는 그의 모든 이야기, 아니 이야기라고 할 수 없는 것들까지도 시시콜콜 다 듣고 싶었다. 가장 작은 흉터에 대해 말해줘. 가장 지루한 날에 대해 말해줘. 당신 시트에 있는 실 땀 개수를 말해줘. 나는 그 모든 것을 알고 싶었다.

나는 그가 생각하는 모습을 보는 게 좋았다. 가끔 그가 골똘히 생각하다가 "좋은 수가 있어!"라고 말할 때가 좋았다. "우리는 전부 우주 먼지일 뿐이야"라며 지나치게 단순화하는 방식도 마음에 들었다. 나는 그를 보는 것이 좋았다. 그의 눈꺼풀 주름이 마음에 들었다. 광대뼈와 입이 마음에 들었다. 단지 그의 일부이기 때문에 그의 코가 좋았다. 나는 드루를 좋아했지만, 사람들 대부분이 그를 좋아했다. 그는 그만큼 매력적이고, 수수께끼 같고, 색다른 사람이었다. 그는 손에 닿은 모든 것에 빛을 가져다주었고, 성층권을 뚫고 우리 세계로 충돌했다. 그저 우리는 그의 손을 꽉 붙잡고 매달리기만 하면 됐다. 드루는 내가 만난 사람 중 가장 특별한 사람이었지만, 자본주의는 드루 삶의 가치를 손익계산서의 한 줄로 환원해 버렸다.

드루의 죽음은 그를 아는 모든 사람에게 인간으로서의 가치를 노동 능력으로만 평가하는 것이 위험하다는 사실을 일깨워 주었다. 재정은 모든 것을 한순간에 바꿔놓을 수 있다. 자본주의는 사방에서 우리를 향해 펀치를 날린다. 펀치에 굴복하지 않는 방법은, 당신은 처음부터 링에 오르기를 원하지 않았다는 사실을 기억하는 것이다. 내가 투사라고 말했던 드루의 말은 맞았다. 하지만 모든 일을 항상 싸움처럼 느낄 필요는 없을 것이다.

재정적 스트레스를 관리하는 법

통계적으로 우리 대부분은 인생의 어느 시점에서 상당한 재정적 스트레스를 경험한다. 돈 문제와 정신 건강에 관해 내가 깨달은 것들이 있다.

1. 돈이 있는 한 빚도 있다. 완벽한 세상이라면 빚도 없겠지만, 우리는 완벽한 세상에 살지 않는다. 우리는 지금 여기에 산다. 부채 때문에 어려움을 겪고 있다면 최선을 다하는 것밖에는 방법이 없다는 사실을 기억해라. 당신이 이 시스템을 만들지 않았다. 단지 이 시스템에서 살아남으려고 애쓸 뿐이다.

2. 영원한 것은 없다. 인생 최악의 재정적 상황에 있다가도 몇 년 후에 다시 회복할 수 있다. 그냥 이겨내려고 노력해라. 인생이란 그런 것이며, 지금보다 더 나은 미래를 상상하는 능력이야말로 가장 중요한 기술이 될 것이다. 이런 정신은 혁명적인 낙관주의라고 할 수 있는데, 자신의 정신 건강뿐만 아니라 모두를 위한 더 나은 미래를 만들기 위해서라도 꼭

필요하다!

3. 불행하게도 재정적 실패는 자본주의 시스템의 일부다. 인생의 어느 시점(또는 여러 시점)에서 재정적으로 실패할 수 있다. 이 가능성을 받아들이면 실패했을 때 정신 건강을 지키는 데 큰 도움이 될 것이다. 목표는 완벽함이 아니다. 목표는 생존이다.

CHAPTER 10

사업을 키우고 싶었지만

I Survived
Capitalism
and All
I Got Was
This Lousy
T-Shirt

10

드루가 죽은 날, 나는 내 인생의 거의 모든 것을 잃었다. 파트너와 미래는 물론이고, 프리랜서로 일하던 가장 중요한 일터와 집도 잃었다. 드루는 내 침대 옆에 현금 3000달러가 든 봉투를 남겨두었다. 그러나 그 돈은 그의 가족이 바로 가져가 버렸다. 며칠 후 상황이 조금 진정되자 그의 가족 중 한 명이 내게 연락했다. 나는 우리가 함께 겪은 엄청난 상실에 대해 진심으로 이야기 나눌 수 있기를 기대하면서 전화를 받았다. 하지만 이런 질문이 돌아왔다.

"걔가 얼마 줬어요?"

나는 혼란스러웠다.

"내가 드루네 회사에서 프리랜서로 일할 때 급여가 얼마였냐는 말씀이세요?"

"아니요." 그는 어색하게 대답했다. "그러니까…… 걔가 당신한테 얼마를 지불했냐고요?"

"뭐에 대해서요?"

"사는 데?" 그가 질문하듯 마지막에만 억양을 높였다.

"아!" 내가 말했다. "알아들었어요."

"그냥…… 어…… 필요한 게 뭔지 알려주세요." 그는 어색하게 수화기에 대고 말했다.

나중에 나는 아빠에게 전화를 걸어 말했다. "드루네 가족은 내가 성노동자라고 여겨. 나이 차이 때문에 그런가 봐."

드루와 내가 만났을 때, 나는 20대 후반이었고 그는 40대 후반이었다. 드루는 항상 나이 차이 때문에 불편해했다. 나는 때때로 이런 일이 생긴다며 그의 마음을 편하게 해주기 위해 노력했다.

"하! 그럼 너한테 돈을 주겠다는 건가?" 아빠가 말했다.

"모르겠어. 그래서 나한테 묻는 거겠지? 집이 팔리면 내가 나가야 하는데, 나한테 이사할 돈이 있는지 확인하는 건가?"

"그럴지도. 그런데 이사할 돈이 있긴 해?"

"아니." 나는 인정했다. "하던 대로 신용카드에서 현금 서비스 받아서 아파트 보증금 내려고 했지."

"드루도 네가 그렇게 하길 원할까?" 아빠가 물었다. "아니면 이사할 돈은 좀 받기를 바랄까?"

나는 침대 옆에 놓여 있던 3000달러를 떠올렸다. 분명 나를 위한 것이었겠지?

"드루는 내가 편하게 이사하길 원할 거야." 내가 말했다.

"그 가족은 드루의 돈을 좀 갖고 있고, 너는 돈이 필요하고. 드루도 네가 그 돈을 갖길 원할 거라면 이사를 위한 돈은 좀 받는 게 어때?"

"모르겠어." 나는 한숨을 쉬었다. "그런 느낌이야. 우리 관계를 깎아내리는 것 같은? 누군가가 내가 돈 때문에 그와 살았다고 생각해도 할 말이 없잖아. 드루가 가끔 나를 도와주기는 했어도, 그건 안정적인 일자리를 찾는 데 어려움을 겪는 사랑하는 사람을 돕는 것과 같았어. 누구라도 그랬을걸. 우리의 소중한 관계를 다른 사람들이 깎아내리게 하고 싶지 않아. 나는 돈 때문에 드루와 산 게 아니니까. 그를 사랑해서 함께 산 거지. 사람들이 드루를 찌질이나 쓰레기라고 생각하지 않았으면 좋겠어."

"드루네 가족은 이해하지 못할 거야. 너희들이 함께 얼마나 행복했는지. 직접 보지 않은 사람들은 대부분 이해하지 못하겠지. 젠장! 사람들은 자기들이 생각하고 싶은 대로 생각하잖니. 그의 가족이 너를 성노동자라고 생각한다면 네가 돈을 받든 안 받든 계속 그렇게 생각할 거야. 그리고 애초에 사람들이 너를 성노동자라고 생각하든 말든 무슨 상관이겠어? 그건 부끄러운 일이 아니야. 사람들은 생존을 위해 필요한 일을 해."

나는 단지 살기 위해 평생 성노동을 한 친구들을 떠올렸다. 언론에서 떠들어대는 자기보다 예순 살 많은 남자와 결혼한 여자 배우와 '트로피 와이프'라는 단어도 생각났다. 그러다가 부친이나 남편의 서명 없이는 은행계좌를 개설할 수 없었던 할머니를 떠올렸다. 할머니는 30대가 되어서야 비로소 은행계좌를 열 수 있었다. 수십 년 동안 여성들은 법적 권리를 얻기 위해 남성과 결혼해야만 했다. 가부장적 자본주의 체제에서 여성과 남성 그리고 돈의 관계는 항상 문제가 되어왔다. 드루는 자기 집의 모기지 대출을 갚았다. 그리고 나는 그가 나를 좋아했기 때문에 거기서 공짜로 살았다. 그렇다면 나는 슈거 베이비*였던 걸까? 내가 이런 생각을 하는 게 친구들이 겪은 진짜 성노동에 대해 심각한 모욕이 되는 걸까? 남들이 어떻게 생각하든, 그게 정말 중요할까?

"내가 가장 좋아하는 사람들 중에도 성노동자가 있는걸." 나는 아빠의 말에 동의했다. "아빠 말이 맞는 것 같아. 그 사람들은 자기들이 생각하고 싶은 대로 생각할 거야. 내가 왜 신경 써?"

"맞아. 사람들이 널 어떻게 보든 넌 기분이 이상할 거야. 다만 그 상태로 빈털터리가 되거나, 아니면 적어도 아파트로 이사할 돈은 생기거나 하는 거지. 어느 쪽이든 알려줘. 트럭 끌고 가서 이사 도와줄게."

나는 그날 늦게 드루의 친척에게 문자 메시지를 보냈다.

"이사하려면 3000달러가 필요해요. 보증금과 첫 달 월세예요."

내게는 큰돈인 그 금액을 그들이 받아들일지 확신할 수 없었다. 그런데 몇 분 후 답장이 왔다.

"알았어요."

2주 후, 나는 값비싼 28제곱미터짜리 아파트에 서서 매달 월세 1500달러와 생활비와 공과금으로 나갈 1200달러를 어떻게 벌어야 할지 고민에 빠졌다. 당분간 마땅히 할 일이 없는 상황에서 나는 내 인생에서 수입원이 될 가능성이 있는 한 가지에 눈을 돌렸다. 바로 터널비전이었다.

---

* Sugar Baby. 자신보다 나이가 훨씬 많은 상대와 친밀한 관계를 맺고 그 대가로 재정적, 물질적 지원을 받는 사람.

2년 전 터널비전을 시작한 이후 나는 일관된 속도로 운영하기 위해 많은 노력을 기울였다. 1년 정도 지났을 때 브릿은 다른 친구들과 새로운 사업을 하기 위해 떠났다. 즉 터널비전은 나 혼자 집에서 운영하는 개인 사업체가 되었고, 돈이 궁해 찾아온 친구가 가끔 잡무를 도와주는 것이 전부였다. 대부분 달에 4000달러 정도의 매출을 올렸고, 그 덕분에 아파트를 임대할 자격을 얻을 수 있었다. 하지만 배송비, 웹사이트 수수료, 우편물이나 프린터 잉크 같은 사무용품, 제품 원가 등을 계산하면 내 급여로 가져갈 게 없었고, 있더라도 대개 500달러 정도였다.

새 아파트에 이사한 다음 날, 노트북을 들고 소파에 앉아 터널비전을 실제로 돈을 벌 수 있는 사업으로 전환하기 위한 작업에 착수했다. 나는 생존에 필요한 월 2720달러를 어떻게 하면 벌 수 있을지 계산하기 위해 스프레드시트에 숫자를 입력했다. 그 당시 내가 가져가는 급여는 총 매출의 12.5퍼센트에 불과했다. 즉 2720달러를 꾸준히 가져가려면 매달 2만 2000달러 정도를 벌어야 한다는 의미였다. 실현 가능성이 거의 없어 보였다. 판매의 가장 확실한 원동력은 재고 가용성이다. 재고가 많을수록 더 많이 팔 수 있다. 그러나 전통적인 소매업과 달리, 터널비전의 재고는 내가 제품을 찾고 게시하는 데 걸리는 시간과 직접 연결되었다. 당시 터널비전 웹사이트에서는 두 가지 유형의 제품을 판매했다. 주문 제작되는 신상품과 빈티지 제품이었다.

주문제작되는 신상품의 판매 과정은 느리고 번거로웠다. 디자인마다 있는 샘플을 직접 사진으로 찍어 웹사이트에 게시했다. 고객은 우리의 표준 사이즈 차트에서 사이즈를 선택하거나 진정한 맞춤형 핏을 위해 직접 치수를 입력해서 원하는 제품을 주문했다. 선불로 돈을 결제하면, 나는 매주 그들의 주문을 시내에 있는 재봉사에게 가져갔다.

소피아라는 이름의 재봉사는 내 친구 가브리엘라의 어머니였는데, 그녀는 로스앤젤레스 시내에 있는 공장에서 수년 동안 착취당하면서 일했다. 로스앤젤레스는 미국 의류 생산의 중심지다. 4만 5000명의 의류업 노동자가 있으며, 그중 대다수가 라틴계나 아시아계 이민자다. 소피아도 라틴계 이민자로 노동법에 대해 잘 몰랐다. 수년 동안 그녀는 자신이 법적으로 규정된 최저임금보다 적게 받는다는 사실을 깨닫지도 못했다. 이는 드문 일이 아니었다. 로스앤젤레스의 의류 제조업은 인신매매와 노동법 위반이 만연하고, 유색인종 이민자들을 착취하는 경우가 많았다. 2016년 미국 노동부는 로스앤젤레스 의류 제조 시설의 85퍼센트에서 임금 위반 사실을 적발했다. 2021년 기준 로스앤젤레스의 최저임금은 시간당 15달러였다. 그러나 같은 해 도시 경계 내의 의류 노동자들은 시간당 평균 5.85달러를 받았고, 일부는 2.68달러를 받았다. 의류에 붙은 'Made in USA' 태그는 '로스앤젤레스 시내의 노동력 착취 현장에서 제작됨'을 의미하는 것이나 다름없었다.

가브리엘라가 고등학교에 입학할 무렵, 그녀는 의류 산업에서 일어나는 착취에 염증을 느끼고 있었다.

어느 날 가브리엘라는 "우리만의 의류 회사를 시작할 거야"라고 어머니에게 말했고, 연말까지 그 약속을 지켰다.

가브리엘라는 의류 회사를 창업해서 어머니를 로스앤젤레스 내의 착취적인 공장에서 벗어나도록 도왔을 뿐만 아니라 다른 지역 디자이너들에게도 어머니가 옷을 재봉할 수 있다는 사실을 알렸다. 나는 그 기회를 통해 소피아로부터 완제품을 구매하게 되었는데, 소피아는 주문에 따라 바느질하고 시간당 20달러가 훨씬 넘는 공정한 노동의 대가를 스스로 책정했다. 몇 달 안에 소피아는 공장에서 하던 일을 완전히 그만둘 수 있었다. 몇 년 후에 가브리엘라는 자신의 사업을 위해 재봉해 줄 이모와 가족의 친구들을 고용할 수 있었다.

소피아는 고도로 숙련된 패턴 제작자이자 재봉사였고, 그녀의 작업은 기다릴 만한 가치가 있었다. 주문제작 시스템의 이점은 두 가지였다. 우선 회사가 먼저 판매대금을 받은 다음 의류제작 비용을 지급하는데, 초반에는 의류 샘플과 패턴 제작에 드는 비용만 내면 되기에 현금 흐름에 도움이 되었다. 또한 고객이 원하는 경우 맞춤형 치수를 입력할 수 있어서 올바른 핏을 보장할 수 있었다.

주문제작 방식의 단점은 타이밍이었다. 당시 작업량에 따라 주문 후 제작까지 2주에서 4개월까지 걸렸다. 특정 배송 날짜를 보장하는 것이 어려웠고, 이전에 우리 회사에서 주문한 적이 없는 고객의 경우에는 결제한 제품이 실제로 배송될 거라는 확신을 유지하기가 힘들었다. 그러다가 고객이 은행에 사기 청구를 제기하면, 은행은 항상 고객 편을 들었기 때문에 계좌 잔액이 예상보다 훨씬 낮은 경우가 종종 있었다. 때때로 사기 청구를 제기한 고객의 제품이 불과 며칠 후에 완성되곤 했는데, 그러면 맞춤형 치수로 제작하고도 대금을 받지 못하는 상황이 발생했다. 아마존이 24시간 배송을 자랑하는 세상에서 복잡하고 까다로운 시스템이 아닐 수 없었다. 제품 도착을 기다리다가 지친 고객이 보낸 항의 이메일을 처리하다가 혼이 나간 게 한두 번이 아니었다.

빈티지 의류의 경우, 원자재는 여전히 래그 하우스에서 구해왔다. 빈티지 의류의 가장 큰 문제는 한 아이템을 판매하기 위해 너무 많은 시간과 에너지를 쏟아야 한다는 점이다. 공장에서 만든 제품이라면 사진을 한 번 찍어서 100벌을 팔 수도 있다. 하지만 빈티지 제품은 100개를 판매하려면 100개의 다른 사진 세트를 준비해야 한다. 소싱, 수선, 사진 촬영, 편집, 목록 작성, 포장, 배송 등 빈티지 의류를 판매할 때 드는 인건비는 천문학적이었으며, 각 제품에 들어가는 시간도 어마어마했다. 로스앤젤레스에서 한 달에 2720달러를 벌려면 세전으로 시간당 22달러 정도의 급여를 받아야 한다. 래그 하우스에서 조달한 실제 물품의 가격은 천차만별이었지만, 평균적으로 개당 12달러 정도였다. 웹사이트 유지 관리, 배송 라벨 및 포장 용품 구입, 광고 및 홍보 이메일과 소셜 미디어 게시물 작성, 프린터 잉크 구입 등 계산하기 까다로운 월 간접비용을 빼더라도 빈티지 제품의 최소 가격은 34.34달러는 돼야 했다. 나는 의류 가격을 35달러 미만으로 책정하지 않겠다고 마음속으로 다짐했지만, 가끔 고객들에게 가격의 합당함을 설명하는 데 어려움을 겪었다.

그나마 제품을 보관하기 위한 창고 비용을 추가로 낼 필요가 없는 점은 다행이었다. 대신에 나는 옷을 촘촘하게 말아서 아파트의 작은 옷장에 끼워 넣었고, 튀어나온 옷들을 태피스트리로 덮어 지저분함을 감췄다. 배송 물품은 오븐에 보관하고, 냉장고 뒤에 접이식 테이블을 보관했다가 주문받은 상품을 포장할 때 꺼내어 사용했다.

사업을 하는 것은 비용이 많이 들었다. 그래도 어쩔 수 없는 일이었다. 그나마 내가 빨리 깨달은 건 시간이 곧 돈이라는 사실이었다. 작업 속도가 빨라질수록 웹사이트에 더 많은 품목을 게시할 수 있고, 이는 곧 더 많은 품목을 판매할 수 있으니, 청구서를 지불하는 것도 더 쉬워진다는 뜻이었다. 간접비를 제대로 할당할 수 없어서 판매 제품 중 중량이 더 나가는 의류의 가격에 이를 반영했다. 단순한 셔츠 한 벌은 35달러 이상으로 팔 수 없지만, 재킷이나 바지는 60달러에 팔 수 있으니, 그러면 차액을 메울 수 있을 것 같았다.

터널비전에서 풀타임으로 일한 첫 달에 매출이 월 4000에서 1만 1000달러로 증가했다. 급여로 2720달러를 챙겼지만 투자 시간이 너무 길었다. 주당 80~100시간 일했으니 실질임금이 시간당 8.50달러라는 얘기였다. 이는 로스앤젤레스 최저임금보다 훨씬 적었다. 시간이 지날수록 고된 업무를 감당하기가 힘들어졌다. 수 킬로그램의 옷을 들고 래그 하우스와 사진관, 아파트를 오가다 보니 지치고 몸도 아팠다. 그래도 다행인 건 내 일을 돕겠다고 나서는 친구들이 많다는 것이었다. 그러나 안타깝게도 인력 채용은 거의 바로 사업에 재정적 불안정을 가져왔다.

나를 도와줄 사람을 고용할 때 나는 "아, 그래. 어떻게 하면 이익을 내기 위해 다른 사람의 노동력을 착취할 수 있을까?"라는 생각으로 하지 않는다. 제프 베조스나 일론 머스크라면 모르겠지만 적어도 나는 그렇지 않았다. 대개는 친구들이 집세를 내는 데 도움을 주고 싶어서 고용했다. 소규모 사업을 운영하게 되면 알던 사람들이 갑자기 일자리를 구하러 찾아오기도 한다. 나는 빠듯하긴 해도 매달 1000달러 정도는 별도로

빼두었다가 여기저기서 도움을 요청하는 친구들에게 줄 수 있겠다고 계산했다. 처음에는 그런 식으로 운영했다. 돈이 조금 궁해서 찾아온 친구들에게 나는 수백 달러를 주고 상품 배송을 맡겼다. 그들은 내가 그들의 시간을 산 것만큼 돈을 벌었다. 어쩌면 조금 더 벌었거나. 내 재정 상태는 유지하기 쉬웠고, 여기저기서 생기는 약간의 여윳돈은 주변 사람들을 돕는 데 사용했다.

그런데 사업이 커지면서 점점 더 많은 사람이 나를 찾아와 그들의 절박한 재정 상황을 하소연하며 내게 *어떤 일이*든 줄 수 있는지 물어왔다. 내 본능은 어떤 방식으로든 공동체를 도우려 했기 때문에, 나는 사업하는 지인을 만나 더 많은 친구를 고용할 수 있도록 내 브랜드를 성장시키는 방법에 대해 조언을 구했다. 그녀는 신용카드의 한도를 최대한 활용하라고 진지하게 조언했다.

"돈을 벌려면 돈을 써야 해." 그녀는 내가 모르는 사실을 안다는 듯 고개를 끄덕였다.

아주 그럴듯하게 들렸다. 마치 부자들이 참나무 패널로 둘러싸인 방에서 시가를 피우면서, 서로의 등을 두드리며 주식 포트폴리오에 관해 웃고 떠드는 말 같았다. 일자리를 찾는 데 어려움을 겪는 내 소중한 사람들을 도울 수 있을 정도로 사업을 성장시키려면 넉넉히 돈을 투자해야 했다. 하지만 그 이후 3년여의 기간은 내가 '파멸의 시기: 1부와 2부'라고 부르는 시간이 되어버렸다.

파멸의 시기 1부:
'마켓플레이스' 아이디어

친구들에게 일을 주기 시작하면서 나는 그들이 주인의식과 자율성을 가지고 자신의 역할을 해내는 시스템을 만드는 데 집착하게 되었다. 나는 노동자들이 생산 수단을 소유하기를 원했지만, 자본주의 체제에서 어떻게 그렇게 할 수 있을지를 몰랐다. 가장 먼저 떠올린 아이디어는 협동조합형 마켓플레이스였다. 나를 포함한 각 조합원이 사진 촬영, 배송 주문, 소셜 미디어 게시 등 사업을 위해 특정 시간 동안 일하고, 그 대가로 웹사이트에서 일정 수의 제품(보통 각자가 직접 조달한 빈티지 의류나 집에 있는 작은 가정용 재봉틀로 만든 의류 또는 직접 제작한 액세서리)을 판매할 수 있는 시스템이었다. 모두가 판매에 대한 수수료를 100퍼센트 받았고, 주문제작 제품의 판매 수익으로만 회사의 간접비를 충당했다.

이론상으로는 훌륭했다. 하지만 이론적으로 공정해 보이던 것이 실제로는 공정하지 않다는 것을 깨닫기 시작했다. 대신 내가 그토록 혐오하던 자본주의적 허슬 문화*를 다시 만들어낸 것 같은 기분이 들곤 했다. 이제 터널비전에서 일하는 모든 사람이 작은 의류 사업장의 주인이었으며, 그에 따른 스트레스도 커졌다. 이제 노동자들은 안락하게 생활할 돈을 벌기 위해 스스로 예산과 소싱 시간을 관리하고, 소비자 동향에 대한 최신 정보도 파악해야 했다. 당연히 모두가 잘할 수는 없었다. 누군

---

* Hustle Culture. 개인 생활보다 업무를 중시하고, 열정적으로 일하는 것을 높이 평가하는 문화.

가는 트렌드 사이클을 잘 파악하지 못해 다른 사람만큼 열심히 일했는데도 수입이 적었다. 좌절감은 커졌고, 이내 나는 모든 사람이 자기 사업을 운영하고 싶어 하는 건 아니란 사실을 깨달았다. 그저 주는 월급만 받고 싶어 하는 사람도 있었다. 나는 자본주의를 꺾으려다가 우연히 초자본주의 비슷한 것을 만들어내고 말았다. 나는 더 공정한 시스템을 만들기 위해 원점으로 돌아갔고, 이것이 우리를 '파멸의 시기 2부'로 이끌었다.

파멸의 시기 2부:
각자의 능력과 필요에 따라

두 번째로 시도한 것은 직원 급여 시스템이었다. 다만 정확도가 떨어졌다. 직원 급여 시스템은 모든 사람이 생존하는 데 필요한 것과 직원들이 직장에서 자산으로 기여했다고 생각하는 것을 기반으로 했다. 우리는 직원들의 수입과 예산, 지출에 대해 허심탄회하게 대화를 나누고, 각자의 필요에 따라 공평하게 급여를 지급하는 시스템을 마련하려고 노력했다. 예를 들어 학자금 대출이 있는 사람에게는 약간 더 높은 급여가 필요하고, 가족 안전망이 부족하면 임금도 높아져야 했다. 그러나 금세 혼란이 찾아왔다. 고소득층 사람들은 저소득층 사람들에 비해 '생활 가능한 임금'에 대한 기대치가 더 높았다. 자신의 '필요'에 관한 생각이 저마다 달랐던 것이다.

공유된 문화적, 사회적 가치 체계의 표준화된 힘이 없다면 우리의 작은 직장에서 '필요'와 '능력'에 대한 아이디어를 구현하는 것은 사실상 불가능했다. 갑자기 공과금 납부가 늦어지고 사업 운영이 어려워졌다. 일부 직원들은 회사에 직접적으로 돈을 가져다주지 않는 일(알파벳순 정렬이나 무의미한 접기)을 하면서 하루를 보냈는데, 그러한 일이 회사 수익에 도움이 되지 않는다는 사실을 깨닫지 못했다. 이 무렵 회사의 연간 총 매출은 평균 20~25만 달러였는데 이 정도로는 여러 사람을 부양하기 힘들었다. 우리의 수입은 시간당 20달러 이하로 떨어졌고, 결과적으로 모두에게 막대한 재정적 부담을 안겨주었다.

나는 다른 직원들이 생존에 필요한 급여를 받을 수 있도록 몇 달 동안 개인 청구서를 신용카드로 결제하기 시작했다. 임금 차이는 시간당 30센트 정도로, 엄밀히 말하면 무시할 수 있는 정도였다. 그러나 소득 차이로 인해 서로 경쟁하는 것 같았고, 사기는 곤두박질쳤다. 나도 생활비가 부족할 때가 많았다. 두 번째 시스템은 첫 번째보다 더 나빴고, 결국 다시 원점으로 돌아가 어떻게 하면 사업을 공정하게 운영할 수 있을지 다시 고민했다.

6개월 후, 1500달러짜리 작은 아파트의 임대계약이 만료되었다. 나는 이글록에 위치한 룸메이트가 많고 임대료가 저렴한 침실 세 개짜리 집으로 이사했다. 새 남자친구인 크리스와 방을 나눠 썼고, 월세를 반씩 부담하기로 하고 350달러를 냈다. 터널비전은 차고에 상점을 열었다. 덕분에 갑자기 예산에 여유가 생기면서 더 이상 생계를 유지하기 위해 신용카드에 의존하지 않아도 되었다. 하지만 여전히 나는 스스로 판 재정적 구렁텅이에서 빠져나오기 위해 안간힘을 썼다.

알고 보니 비용을 줄일 시기를 잘 선택한 것 같았다. 2017년 첫 6개월은 사업적으로 재앙에 가까웠다. 매출이 30퍼센트 감소하면서 가뜩이나 빠듯한 현금 흐름에 막대한 타격을 입혔다. 6월까지 회사의 매출은 월 1만 2000달러에 불과했다. 그럼에도 여러 명의 직원을 떠안고 가야 하는 상황이었다. 개인 소득은 평균적으로 한 달에 1500달러, 연간으로는 1만 9000달러가 조금 넘었다. 고금리 빚을 갚기 위해 다시 개인 대출을 받았지만, 최소 월 할부금을 내는 것도 버거웠다. 점점 뒷마당에서 눈물을 훔치는 날이 많아졌다. 나는 사업을 하고 싶지도, 다른 사람의 수입을 책임지고 싶지도 않았다. 그저 내 생활비를 벌 만한 괜찮은 직장을 원했고, 내 친구들이 다 잘 살기를 바랐을 뿐이었다. 대체 좋은 일자리는 다 어디로 간 걸까? 나는 온라인 구직 광고를 샅샅이 뒤져 최저임금 자리에 지원했지만 몇 달 동안 계속 무시만 당했다. 불경기에 졸업하면서 내 경력의 궤도는 산업 현장에서 너무 멀리 떨어져 나가, 모든 직업 시장에서 과잉과 과소 자격을 동시에 갖추고 말았다.

"다른 직업을 얻으면 터널비전은 어떻게 되는 거야?" 어느 날 같이 일하는 친구가 조용히 물었다.

"무슨 뜻이야?" 나는 물었다.

"우리는 어떻게 해? 네가 없으면 회사도 굴러갈 수 없잖아." 그녀가 지적했다. "우리는 네가 하는 일을 어떻게 하는지도 몰라. 솔직히 말해서 배울 수도 없어. 그럼 우리 다 일자리를 잃게 되는 건가?"

그때 드루의 치명적인 실수를 내가 재현하고 있다는 것을 깨달았다. 비행기 사고가 일어났을 때는 다른 사람들을 돕기 전에 내가 먼저 마스크를 써야 하는 사실을 간과했던 것이다. 문제는 내가 조종사란 사실이었다. 비행기는 추락하는 중이고 우리는 모두 불길에 휩싸여 죽고 말 운명에 처했다. 나는 생존에 대한 냉엄한 진실을 이해하게 되었다. 즉 운영 방식을 가혹하게 변경하지 않는 한 내년에는 누군가의 청구서를 지불할 사업이 존재하지 않으리라는 사실이었다. 나는 3년 전에 드루에게 말했던 바로 그 일을 해야겠다고 결심했다. 사업을 살리기 위해 비용을 절감해야 했다. 나는 터널비전 본사가 있는 차고로 들어가서 두 사람을 제외하고 모두 해고했다. 그리고 나머지 두 직원에 대해서는 업무상 고삐를 바짝 조였다. 직원 한 명은 갑작스러운 방향 전환을 감당하기 벅차했다. 결국 몇 달 후 그녀는 회사를 그만두었다.

2017년 여름 말, 파멸의 시기가 끝나갈 무렵, 내게는 개인 빚 6만 3012달러 50센트, 사업 부채 2만 9986달러 8센트, 초과 인출된 당좌예금계좌, 그리고 직원 한 명이 남아 있었다. 과연 내가 연말까지 버텨낼 수 있을까. 장담할 수 없었다.

무조건 행복해지기

모든 것이 끔찍하고 실패할 것처럼 보이는 세상에서 어떻게 행복할 수 있을까? 항상 행복할 수 있는 완벽한 방법을 찾지는 못했지만, 나름대로 알아낸 방법이 있다.

   1. 조건을 바꾸지 마라. 우리는 너무 자주 언제, 어떤 때에 행복할 거라고 여기는 경우가 많다. 인생에서 큰 변화가 일어나기를 기다리기보다는, 지금 자신이 있는 곳에 감사하는 마음을 가져보자. 10년 전에는 꿈꾸기만 했었는데 지금 당신의 삶에 존재하는 게 있는가? 어쩌면 그건 나만의 방이나 반려동물 같은 사소한 것일 수도 있다. 어떤 경우라도 현재의 나는 과거의 내가 꾸었던 꿈의 일부라도 누리며 살고 있다. 이 점 염두에 둬라. 시간을 갖고 그것을 음미해 봐라.

   2. 당신이 통제할 수 있는 것에 집중해라. 우리 삶의 많은 부분이 우리의 통제를 벗어나서 상사, 집주인, 정치인, CEO의 통제를 받는다. 집 벽

을 어떤 색으로 칠할지, 어떤 옷을 입을지, 어떤 음악을 들을지, 어떤 책을 읽을지와 같은 일상생활에서 어느 정도 영향력을 행사할 수 있는 것들을 생각해 보자. 이런 기회를 소중히 여기고 활용해 삶을 가꾸면, 상대적으로 작아 보이는 기쁨도 크게 키울 수 있다.

3. 늘 꿈꿔야 한다. 때로는 인생이 투쟁과 고난의 끝없는 굴레처럼 느껴지기도 한다. 하지만 우리에게는 무수히 많은 삶의 방식이 있다. 특히 요즘 같은 시대에는 더욱 그렇다. 이 사실을 아는 것이 중요하다. 원한다면 인생에서 어떤 것들을 바꿀 수 있을지 상상해 봐라. 다른 지역으로 이사할 수도 있고, 이름을 바꿀 수도 있다. 밴드를 시작할 수도 있다. 어떤 상황이든 다양한 가능성이 있는 미래를 상상하면 모든 게 나쁘지만은 않다고 여기는 데 도움이 된다. 당신은 언제나 내일은 조금 다른 삶을 살기로 선택할 수 있다.

4. 반항하는 희열을 느껴보자. 온갖 허튼소리가 들려도 당신은 무조건 행복하자. 주변 세상이 아무리 그렇지 않다고 설득해도 당신은 행복할 자격이 있다는 것을 기억해라.

경제 공부만이 살 길이다!

I Survived
Capitalism
and All
I Got Was
This Lousy
T-Shirt

　회사에 남은 직원은 UCLA를 중퇴하고 스트리퍼로 변신한 카밀라였다. 그녀는 패션에 관한 관심을 생계를 유지하는 소박한 직업으로 만들고 싶어 했다. 둘이서 오롯이 터널비전을 운영할 수 있게 되자 나의 패닉 상태도 차츰 가라앉기 시작했다. 청구서는 다시 제때 납부하게 되었다. 과거보다 수입은 줄어들고 여전히 산더미 같은 빚에 허덕였지만, 사업을 시작하고 몇 년 만에 처음으로 낙관적인 전망이란 게 보였다. 우리는 로스앤젤레스의 혹독한 여름 무더위를 피해 차고지에서 나와 에어컨이 나오는 집 안으로 이사했다. 터널비전의 수익이 방 임대료를 감당할 수준은 되었다. 회사는 어떤 험난한 상황을 겪게 될 때 낄 산소마스크를 확보한 상태였고, 이제는 나와 카밀라의 산소마스크를 확보할 차례였다.

　곧 나는 터널비전의 급여 지급 방식에 새로운 규칙을 도입했다. 나를 포함한 모든 직원이 같은 일당을 받기로 한 것이다. 나는 주 5일 일했고 카밀라는 주 4일 일했기 때문에 월급 자체는 내가 더 많았다. 그러나 업무 시간에 대한 요율은 정확히 같았다. 기존의 비즈니스 책이었다면 이 순간을 마치 회사 직원들이 나와 같은 금액을 받아야 하는 이유를 갑자기 깨달은 것처럼 묘사하며, '아하!'라고 표현했을 것이다. 그러나 진실은 훨씬 더 평범하다. 회계 관리가 훨씬 쉽고, 특히 '파멸의 시기'를 거치며 자금 관리의 혼란을 겪은 끝에 이 방법이 가장 공정하다고 느꼈기 때문이다.

하지만 지금, 우리 회사 직원이 모두 같은 급여를 받는다고 말하면 사람들은 실제보다 더 의식적인 것이라고 생각한다.

"힘들게 살았군요. 다른 사람들은 당신처럼 힘들어하지 않기를 바라는 마음인가 봐요." 한 남자는 이렇게 말했다.

"당신은 자신뿐만 아니라 사회 공동체도 생각하면서 자랐군요. '나'가 아닌 '우리'의 관점에서 보기로 한 건가 봐요" 한 여자는 이렇게 말했다.

"너무 많은 사람을 실망시킨 정부에 화가 났구나. 노력하면 사람들을 돌보는 것이 어렵지 않다는 걸 증명하고 싶은 거지?" 친구의 친구는 이렇게 말했다.

하지만 이 추측들이 사실이 되려면, 노동 착취를 당연한 것으로 여기고 다른 모든 것을 자선적인 선물로 간주해야 한다. 카밀라에게 나와 같은 임금을 주는 건 관대한 행위가 아니었다. 그녀는 나만큼 열심히 일했고, 그녀 없이는 회사가 돌아갈 수 없었다. 그러니 그것이 공정했다.

하지만 카밀라와 나는 돈을 많이 벌지 못했고, 여전히 근근이 살았다.

"돈이 어떻게 작동하는지 더 배워야겠어." 어느 날 주문 제품을 포장하는 테이블에 서서 카밀라에게 말했다. "사람들이 항상 '금융 리터러시 Financial literacy'라고 말하는데 대체 그게 무슨 뜻이지? 그냥 돈이 더 필요하다는 것 같은데. 그런데 돈을 벌었다가 재정적 결정을 잘못 내려서 모든 걸 망쳐버린 사람들 이야기를 들으면, 단순히 돈만 많이 번다고 되는 게 아니잖아?"

고향에 사는 아만다가 떠올랐다. 그녀는 약물 중독에 걸린 미혼모 밑에서 자랐다. 환경이 그렇다 보니 두 사람은 나머지 가족들과 자연스레 관계가 소원해졌다.

그러던 어느 날, 갑자기 변호사가 아만다에게 연락을 해왔다. 당시 아만다는 스무 살 정도였다. 멀어졌던 아만다의 이모가 사망하면서 그녀에게 3만 달러를 남겼다는 것이다. 프레즈노 출신의 가난한 젊은이에게 3만 달러는 인생을 바꿀 수 있는 큰돈이었다. 아만다는 그 돈을 가지고 무엇을 할지 큰 꿈에 부풀었다.

그녀는 창업하기로 했다. 항상 꿈꾸던 일이었다. 하지만 결국 1년 동안 파티만 하다가 그 돈을 몽땅 날려버리고 말았다. 끔찍한 결과였다. 그녀는 일생에 한 번뿐인 기회를 망친 것 같아 부끄러워했다. 사만다는 돈이 생겼을 때 너무 혼란스럽고 압도되었다. 그렇게 은행계좌에 든 돈이 야금야금 빠져나가 결국 아무것도 남지 않게 된 것이다. 그러다가 몇 년 후 다른 변호사가 또 연락을 해왔다. 또 다른 멀어졌던 가족 한 명이 사망하면서 아만다에게 전과 거의 같은 금액의 돈을 남겼다는 것이다. 그녀는 *다시 한번 기회*를 얻었다. 그래서 어떻게 했을까? 똑같았다. 돈은 은행계좌에 들어왔다가 야금야금 빠져나가서 전부 사라졌다. 그 돈은 그녀의 삶을 바꾸지 못했다. 단지 약간의 자금 지원을 했을 뿐이다. 그런데 가난한 사람은 사만다와 같은 결과를 맞이하기 쉽다. 애초에 생활비를 충당할 만큼 충분한 수입이 없기 때문이다.

"당연히 돈은 많이 벌어야 해." 내가 카밀라에게 말했다. "하지만 돈이 어떻게 작동하는지도 알아야 해. 그래야 돈을 더 많이 벌면 그 돈을 어떻게 할지 알 수 있지."

"돈이 어떻게 작동하는지 누가 알아?" 카밀라가 물었다.

나는 잠시 생각했다. "돈 많은 보수 노인들." 나는 단호하게 말했다. "그 노인들은 항상 금융 리터러시를 얘기하잖아. 돈에 대해 가르쳐줄 부유한 공화당원 노인을 찾자."

"몇 명은 찾을 수 있을 것 같은데." 그녀가 웃으며 말했다. 카밀라는 여전히 밤에 스트립 클럽에서 일했다. 그곳은 예쁜 여자에게 돈을 쓰려는 부자들로 늘 넘쳐났다.

"아니, 그 사람들 말고. 대화할 필요가 없는 사람들 말이야. 오디오북이나 팟캐스트 같은 걸 찾자."

나는 주문받은 상품을 모두 포장한 다음, 컴퓨터 앞에 앉아 웹 브라우저 탭을 열었다. 익숙한 구글 로고가 컴퓨터 화면을 뚫고 나를 빤히 바라보았다. 그런데 뭘 검색해야 하지?

나는 검색 엔진에 '돈은 어떻게 작동하는가'라고 입력했다. 엔터를 쳤고, 그것으로 카밀라와 나의 금융 리터러시 세계의 5년 여정이 시작되었다.

금융 리터러시는 세 가지 생각의 기둥으로 구분되는 것 같았다. 나는 그것을 각각 '소비자 미니멀리즘Consumer Minimalism', '노동계급 현실주의 Working-Class Realism', '착취적 기업가 정신Exploitative Entrepreneurship'이라고 이름 붙였다. 각기 저마다 고유한 가치 체계와 도덕규범을 바탕으로 자본주의에서 살아남기 위한 서로 다른 접근 방식을 주장했다.

소비자
미니멀리즘

내가 첫 번째로 접한 금융 리터러시는 소비자 미니멀리즘이라고 부르는 이데올로기로, 적어도 언뜻 보기에는 사람, 지구, 지속 가능성에 높은 가치를 두는 것처럼 보였다.

"뭔가 찾았어." 나는 컴퓨터에서 검색 결과를 스크롤한 후 카밀라에게 말했다.

나는 오디오북 하나를 선택해 재생을 눌렀다.

벨벳처럼 부드러운 여자 목소리가 스피커를 통해 흘러나오며 우리와 돈의 관계는 물론이고 지역사회와 지구와의 관계를 변화시키겠다고 약속했다. 우리는 서로를 바라보며 고개를 끄덕였다. 바로 우리가 찾던 이야기였다.

소비를 줄일수록 개인 재정뿐만 아니라 지구에도 더 좋다는 메시지인 것 같았다. 미니멀리즘을 추구하는 소비자^{Consumer Minimalist*}들은 무분별한 지출을 지양하고 펜처럼 단순한 물건도 천연자원을 이용해 만든다는 점을 사람들에게 상기시키려고 노력했다. 무분별한 소비는 지구에 좋지 않으며, 끊임없는 구매 욕구를 충족시키기 위해 사람들 스스로가 끝없는 일과 비참함의 순환에 가두는 것이라고 주장했다. 월급을 받을 때마다 다 쓰고 다시 시작하지 말고, 지출을 최소화하고 수입을 최대화하는 데 집중한 다음, 가능한 한 많은 돈을 은퇴계좌에 투자하는 데 집중하라고 말했다. 지출을 줄일수록 더 많이 투자할 수 있고, 더 많이 투자할수록 더 빨리 은퇴해서 직장에서의 무한 경쟁에서 벗어날 수 있다는 것이다.

미니멀리즘 소비자는 은퇴란 인생 전부를 이미 지나쳐 버린 65세에 하는 것이 아니라고, 은퇴는 재정적으로 준비가 되면 언제든지 할 수 있는 것이라고 주장한다. 특히 지출이 상대적으로 적고 전통적인 일과 돈의 관계에서 벗어나는 순간 건강과 삶의 질이 급격히 향상된다면 더욱 그럴 수 있다. 나는 나 같은 사람에게도 은퇴라는 선택지가 있다는 사실을 알지 못했다. 으레 죽을 때까지 일해야 하는 줄 알았고, 이 허무주의적인 음울한 정서는 미니멀리즘 소비 방식을 공부하는 내내 머릿속을 맴돌았다.

《돈이냐 인생이냐》라는 책에서는 "우리는 생계를 꾸려나가고 있는 게 아니다. 우리는 죽어가고 있다"라고 주장한다.

---

* 문맥에 따라 Consumer Minimalism은 소비자 미니멀리즘으로 Consumer Minimalist는 미니멀리즘 소비자로 번역했다.

틀린 말은 아니다. 미국인의 77퍼센트가 스트레스로 인해 신체적 건강에 악영향을 받는다. 또한 미국인 중 거의 절반이 스트레스 때문에 불면증에 시달린다. 나도 그런 사람 중 하나였기에 잘 안다. 발작 속에 깨어나서 숨을 헐떡이며 통장 잔액을 확인하려고 휴대폰을 집어 들던 밤을 떠올렸다. 우리는 모두 *죽어가고 있었다.*

그 후 며칠 동안 카밀라와 나는 일하는 내내 미니멀리즘 소비자에 관한 오디오북과 미디어를 틀어놓았다. 개인 재정에 대한 엄격한 규제와 자본주의가 부추기는 과소비가 세상에 끼치는 폐해에 대한 예리한 인식을 통해 가능성 있는 더 나은 삶의 모습을 그리는 것은 매우 흥미로웠다.

한 여성은 주 40시간 업무가 힘들지 않아서, 차 수리하는 데 굳이 돈을 주고 맡기지 않고 자신이 직접 차를 수리하는 기술을 배울 수 있는 세상을 상상했다. 자신이 좋아하는 일을 하고 자신을 돌보는 방법을 배우는 것이 직업이 될 수 있다고도 주장했다. 그리고 서로 다른 기술을 가진 이웃들이 서로 도와가며 살아가는 공동체의 모습을 꿈꿨다. 이 모든 것의 비결은 간단하다고 그녀는 말했다. 세심하게 예산을 책정하고, 지출을 최대한 줄이고, 은퇴 저축을 우선시하는 것이다. 돈으로 행복을 조금은 살 수 있다는 것에 그녀도 동의했다. 하지만 내면을 들여다보고 진지한 자기 성찰을 통해 돈을 주고 산 물건이 *실제로* 우리의 전반적인 행복에 어떤 기여를 했는지 생각해 볼 필요가 있다고 덧붙였다.

어떤 책에서는 아이스크림을 사는 데 6달러를 썼다면, 그 6달러를 벌기 위해 출퇴근 시간과 출근 준비 등을 포함해 몇 시간을 일한 건지 질문을 던졌다. 아이스크림을 먹는 것에 그만한 삶의 가치가 있었나? 중고 가게에서 아이스크림 제조기를 사서 친구들에게 아이스크림을 만들어 주는 여유 있는 인생이라면 어떨까? 생디칼리즘Syndicalism과 독립적인 경영 평의회에 관한 펑크록 잡지를 읽던 10대 시절 이후 처음으로 가치, 소비, 노동에 대한 생각과 씨름하기 시작했다. 다른 사람을 위해 일하면서 인생을 낭비한다는 생각과, 영혼을 짓누르고 스트레스를 일으키는 일상에서 살아 있다는 느낌을 받기 위해 물건을 사는 행위의 끌림이 직관적으로 이해되었다. 나는 때때로 특별한 대접을 '받을 자격이 있는 것'과 무분별한 소비 사이의 균형을 찾는 방법을 잘 이해하지 못했다.

자본주의가 치러야 하는 천연자원에 대한 대가적 측면도 있다. 자본주의 시스템은 이익 증대를 위해 지속적인 확장에 의존한다. 그러나 유한한 세계에서 지속적인 확장은 자원이 끊임없이 재생되지 않는 한 거의 불가능하다. 석유나 석탄 같은 에너지원은 재생 불가능하며, 한 번 고갈되면 영원히 사라진다는 사실을 우리는 이미 알고 있다. 리튬 같은 자원도 점점 희소성이 높아지고 있다. 생태학적 관점에서 볼 때, 필수적이지 않은 새로운 상품은 소비하지 않는 것이 자본주의로 인해 어쩔 수 없이 일어나는 환경 파괴를 막는 유일한 방법일지 모른다. 그러나 자본주의 속에서 살아가면서 작은 편의나 즐거움을 부정하는 것은 이미 이 시스템에 의해 처벌받고 있는 사람들, 즉 저임금을 받으며 최선을 다해 살아가는 사람들에게 한 번 더 벌을 주는 것처럼 보였다.

나는 사업주였지만, 사업에서 추가 수익을 가져갈 정도로 벌지는 못했다. 나도 카밀라처럼 일한 만큼만 돈을 받았고, 우리 둘 다 힘들었다. 우리가 판매하는 제품 대부분이 중고품이었기 때문에 판매를 목적으로 무분별하게 새 제품을 생산하지는 않았다. 물론 새로운 것을 만들어내기도 했지만 수요에 맞춰 소량만 생산해서 낭비와 과잉 생산을 최소화했다. 미니멀리즘 소비자의 사고방식은 만족스러울 만큼 소비를 할 수 없는 임금으로 생활하면서 소비 기반 세계에서 즐거움을 얻는 방법을 고민하는 나와 카밀라 같은 사람에게 적절한 질문을 던져주었다. 그러나 그 해결책은 까다로웠다. 아홉 시에 출근해 다섯 시에 퇴근하는 무의미하고 고된 일에서 벗어나 공동체 환경에서 자기 기술을 활용해 같은 선택을 한 사람들을 도울 수 있도록 은퇴에 투자한다는 개념은 멋지게 들린다. 그러나 거기에는 미국 은퇴제도의 구조적 문제점이 고려되지 않았다.

미국의 은퇴 시스템은 주식시장을 활용하는 투자계좌인 IRA와 401(k)에 크게 의존한다. 주식이란 일반 사람들이 상장 기업의 소유권을 사고파는 거래다. 예를 들어 애플의 주식을 한 주 사면 당신은 애플의 아주 작은 부분을 소유하게 된 것이며, 원하면 이를 다른 사람에게 되팔 수 있다. 애플 주식의 가치는 회사의 미래 가능성을 기반으로 하는 투기적 가치다. 따라서 회사가 폐업하면 그 소유권은 의미가 없어진다. 그러나 회사가 계속 사업을 영위한다면 주식 가치는 오를 수 있다. 5달러 정도의 저렴한 가격에 주식을 사서 20년 동안 보유하면 33달러가 되는 식으로 가치가 훨씬 더 높아질 수 있다. 그 시점에 주식을 판다면 28달러의 이익을 얻게 되고, 그 과정에서 회사로부터 현금으로 지급되는 배당금도 받게 될 것이다. IRA와 401(k)는 은퇴자들이 시간이 지남에 따라 가치가 상승할 것으로 기대하며 다양한 주식을 모아둔 포트폴리오일 뿐이지만, 이를 통해 생활에 필요한 자금을 마련할 수 있다. 큰 틀에서 보면 은퇴 투자는 일반적으로 위험도가 매우 낮은 것으로 간주된다. 장기간에 걸쳐 S&P500지수(미국 증권거래소에 상장된 500대 기업의 실적을 추적하는 지수)는 연평균 10퍼센트씩 상승한다. 그렇지만 미국의 주식시장은 모든 주식 가치가 급격하게 하락하는 불황 시기가 있다.

전문가에 따르면, 가장 안전한 방법은 S&P500에 속하는 대기업의 주식을 조금씩 담은 뮤추얼 펀드에 투자하는 것이다. 그러나 이 기업들 역시 환경을 파괴하고 노동자들을 착취한다. 예를 들어 셰브론은 S&P500지수에서 열다섯 번째로 큰 회사지만, 1965년 이후 이산화탄소 배출량 기준으로 세계 2위의 오염물질 배출 기업이기도 하다. S&P500지수에서 222위 기업인 할리버튼은 최근 1050명 이상의 직원으로부터 1870만 달러의 임금을 불법적으로 원천징수한 사실이 밝혀졌다. 대부분의 주식 투자는 중고 시장에서 이루어진다. 즉 할리버튼에 직접 돈을 주는 게 아니라 나와 같은 다른 일반인에게 주식을 사고파는 것이기에 주식은 여전히 착취당한 노동자들의 노동에 기반하여 가치를 갖는다. 휴렛팩커드 HP(S&P500지수의 266위)는 2009년에 노동력 착취 사실이 적발되었다.

여기서 소비자 미니멀리즘 접근 방식에 모순이 나타난다. *나*는 환경에 해를 끼치는 일과 지루하고 고된 정규직 업무를 거부할 수 있다. 하지만 내가 보유한 주식의 회사가 환경에 해를 끼치고, 다른 사람이 그 회사에서 지루하고 고된 일을 계속하는 한 세상은 마찬가지라는 점이다. 소비자 미니멀리즘은 세상에 존재하는 더 윤리적인 방법을 제공하지 않았다. 대신 일반 사람들에게 이미 존재하는 불완전한 시스템에서 살아남기 위한 불완전한 해결책을 제시할 뿐이었다.

해결책을 찾아 일을 영원히 그만두는 삶을 생각하면 신나지만, 모든 사람이 이렇게 하는 것은 본질적으로 불가능하다. 어떤 면에서는 또 다른 형태의 개인주의나 도피주의일 뿐이었다. 흥미로웠지만 실망한 나는 내가 '노동계급 현실주의'라고 이름 붙인 금융 리터러시의 차세대 학파로 관심을 돌렸다.

노동계급
현실주의

소비자 미니멀리즘이 히피적인 환경주의를 대변했다면, 노동계급 현실주의는 그 반대였다. 확고하고 실용적이며 매우 보수적인 노동계급 현실주의는, 삶은 힘들고 문제가 있지만 규율을 잘 지키면 훌륭하진 않아도 괜찮게 살아갈 수 있다고 말한다. 엄격하고, 존엄성과 신중함에 대한 종교적 수사가 짙게 깔려 있었지만, 접근하기 쉽고 이해하기 쉬워 카밀라와 나는 금세 빠져들었다.

원래는 돈에 대해 가르쳐줄 부유한 공화당원을 찾으려 했는데, 노동계급 현실주의가 그 역할을 대신 해주었다. 책에 나온 이런 유형의 사고를 지지하는 사람들은 복음주의 기독교인으로, 나와는 전혀 다르게 가족과 하'나'님을 중시하는 매우 독실한 종교인들이었다. 또한 대체로 확고한 정치적 우파 지지자들로, 내가 더 원했던 사회 안전망과 정부지원

프로그램, 그리고 트랜스젠더를 위한 동성애자 전용 식료품점(또는 우익 TV 매체들이 시청자들을 흥분하게 만들기 위해 그날 그날 꾸며낸 모든 것들) 같은 것들을 비난했다. 그러나 나는 곧 내가 살아남으려고 애쓰는 자본주의 시스템을 만든 게 바로 그들 같은 사람들이란 걸 알아챘다. 그렇다면 아마도 그들이 이 시스템을 다루는 방법을 가르쳐줄 수 있으리라 생각했다. 자본주의가 살벌한 보드게임이라면, 보수적인 부유층 남성들은 게임의 규칙을 잘 아는 것처럼 보였다.

노동계급 현실주의 옹호자 중에서 가장 유명한 인물은 부채에 대한 접근 방식에서 두드러졌다. 그는 빚을 혐오하다시피 했고, 자기만의 엄격한 부채 제로 정책을 세우고, 그것을 가혹한 진실의 모습으로 보여주었다. 놀랍게도 그 가혹한 진실은 은행은 적이라는 생각을 바탕으로 전개되었다. 규제 완화를 좋아하고 우파적 가치관에 대기업을 선호할 것 같은 사업가의 전혀 뜻밖의 모습이었다. 그는 은행이 우리로부터 돈을 벌기 위해 존재하는 것이지 그 반대가 아니라는 점을 일반 청중에게 끊임없이 상기시켰다.

그의 말을 들으면서 내 삶에 대해 생각해 보았다. 가장 돈이 없던 시절, 거의 모든 돈이 빚을 갚는 데 쓰였다. 더 많은 돈을 갚을 여유가 없어서 월 최소 납부액만 냈고, 이자는 계속해서 빚을 불렸다. 최대한 자동차 수리나 의료비 같은 긴급 상황에만 신용카드를 사용하면서 내 빚에 대해 책임을 져야 한다고 생각했다. 하지만 궁금했다. 만약 빚이 전혀 없었다면 내 월 예산은 어떻게 됐을까?

일부 노동계급 현실주의 금융 자문가들은 금융 리터러시에 대해 잘 모르는 저소득층 지역과 유색인종 거주 지역에서 주로 발견되는 약탈적 수표 현금화 기관에 대해서도 비난했다. 가장 놀라웠던 점은, 사람들이 빚을 지는 이유에 대해 TV에 나오는 많은 우익 전문가들과는 달리 개인의 결점을 탓하기보다 사회 구조의 제도적 실패를 꼽았다는 것이다. 이 재정 자문가들은 "이 시스템은 당신이 만든 것이 아니라 어떤 부자가 만들었고, 이제 당신의 모든 것을 빼앗으려 하고 있습니다. 화를 내고, 그가 당신에게서 돈을 빼앗지 못하도록 싸우세요"라고 말했다.

노동계급 현실주의의 가장 위쪽 인물들이 자본주의 시스템 내에서 부자로서 자신의 역할에 맞춰 위선적으로 장단을 맞추는 동안(대부분 금융 리터러시 제국에 기업을 소유한 억만장자들이다), 돈에 대한 그들의 가르침은 실제로 비교적 상식적이고 명확하게 느껴졌다. 카밀라와 나는 사무실에서 상품을 포장하는 동안 오디오북과 시청자 전화 참여 프로그램을 틀어놓았다. 그것들은 은퇴 계획과 빠듯한 수입이지만 조금씩이라도 꾸준히 저축해서 건강한 은퇴 자금을 마련할 수 있는 방법에 대해 이야기했다.

연간 3만 달러를 버는 교사나 청소부 같은 사람들이 40년 동안 200달러씩 꾸준히 은퇴계좌에 투자해서 100만 달러가 넘는 순자산을 가지고 은퇴했다는 이야기가 나왔다. 조언자들은 성경을 인용하면서 남부 억양으로 물질주의와 소비주의를 비판했다. 그들은 생존을 위해 부업을 갖는 것에 부담을 느끼지 말라고 조언하며, 부자라도 과거에 재정적으로 무책임했던 사람은 피자 배달 아르바이트하는 것을 부끄러워하지 말라고 말했다. 소매를 걷어붙이고 궂은일을 하는 것을 너무 특별하다고 느끼지 않는 게 좋다고 주장했다. 그러면서 정신이나 신체적 장애 때문에 아주 적은 월급으로 하루하루 힘들게 살아가는 사람들에게 굉장히 깊은 동정심을 느꼈다.

대부분 보수적인 청취자들이 프로그램에 참여하는 것을 들으면서 과연 그들과 내가 재정적으로 얼마나 공통점이 있는지 생각해 보았다. 나는 윤리적으로나 도덕적으로나 그들이 싫어할 만한 것들은 다 하고 있었다. 남자친구와 혼외정사를 하고, 아이를 갖기는커녕 결혼제도를 불신하는 파란 머리 양성애자에 좌파, 무신론자였다(그들이 나를 좋아하지 않는다면 야간에 일하는 카밀라 역시 싫어할 게 뻔했다). 하지만 정치적, 사회적인 배경은 달라도 경제적인 현실은 같았다. 우리는 먹고살 수 있다면 기꺼이 열심히 일하는 평범한 사람들이었고, 아무리 노력해도 생존이 어려워 보이는 시스템에 모두 좌절감을 느꼈다. 우리에게는 자본주의의 규칙을 설명해 줄 사람이 필요했다.

하지만 노동계급 현실주의자와 미니멀리즘 소비자가 주장하는 조언의 핵심은 같았다. 바로 은퇴계좌에 투자하라는 것이다. 혹시 주식시장과 관계 없이 재정적 안정을 가질 수 있는 선택지가 있는지 궁금했다. 다행히도 다른 방법이 하나 있는 것 같았다. 그러나 불행히도 그것은 주식을 사는 것보다 훨씬 더 윤리적이지 않아 보였다. 바로 부동산 투기였다. 우리의 눈과 귀는 착취적 기업가 정신이라고 이름 붙인 세 번째 금융 전망으로 향했다.

착취적
기업가 정신

카밀라와 나는 시장에서 가장 인기 있는 금융 리터러시 서적을 읽고 투자에 관한 팟캐스트를 들으면서 세 번째 금융 학파로 여행을 시작했다. 이 학파의 조언자들은 '지능Intelligence'과 돈을 하나로 합쳐서 "어리석은 자만이 가난하다"는 식의 이야기를 자주 꺼냈다. 부자들은 주택, 아파트, 건물, 사업체 등 자기 것이 있다. 그걸 기반으로 다른 사람에게 대출금을 갚게 하거나 대신 일을 하게 만들어 돈을 번다. 착취적 기업가들의 일반적인 메시지는 다음과 같다. 가난한 사람들은 소유 계층이 될 만큼 똑똑하지 않기 때문에 가난하다는 것.

그것은 내 신념 체계와 완전히 반대였고, 자본주의에서 어떤 사람들은 이용당할 운명인데, 오직 '어리석은' 사람들만이 그런 위치에 있다고 당연히 여기는 게 위선적으로 보였다. 그러면 사회 구성원 모두가 자산을 소유하고 노동을 하지 않을 만큼 '충분히 똑똑하다'면 사회는 어떻게 작동할까? 이 주장은 개인의 예외주의를 우선시하고 상식을 훼손하는 지속 불가능한 해법이었다. 쉽게 말해, 모든 사람이 햄버거 가게를 소유하고 있지만 그 가게에서 일하기를 거부한다면 누가 햄버거를 뒤집겠는가?

착취적 기업가 정신대로라면 나는 카밀라의 급여를 최저임금으로 삭감하고 거기서 얻은 여윳돈으로 아파트 한 채를 사면 된다. 그런 다음, 각 임차인에게 청구하는 월 임대료를 건물의 주택담보대출 이자와 유지

비용보다 훨씬 많게 책정해서 내 건물의 대출금을 부담한다. 몇 년 후 그 아파트의 가치가 오르면 그 수익성을 바탕으로 새로운 대출을 받고 그 돈으로 더 큰 아파트를 매입하는 것이다. 한편, 카밀라에게 임금을 적게 지급하는 등의 방식으로 계속 수익을 늘리면, 결국 나는 일을 완전히 그만두고 내 사업에서 발생하는 수익만으로 살아갈 수 있다. 이 조언자들이 제시한 계획대로라면 10년 후에 나는 아파트 열 채를 소유할 수 있고, 원한다면 주당 1시간씩 일하면서 여섯 자릿수 연봉을 받을 수 있다.

착취적 기업가 정신을 주장하는 사람들의 이런 말을 듣고 있으려니 정신적으로 힘들었다. 그들이 기술적, 수학적으로 옳다는 것을 알았기 때문이다. 자본주의 시스템에서 부자는 가치가 높은 자산을 사고, 그 가치로 대출을 받은 다음, 그 돈으로 또 다른 가치가 높은 자산을 산다. 그리고 이 같은 일을 반복하는 식으로 부를 늘려간다. 가치가 상승하는 자산은 보통 노동자에게 최대한 적은 임금을 지급하여 수익을 창출하는 사업체나 임차인에게 최대한 많은 임대료를 부과해서 수익을 창출하는 건물이다. 이런 이론은 소름이 끼칠 정도로 냉정하고 잔인하게 느껴졌다. 착취적 기업가 정신은 평범한 사람들을 손익 계산서의 한 줄로 전락시켰다. 사무실 스피커에서 더 열심히 일하지 말고 더 똑똑하게 일하라는 목소리가 나오는 동안 나는 옆 테이블에서 주문 제품을 포장하는 카밀라를 흘끗 쳐다보곤 했다. 어떤 사업주가 카밀라 같은 사람의 눈을 똑바로 바라보며 당신은 그런 고통을 당해도 싸다고 말할 수 있을까?

몇 주 동안, 일하는 내내 금융 지식 전문가들이 자신들의 세계를 바라보는 관점에 대해 주장하는 말을 들으며 카밀라와 나는 우리에게 무엇이 진실이고 유용한지 나름대로 합의에 이르렀다. 우리가 결정한 것은 다음과 같았다.

1. 빚은 없는 게 좋다. (카밀라는 빚이 전혀 없었기 때문에 이 부분에서는 나보다 유리한 고지를 선점했다.)

2. 집을 사는 것이 현명한 것 같다. (그렇지 않으면 내가 거주하는 집을 '소득 창출의 자산'이라고 판단한 어떤 멍청한 집주인에게 힘들게 번 내 돈을 줘야 한다.)

3. 새 상품의 소비에 대해 신중하게 생각하는 건 나와 지구 모두에게 좋은 일이다. (카밀라와 나는 웬만한 건 중고 가게에서 쇼핑하니 둘 다 이 부분은 괜찮았다.)

4. 적은 수입으로도 노후를 위한 저축은 가능하고, 일을 할 수 없는 노년이 되면 저축해 준 과거의 나에게 고마워할 것이다.

5. 자본주의 체제에는 완벽하거나 진정으로 도덕적인 해결책은 없고 생존 기술만 있을 뿐이다. 하지만 우리는 생존을 위해 노력하면서도 타인에게 주는 피해를 최소화하는 데 최선을 다해야 한다.

6. 주식시장에 투자하는 것은 불완전하지만, S&P500에 속한 기업들은 도로와 전력망처럼 우리의 세금으로 만들어지는 공공 서비스를 이용하고 있으므로, 자본주의 시스템이 비록 서투르고 우아하지 않으며 결함 있는 방식으로 '매입'을 요구하기는 하나,

우리는 이러한 기업으로부터 어느 정도 가치를 돌려받을 자격
이 있다.

7. 노후에 식량이나 주거지 문제를 해결하기 위해선 우리 스스
로 결함이 있고 서투른 결정을 내리는 데 익숙해져야 한다.

8. 과거에 재정 상태를 추적하려고 어떤 시도를 했든 그걸로는
아마도 불충분했을 것이다. 적은 수입을 진정으로 극대화하려면
훨씬 더 세밀하고 절제된 자세가 필요하기 때문이다.

이런 내용들을 마음에 새기고 나를 위한 재정 계획 세우기에 착수했
다. 나는 컴퓨터에서 스프레드시트를 열고 그 안에 날짜(2017년 7월
21일)를 맨 위에 적고 부채를 기록했다(아래).

3년 동안 나는 매달 훨씬 더 많은 금액을 계좌로 보냈는데도 불구하
고 2000달러 미만의 부채를 갚았고, 이는 연간 666.67달러를 갚은 셈
이었다. 이 속도라면 빚을 모두 갚는 데 94년이 걸린다는 계산이 나왔

부채	금액(달러)	이자율
신용카드	19,228.50	21.36%
학자금 대출	16,557.75	6.84%
자동차 할부금	18,000.00	5.50%
개인 대출(채무 통합)	4,291.62	11.04%
국세청(세금 신고를 잘못해서 생긴 세금 부채, 아이고!)	4,934.62	0%
합계	63,012.49	

항목	금액(달러)
수입	**1,800**
세금	−225
월세	−350
신용카드	−200
학자금 대출	−250
자동차 할부금	−250
개인 대출	−300
휴대폰	−150
인터넷	−50
전기세	−50
가스요금	−10
식료품	−200
반려동물 보험료	−50
개 사료	−20
자동차 보험료	−90
조세 채무	−50
넷플릭스	−10
스포티파이	−5
훌루	−7
합계	**−467**

다. 삶에 무언가 변화가 필요했다. 새 스프레드시트를 열고 예산을 짜기 시작했다. 이전에도 예산을 세워본 적이 있지만 이번에는 전과는 전혀 다른 영감을 받았다. 실제 지출을 단 한 푼도 빠뜨리지 않고 1달러 단위까지 보여주는 역대 가장 정확한 예산을 세울 참이었다. 은행계좌 기록

을 열고 지난 한 달 동안의 모든 지출 내역을 살펴보고 스프레드시트에 입력했다(321쪽).

결과를 보니 늘 스트레스에 시달리는 것이 당연했다. 자동차 주유비나 구독 외에 발생하는 엔터테인먼트 비용은 포함하지도 않았는데 매달 지출이 초과되고 있었다. 당장 예산에서 467달러를 줄일 방법을 찾아야 했다. 나는 지출 항목을 재정렬해서 임대료나 청구서처럼 월마다 나가야 해서 변경하기 가장 어려운 항목을 맨 위에 배치하고, 가장 변경하기 쉬운 항목을 맨 아래에 배치했다. 천천히 각 항목을 살펴보며 맨 아래부터 위로 올라갔다. 정기구독 서비스는 변경하기가 가장 쉬우면서도 가장 중요도가 낮아 월 22달러에 불과했다. 이런 것들은 건너뛰고 목록 위로 이동하면서 내가 감당할 수 있는 금액에 도달할 때까지 각 항목에 숫자를 입력했다. 손익분기점에 도달한 다음에는 학자금 대출을 연기하고 휴대폰, 인터넷, 전기, 반려동물 보험, 식료품, 자동차 및 자동차 보험에 대한 지출을 줄일 방법을 찾아야 했다. 이걸 해낼 수 있다면 한 달에 40달러 정도, 즉 주당 10달러를 내 '용돈'으로 사용할 수 있어서 약간은 숨통이 트일 것 같았다. 거기서부터는 빚을 갚기 위해 여윳돈을 모을 다른 방법을 찾을 수 있을 거라 생각했다.

가장 먼저 처리한 일은 학자금 대출이었다. 나는 대출업체에 전화해 경제적 어려움으로 인한 상환유예를 요청했다. 내 수입을 확인하고 쉽게 결정이 내려졌다.

다음은 휴대폰 요금이었다. 휴대폰 요금제는 복잡하기로 악명이 높다. 내가 어떤 명목으로 돈을 내고 있는지조차 알지 못했다. 매달 50달러씩 휴대폰 기기 값을 갚는 것만 알았다. 마지막으로 휴대폰이 고장 났을 때, 나는 가장 저렴한 제품을 찾기 위해 스프린트 매장에 들렀다. 나처럼 저축한 돈도 없고 현금도 없는 사람에게는 당시 진행하던 프로모션을 이용해 선납금 없이 새 휴대폰 값을 매달 내는 것이 가장 저렴했다. 가난한 사람이 때로는 부자보다 더 비싼 값을 치르기도 한다. 만약 다른 휴대폰이 있다면 월 할부금을 없앨 수 있었다. 나는 친구들에게 사용하지 않는 오래된 휴대폰이 있는지 문자 메시지를 보냈고, 고맙게도 케네디한테 답장이 왔다. 그날 밤 케네디는 오래된 휴대폰을 가져다주었다. 다음 날, 나는 도움을 청하기 위해 스프린트 매장을 방문했다. 처음 발견한 영업사원에게 다가가 보석 회사 실장과 일하면서 배운 모든 것을 쏟아부었다.

"안녕하세요." 나는 그에게 말했다. "알고 보니 제가 가난하더라고요. 휴대폰을 쓸 형편이나 되는지 모르겠어요. 쓴다면 한 달에 45달러 정도밖에 낼 수가 없고요. 그런데 여기 오래된 휴대폰이 있어서 기기 변경을 할 수 있으면 새 휴대폰 할부금은 안 내도 될 것 같거든요. 도와주실 수 있을까요?"

"한 달에 45달러요?" 그는 생각하는 듯 얼굴을 찡그리며 말했다. "너무 적기는 하지만 할 수 있을 것 같네요. 가능한 게 뭐가 있는지 한번 알아보죠."

우리는 몇 시간 동안 컴퓨터 앞에 앉아 핫스팟, 무제한 데이터, 기존 할부금 등 요금제에서 제거할 수 있는 모든 것을 지워 나갔다. 그리고 내 기기를 케네디의 예전 기기로 바꿨다. 마지막에 남자 직원이 환하게 웃었다.

"됐어요." 그가 말했다. "보세요, 45달러예요. 다음 청구 주기부터 적용될 겁니다."

나는 기운이 샘솟았다.

다음으로 인터넷 회사에 전화했다. 나는 시중에서 가장 빠른 인터넷을 사용하고 있었다. 그들이 제안한 가장 저렴한 가격은 50달러였는데, 남자친구와 25달러씩 나눠 내면 될 것 같았다. 다음은 전기요금이었다. 전기는 어차피 내 개인적인 전력 소비로 금액이 결정되니 에어컨 사용이나 난방에 더 신경을 쓰자고 생각했다. 즉각적인 변화보다는 꾸준한 행동 변화가 필요하겠지만, 인식만 하면 줄일 수 있다고 여겼다. 다음엔 반려동물 보험. 버리게 되는 돈일 수도 있지만 이 보험은 이전에 위급한 상황에서 나를 구해준 적이 있었다. 응급 상황이 생겨 동물병원비 3000달러를 신용카드로 결제해야 하는 상황은 절대 원하지 않았다. 가장 저렴한 보험료 납입으로 변경해 월 29.99달러로 낮추었다.

다음 목록은 식료품이었다. 평소 내가 어떤 식으로 장을 보는지 생각해 보았다. 여기저기서 채소를 사고, 스낵과 묶음 상품을 무작위로 고르는 등 질서도 없고 계획도 없이 장을 보았다. 식재료를 몇 달 동안 식료품 저장실에 보관해 두는 경우도 많아 유통기한이 지난 적도 많았다. 1달러라도 아껴 쓰려면 효율적인 식단 계획이 필요했다. 식료품점에서 2주마다 75달러만 지출한다는 목표를 가지고, 요리책을 펼쳐놓고 각 조리법에 들어가는 양파와 마늘 한 쪽까지 세면서 식단표를 세밀하게 작성했다. 가장 저렴하게 먹을 수 있는 음식을 검색해서 렌틸콩, 쌀, 콩, 파스타로 만들 수 있는 추천 식단을 찾았다. 매 끼니가 2인분씩 나오니까 저녁에 남은 음식을 다음 날 점심으로 먹으면 되겠다고 생각했다. 소금과 후추까지 계산해서 2주 식단 계획을 세웠더니 74.62달러가 나왔다. 식사 준비 체크리스트를 작성한 뒤 부엌에 성경처럼 모셔두었다. 그리고 '전문가'의 말을 듣고 충동구매를 하지 않도록 배가 고픈 상태에서는 절대 장을 보러 가지 않겠다고 다짐했다.

마지막은 차였다. 더 저렴한 차를 가지면 자동차 보험료도 낮출 수 있겠다 생각했다. 사실 최근에 보다 새것의 안락한 차로 바꾼 상태였다. 언뜻 보기에는 내 예산에 맞는 것 같았지만 결국에는 계속 큰 수리를 해야 해서 마음고생이 심하고 애물단지로 전락한 오래되고 낡은 차 대신에 말이다. 새로운 차가 차량 유지비와 안정성은 좋았지만, 아무리 안락함이 좋아도 내가 그만큼의 비용을 감당할 수 없다는 사실은 변하지 않았다. 나는 '신차'와 '중고차'의 합성어인 '신중고차'쯤으로 부를 수 있는 중간 지점이 필요하다고 생각했다. 3년쯤 된 리스 차량으로 마모와 손상이 최소화된 자동차면 적당할 것 같았다. 나는 타던 차를 대리점에 가져가서 중고 기아차Kia로 교환했다. 희한하게도 기아의 '신중고차'가 원래 타던 차보다 조금 더 좋았지만, 보상 판매와 낮은 이자율로 인해 월 지출액이 250달러에서 200달러로 낮아졌다. 나는 자동차 보험회사에 전화를 걸어 자동차 보험료를 50달러에 맞춰달라고 요청했다.

결국 나는 일주일 예산에 '나만을 위한' 10달러를 마련했다. 이제 예산에서 벗어나지 않는 방법만 알아내면 되었다. 나는 무분별하게 소비하지는 않았지만 매달 내게 주는 작은 선물이 꼭 있었다. 예산을 고수하려면 방향을 벗어나지 말고 궤도를 유지하기 쉬워야 했다. '나만을 위한' 돈은 별도의 계좌를 만들고 직불카드만 가지고 다니면 더 편하지 않을까 생각했다. 원래 쓰던 계좌와 별도로 수수료가 없는 당좌예금계좌를 새로 만든 다음, 매주 10달러씩 자동이체 되도록 했다. 새 계좌에서는 초과 인출이 불가능했고, 주당 10달러가 내가 정기적으로 이용할 수 있는 유일한 돈이었다. 나는 그 계좌에 '용돈'이라고 이름 붙였다. 별도의 은행에 있으니 충동적으로 돈을 입출금할 방법도 없었다. 그 돈이면 많지는 않아도 주말에 산책하며 커피 한잔하거나 중고품 가게에서 옷 한 벌 사기에는 충분했다.

마지막으로 청구서 처리용 돈을 넣어둘 계좌가 필요했다. 나는 '청구서'라고 이름 붙인 별도의 계좌를 설정하고 청구서를 내기 위해 납부 기간마다 계좌에 입금해야 할 총액을 계산했다. 그리고 월급날 다음 날로 자동이체를 설정해 필요한 총액이 청구서 계좌로 옮겨가게 했다. 또한 각 청구서가 청구서 계좌에서 자동으로 결제되도록 설정해서 결제를 깜빡하고 잊어버리거나 돈이 부족할 일이 없도록 했다. 이렇게 하면 터널 비전에서 급여를 받은 후 내 주요 당좌예금계좌에는 매주 3달러 정도만 입금되었다. 덕분에 계좌를 보고 실제보다 돈이 더 많다고 착각하는 실수를 다시는 저지르지 않게 되었다.

새로운 통장 및 이체 시스템을 갖추게 되면서 성급한 결정을 내리는 것이 거의 불가능해졌다. 모든 것이 완전히 자동화되어서 내 재정에 무슨 일이 벌어지는지 궁금해할 필요가 전혀 없었다. 여전히 나는 빈털터리였지만 계좌를 확인해야 한다는 끊임없는 압박감과 스트레스, 통제

불능이라는 느낌은 완전히 사라진 듯했다. 급여가 인상된 게 아닌데도 일주일 만에 매일 돈 때문에 당황하던 나는 돈을 거의 생각하지 않게 되었다. 새로운 시스템이 주는 마음의 평화는 상상 이상이었다. 나는 난생처음으로 내 재정을 통제하고 있다는 느낌을 받았다.

일상적인 현금 흐름을 자동화한 다음에는 큰 그림의 재정 목표를 세우는 일에 들어갔다. 빚을 갚기 위해 추가 수입원을 찾아야 했다. 전에도 여러 번 했던 것처럼 집 안을 돌아다니며 팔 수 있는 잡동사니를 모았다. 하지만 이번에는 돈의 움직임을 확실히 확인하기 위해 각 아이템을 인터넷에서 5달러 정도의 헐값에 팔았고, 판매 대금은 즉시 내 페이팔 계정으로 입금되게 했다. 다른 계좌와 별도로 '여윳돈'으로 구분한 이 돈을 가지고 가장 작은 부채인 개인 대출금을 매주 직접 상환했다. 이런 식으로 매달 100~200달러를 추가로 벌어서 개인 대출금을 갚았다. 신기하게도 빚이 조금씩 줄어들었다. 전에는 결코 경험하지 못한 진전이었다.

2017년 말에 카밀라와 나는 돈에 대한 새로운 시각을 갖게 되었다. 우리는 난생처음으로 주택 소유나 노후 대비를 위한 저축 같은 것들에 대해 이야기했다. 로스앤젤레스에서 주택도시개발부가 지정한 '극저소득층'으로 분류되는 나 같은 사람에게는 불가능할 거라고 여기던 것들이었다. 자본주의 시스템은 여전히 끔찍한 결함이 있었고, 착취적인 기업가들이 언제든 우리를 이용할 기회를 노리는 세상에서 이런 식으로 우리는 스스로를 지키기 위해 노력할 수밖에 없었다. 하지만 나는 반격할 준비가 되어 있었다. 수입을 바꿀 수는 없었지만, 그 수입으로 하는 일은 바꿀 수 있었다. 일을 충분히 하면 빚에서 벗어나 월 예산에 더 많은 돈을 확보해 내가 정말 좋아하고 인생에 중요하다고 여기는 것을 할 수 있었다. 결국 빚을 다 갚고 나자 매달 1000달러 추가 수입이 생겨 저축으로 주택 계약금을 모을 수 있게 되었다.

우리는 미니멀리즘 소비 계획이나 노동계급 현실주의 계획을 따르지 않았다. 착취적 기업가 계획은 더더욱 따르지 않았다. 우리는 우리의 가치와 목표에 가장 적합한 방식으로 우리가 믿었던 것들을 하나로 조합했다. 그것은 부자를 더욱 부유하게 만드는 과도한 소비 지출을 최소화하면서도 삶을 가치 있게 만드는 소박한 즐거움을 누리고, 번 돈은 최대한 우리가 원하는 삶을 만드는 데 사용하자는 계획이었다. 살아남기 위해 이토록 많은 시간을 들여 재정을 꼼꼼하게 살펴야 한다는 게 불합리해 보였지만, 안전망이 없는 사회에서 이 정도의 패배는 우리가 어찌할 수 없는 일이었다. 우리는 먹고사는 데 필요한 일을 하고, 그 와중에 더 나은 삶을 만들기 위해 작은 발걸음을 내디딜 뿐이었다. CEO와 억만장자들도 만족하지 못하는 세상에서 우리는 "충분함이란 무엇일까?"라는 질문에 답할 수 있는 삶의 토대를 구축해 나갔다. 아직은 충분하지 않았지만, 그 목표를 향해 나아가고 있었다.

예산을 짜는 방법

예산에서 가장 중요한 부분은 예산을 지킬 수 있는가다! 종이에 계획을 적는다고 해도 지키지 못하면 아무런 의미가 없다. 이를 염두에 두고 실제로 따를 수 있는 예산을 세우는 방법을 알아보자.

1. 비용을 대략 계산해서는 안 된다. 정확하지 않으면 아예 계획을 세우지 않는 게 낫다. 은행 기록을 열고 지난 60일간의 거래 내역을 샅샅이 뒤져 하나라도 놓치는 것이 없도록 해라. 달러(천 원)뿐만 아니라 센트(십 원)까지도 계산에 넣어야 한다. 가능한 한 가장 정확하게 수입과 지출 현황을 기재해라.

2. 수입이 일정하지 않으면, 합리적으로 예상되는 한 달 최저 수입에 맞춰 예산을 세워라. 필요한 모든 비용이 이 한도 아래여야 한다. 예상 최저 수입 외에 추가로 들어오는 금액은 저축으로 여겨라.

3. 꼭 필요하지는 않지만 갖고 싶은 것에 대해서는 용돈을 따로 마련해라. 그렇지 않으면 무책임한 지출을 하게 되고, 이는 예산을 어그러뜨리는 주요 원인이 된다. 필요한 용돈을 스스로에게 주지 않으면 예산을 지키지 않게 된다! 별도의 직불카드가 있는 별도의 계좌에 용돈을 넣어두면 쓸 수 있는 용돈의 액수를 항상 정확히 알 수 있다.

4. 전기나 가정용 가스 같은 변동 요금의 경우는 예상되는 최대 금액을 지출로 책정해라.

5. 식료품이나 자동차 기름값처럼 정기적으로 청구되지 않는 변동 비용의 경우는 자신에게 맞는 시스템을 구축해라. 나에게는 식료품을 별도로 관리하고 청구서처럼 처리하는 방법이 맞았다. 재택업무를 하고 운전을 자주 하지 않았기 때문에 운전을 '야외 활동'으로 취급했고, 대부분 '즐거운' 일로 느꼈기 때문에 기름값을 용돈에 포함했다. 업무와 관련된 이동은 직장에서 주유비로 처리했다. 모두의 삶이 다른 만큼 예산도 조금씩 달라진다. 가장 중요한 것은 꾸준히 지킬 수 있는 예산 계획을 세우는 것임을 명심해라.

6. 단지 스프레드시트를 만드는 것으로 예산 책정이 끝났다고 생각해서는 안 된다. 예산을 세우는 건 당신의 삶에서 어떤 변화를 만들 수 있는지 확인하기 위해서다. 청구서를 재협상하거나 서비스를 변경해 예산을 늘려 갈 생각을 해라. 예산은 월간 현금 흐름의 개요다. 항상 변경될

여지가 있다.

7. 할 수 있는 한 많이 자동이체를 설정해 놓아라. 자동이체를 많이 설정해 놓을수록 스트레스가 줄어들고 인적 오류나 예상 외 지출 같은 일이 줄어들기 때문이다. 청구서만을 위한 별도의 계좌를 만들어보자. 그러면 돈의 사용처를 명확히 알게 되어서 함부로 지출할 수가 없다.

할머니, 할아버지 집이 아니었어?

I Survived
Capitalism
and All
I Got Was
This Lousy
T-Shirt

12

금융 리터러시 여정을 시작한 지 1년쯤 되었을 때 아빠로부터 전화를 받았다.

"할머니가 쓰러지셨어." 아빠가 언제나처럼 거칠고 갈라진 목소리로 말했다. "괜찮아. 그냥 알아야 할 것 같아서 전화했어. 얼굴을 세게 부딪혀서 멍이 좀 드셨어. 휠체어를 타시니 아파트를 돌아다니기도 어려우시고. 어쨌든 네 고모랑 삼촌이랑 할머니를 집으로 모시려고 얘기 중이니 적어도 외롭지는 않으실 거야."

할머니는 할아버지가 뇌졸중으로 돌아가신 이후로 10여 년 동안 작은 아파트에서 혼자 살았다. 할머니는 야망과 패기가 넘치고, 강인하며, 목소리가 큰 에너지 넘치는 사람이었다. 할아버지는 할머니의 균형을 잡아주셨던 분으로 말할 때 미소를 짓고, 조용하며, 친절한 사람이었다.

내가 10대 때 갈 곳이 없던 어느 날 아침, 할아버지는 내게 전화를 걸어 전날 밤 어디에 묵었는지, 출근할 때 태워다 줄지 물었다. 할아버지와 할머니는 마을에서 너무 멀리 떨어진 아파트에 살아서 거기서 잘 경우 버스를 타고 학교나 직장에 가기가 힘들었다. 대신 할아버지는 종종 내가 있는 곳까지 찾아와 직장에 데려다주었다. 질문은 별로 하지 않고 그저 나를 안아주며 웃어주었다. 할아버지는 언젠가 도시 외곽의 농장에서 일했던 어린 시절 이야기를 들려준 적이 있다. 나와 같은 고등학교에 다녔는데, 지금은 상담 교사와 교장 선생님의 사무실로 사용하는 크고 오래된 건물에 가서 기본적인 산수를 배웠다고 했다. 그 건물에 가기 위해 농지와 과수원을 가로질러 자전거를 타고 수 킬로미터를 달렸다고 했다.

할아버지가 뇌졸중으로 쓰러진 날, 나는 1997년식 새턴으로 낼 수 있는 최대치 속도로 5번 국도를 달려 샌프란시스코에서 프레즈노로 향했고 간신히 할아버지를 마지막으로 볼 수 있었다. 차가운 무균실 병상에 누워 있는 할아버지 주위로 할머니, 고모, 삼촌, 아빠, 사촌이 둥글게 둘러서 있었다. 할머니가 다리를 잃기 전, 휠체어 없이 서고 걸을 수 있던 때였다. 내가 병실에 들어가자 할아버지는 나와 눈을 마주쳤다. 아마 미소를 지었던 것 같다. 모두 다 왔으니 이제 작별 인사를 해도 괜찮다고 말하는 것처럼 고개를 끄덕이고 눈을 감았다. 그러고는 오래 버티지 못하고 그날 밤에 돌아가셨다.

할머니는 나처럼 투사였다고 한다. 할머니는 강인했고, 주변 사람들을 바닥에서 일으켜 세우고 똑바로 서게 만들었다. 무슨 일이든 해내게 만드는 힘과 자신감으로 자기 자신을 지켰다. 할아버지가 돌아가시던

날 할머니는 고개를 높이 쳐들고, 할아버지는 좋은 사람이었고 보고 싶겠지만 언젠가 다시 만날 테니 괜찮다고 당당하게 말했다. 그렇게 할아버지가 떠난 후에도 가계도와 사진이 가득 담긴 큰 바인더에 가족 역사를 꼼꼼히 기록하면서 하루하루를 바쁘게 지냈다. 그 후 10년 동안 할머니 집 현관문 옆 벽에는 할아버지 사진이 들어 있는 금색으로 칠해진 화려한 액자가 걸려 있었다.

몇 년 후, 건강 문제가 또 다른 문제로 바뀌면서 할머니는 한쪽 다리가 불편해져 휠체어에 앉아야 했다. 그렇지만 여전히 기운은 좋으셨다. 할머니를 뵈러 가면 할머니는 마치 손 인사를 하는 듯 의족을 높이 흔들며 "안녕!"이라고 외치며 웃었다. 할머니는 휠체어가 움직일 수 있도록 테이블과 의자를 치워서 아파트를 돌아다니는 방법을 찾아냈다. 오븐 문은 임시 조리대로 변신해 채소를 썰고 요리하는 공간이 되었다. 또한 맥주를 냉장고의 가장 낮은 선반에 보관해 쉽게 넣고 뺄 수 있게 만들었다. 다만 거실에서 작은 베란다로 나가는 게 문제였다. 할머니는 선인장을 가꾸며 시간 보내는 걸 좋아했기 때문이다. 할머니가 베란다에서 자꾸만 넘어졌고 아빠와 고모, 삼촌 등은 그 모습을 지켜보는 걸 점점 더 힘들어했다.

"할머니가 어디로 가시든 비용을 감당할 방법을 찾고 있어." 아빠가 수화기 너머로 말했다. "할아버지 덕에 재향군인회 혜택을 받을 수 있겠더라. 그걸로 감당이 될 것 같긴 해. 좀 두고 보는 중이야."

어른들이 나누는 대화였다. 나는 서른 살이 다 되었지만, 여러 면에서 여전히 어린아이처럼 느껴졌다. 생각해 보니 아빠는 내 나이였을 때 초등학생 딸이 있었다. 그때는 어떻게들 했던 걸까? 나를 비롯해 많은 밀레니얼 세대 청년들은 성장기에 일어난 경제적 비극으로 인해 자기 개발에 지장을 받았다. 안정적인 일자리를 찾는 데도 더 오래 걸렸고(구할 수 있다면) 주택 소유에 더 오랜 시간이 걸렸으며(주택을 살 수 있다면), 그 결과 결혼하고 아이를 갖는 데도 더 오랜 시간이 걸렸다(누가 감당할 수 있겠는가?). 나는 듬직한 어른으로 인정받고 싶은 마음에 할머니의 재정 상황에 대해 생각해 보고 유용한 조언을 찾기 위해 고민했다.

"할머니가 퇴직금을 따로 마련해 뒀어?" 나는 물었다.

"아니. 사회보장 혜택을 받으시지. 하지만 그걸로는 생활하기 부족해."

"그럼 그 집은? 아파트로 이사하기 전에 말이야. 고속도로 건설한다고 살던 집이 철거됐잖아. 시에서 보상금 받지 않았어? 수용권인가 뭔가 있잖아?"

"그 집은 할아버지 게 아니었어." 아빠는 약간 당황한 목소리로 말했다. "장기간 임대한 거였어. 네 할아버지는 좋은 분이었지만 돈은 잘 벌지 못하셨거든."

나는 갈색 털 카펫과 접이식 소파가 놓인 거실, 울퉁불퉁 비틀린 뿌리가 밖으로 드러난 채 줄지어 늘어선 거리의 나무, 갈라져서 높이 솟아오른 집 앞 보도 등 내가 어릴 적 많은 밤을 보냈던 집을 떠올렸다. 그 집은 항상 내게 두 번째 집, 어쩌면 첫 번째 집 같은 곳이었다. 내 마음속에 그곳은 늘 '할머니, 할아버지 집'이었기 때문에 그렇지 않다는 사실에 충격을 받았다. 그 집이 매달 집세를 받고 있던 다른 누군가의 것이었다니.

"리베라 부부 일도 그렇고." 아빠가 전화 저편에서 말했다.

"리베라 씨네?" 나는 물었다. 리베라 부부는 교회에서 만난 조부모님의 친구들이었다. 그들은 마을에서 철물과 잡동사니를 파는 가게를 운영했다. 어렸을 때 우리는 살 게 있으면 항상 거기서 샀다.

"우리는 리베라 부부를 도와야 해!" 할머니는 차를 몰고 쇼핑하러 가는 동안 미소를 짓고 이렇게 말하곤 했다.

"어떻게 그걸 다 공짜로 줬는지." 아빠가 말했다.

"뭐?" 나는 혼란스러워서 말했다. "뭘?"

"그게, 전부 다. 할아버지하고 할머니가 원하는 건 거의 다 그냥 주셨더라고. 할아버지가 금전에 약하다는 걸 알고 계셨거든. 도와주고 싶으셨나 봐. 그런데 부부가 돌아가시고 자녀들이 가게를 이어받았거든. 근데 그때 줬던 것들을 기록한 장부를 발견했나 봐. 다 합치면 2만 달러 정도인데, 그 돈을 갚으라네. 우리가 자기 부모님의 친절함을 이용했다면서 말이야. 우린 갚을 돈 없다고 했어. 그건 리베라 씨네가 선의로 주신 선물이었으니까. 복잡하네. 이것도 해결할 방법을 찾아야 해."

아빠가 말하는 동안 나는 어린 시절의 추억을 떠올렸다. 로라 리베라 씨의 웃는 얼굴, 우리가 가게에서 마구 물건을 챙기던 목적 없는 쇼핑 장면이 머릿속에서 재생되었다. 아빠와 나는 늘 금전적 문제에 시달렸고, 조부모님 집은 그런 우리에게 금전적 폭풍을 이겨낼 수 있는 안전한 장소였다. 그런데 할머니와 할아버지도 그들만의 금전적 폭풍을 겪고 있었다니. 그런 생각은 전혀 하지 못했다.

"아, 그렇구나." 나는 떨리는 목소리지만 부드럽게 말했다. "혹시 내가 할 수 있는 일이 있으면 알려줘. 나도 돈은 없지만 가서 도울 수는 있으니까. 할머니 짐을 옮기거나 뭐 그런 거. 잘은 모르겠지만."

"괜찮아, 딸아." 아빠는 거칠고 걸걸한 목소리지만 언제나 그랬던 것처럼 아빠다운 다정한 말투로 말했다. "넌 아무 걱정 하지 마. 우리가 다 해결할 테니. 그냥 무슨 일이 있는지만 알려주려 했어. 사랑한다. 다시 연락하마."

나는 멍한 상태로 전화를 끊었다. 성인이 되면 처음으로 모든 것이 선명하게 초점이 맞춰지는 순간이 찾아온다. 마치 여행을 갔다가 집에 돌아왔을 때 다른 사람이 되어 냄새 맡는 것처럼, 낯설면서도 동시에 집이라는 기분이 들듯이 말이다. 뒷마당에 서서 할아버지와 리베라 부부를 생각하니 처음으로 내 어린 시절을 제대로 보는 것 같은 기분이 들면서 내가 알던 모든 것이 거짓처럼 느껴졌다. 멍청함과 함께 오해가 풀린 기분이었다. 내가 아는 다른 사람들보다 내 삶이 훨씬 더 힘들어 보인 건 당연한 일이었다. 다른 사람들은 조부모에서 부모로, 부모에서 자녀로 세대를 이어 부를 물려받았던 반면, 우리 가족은 대물림 된 빚을 지고 살았다. 다만 조부모님과 아빠는 나를 스트레스로부터 격리하고 보호하기 위해 최선을 다했을 뿐이다. 나는 항상 아빠가 좋은 부모라는 걸 알았다. 하지만 이제는 그 일이 얼마나 힘든 일인지 이해했고, 아빠가 그 일을 얼마나 잘 해냈는지에 대해 더욱 감사함을 느꼈다.

내 마음 한구석에서는 나에 대한 색다른 양육 방식이 아빠의 파격적인 가치관 때문이라고 추측했었다. 아빠는 펑크록에 빠져 자랐고, 내게 불평등과 계급투쟁을 노래하는 밴드를 보여주었다. 아빠가 의식적으로 자본주의 시스템을 거부하기로 선택했기 때문에 우리가 그렇게 방랑자처럼 살았다고 생각했다. 그러나 실제로는 그 반대였다. 우리 가족은 이미 자본주의 체제에서 실패했기에 펑크록이 아빠에게 매력적으로 다가왔던 것이다. 아빠는 게임 보드에 자리를 제안받은 적이 없었기에 게임을 하지 않았던 것이다.

조부모님의 재정적 현실에 관해 생각하다 보니 세 가지 질문이 떠올랐다.

1. 할머니와 할아버지가 평생 세입자로 살지 않고 오래전에 집을 살 수 있었다면, 아니면 적어도 노후 생활비로 권장되는 금액을 저축할 수 있었다면, 할머니는 얼마나 더 나은 삶을 살 수 있었을까?
2. 내가 할머니 나이가 되었을 때 임종 간호를 스스로 감당하려면 어떻게 해야 할까?
3. 내 가족과 돈의 관계는 내가 삶에서 재정적인 안정을 얻지 못한 것과 어떤 관련이 있을까?

가족과 돈의 관계에 대해 알아갈수록 내 운명은 태어날 때부터 정해져 있었다는 느낌이 들었다. 내가 전 과목 A 학점을 받고, 고등학교를 수석 졸업하고, 대학입학시험SAT에서 거의 만점에 가까운 점수를 받은 것은 중요하지 않았다. 경제적 배경이 더 좋은 아이들은 더 좋은 학벌, 더 많은 지원, 더 나은 인맥 등 더 좋은 자원을 가지고 있었다. 조지타운대학교의 한 연구에 따르면, 시험 점수가 낮은 부유한 아이들의 70퍼센트가 25세가 되었을 때 부자가 된 반면, 시험 점수가 높은 빈곤층 아이들은 그 나이 때 단지 30퍼센트만이 부자가 되었다. 나는 태어난 집안 때문에 빚이 많고, 학문적 잠재력이 실현되지 않고, 직업적인 성취도가 낮고, 재정이 불안정한 삶을 살 운명이었나 보다. 우리 가족의 재정 상황은 내가 상상했던 것보다 훨씬 나빴다. 어떤 면에서는 안도감이 들기도 했다. 왜 내 삶이 다른 사람들보다 그토록 더 힘들어 보였는지 마침내 설명이 되었기 때문이다. 다른 측면에서 보자면, 우리 가족의 재정적 배경에 관한 진실을 알게 된 것이 나의 재정적 꿈이라는 관에 못을 박는 것처럼 느껴지기도 했다. "여기 돈 때문에 항상 스트레스 받지 않는 평범한 삶을 꿈꿨던 매들린의 시도가 잠들다. 평안히 잠들기를……."

아메리칸드림은 우리가 열심히만 일하면 경제적 현실을 바꿀 수 있다고 말하지만, 실제로 계층 이동은 신화에 불과하다는 사실을 몇 번이고 확인하게 된다. 말년에 이른 할머니의 무기력한 모습을 보는 것은 고통스럽고 견디기 어려웠다. 항상 강하기만 했던 할머니였는데. 당장이라도 일어나셔서 싸울 수 있을 것만 같았다. 그러나 할머니는 늙었고 점점 쇠약해졌다. 더 이상 힘이 없고 지쳐 있었다. 마치 나 자신의 미래를 보는 것 같았다. 그리고 그 미래는 가슴 아팠다. 내게 돈이 있다면 할머니가 마지막 날들을 보낼 멋진 집을 사주고 싶다는 생각이 간절했다. 할머니가 어린 시절을 보냈고, 언젠가는 꼭 돌아갈 수 있기를 바랐던 사랑하는 이글록에서 친절한 눈빛과 따뜻한 미소를 가진 호스피스 간호사의 돌봄을 받으며 여생을 마칠 수 있게. 하지만 나는 그럴 수 없었다. 빚을 갚아나가고 있었지만, 여전히 5만 2000달러가 남아 있었다. 자산도 자원도 없었고, 어떻게 하면 더 나은 상황을 만들 수 있는지도 몰랐다.

그날 전화를 끊을 때, 드루의 목소리가 귓가에 울려 퍼졌다.

"매들린, 그거 알아? 당신은 투사야."

그의 말이 맞았다. 나 역시 할머니처럼 투사였다. 그렇지만 강한 의지와 결단력이 노년의 할머니에게 도움이 되지 않는다면 내게도 도움이 되지 않을 게 뻔했다. 싸우는 것만으로는 부족했다. 계획이 필요했다.

어릴 때 그랬던 것처럼, 공책을 펼치고 앉아서 미래에 대한 계획을 적었다.

1. 빚 갚기

2. 주택 계약금 저축하기

3. 은퇴 계획 세우기

4. 내가 아끼는 모든 사람이 같은 행동을 하도록 돕기

빚을 상환하는 방법

빚은 빈 우물과 같아서 빠지기는 쉽고 빠져나오기는 거의 불가능하다.
하지만 빚에서 벗어나는 일은 매우 중요하며, 그래야 재정적 안정을 구
축하는 첫발을 내디딜 수 있다. 미래의 재정적 안정에 도움이 되는 일에
투자할 소득을 확보할 수 있기 때문이다. 이 점을 머릿속에 새기고 빚에
서 벗어나기 위한 팁을 알아보자.

1. 어떤 상황에서도 새로운 빚을 지지 않겠다고 스스로에게 약속해
라! 그리고 현금 유동성을 확보할 수 있도록 예산을 정확하게 책정해라.
재정적으로 곤란한 상황에 처했다면 신용카드를 다시 사용하기 전에 가
진 물품을 팔거나 새로운 일을 따내 해결하려고 노력해야 한다. 당신은
'더하기 모드'가 아닌 '빼기 모드'에 있다는 것을 명심해라!

2. 신용 모니터링 앱을 다운로드하고 자신의 신용 상태를 확인해라.

3. 이자가 붙는 부채를 1센트(십 원 단위)까지 정리해라. 추심되지 않는 모든 부채를 포함해서 말이다. 그 옆에는 이자율을 반드시 입력해라. 신용카드 명세서나 대출 명세서에서 이자율을 확인할 수 있다.

4. 이자율이 높은 순서대로 부채의 순위를 매긴다. 이자율이 높으면 빚을 갚기가 더욱 어려워진다! 20퍼센트를 넘으면 적색 경고다. 최대한 빨리 빠져나와야 한다! 10~19퍼센트는 주황색 경고로, 좋지는 않다. 9퍼센트 이하는 후순위인 황색 경고로 간주할 수 있다.

5. 대출기관에 연락해 상환 내역에 따라 이자율을 인하할 수 있는지 알아봐라.

6. 잔액이체 신용카드 자격이 있는지 확인해 봐라. 이 카드는 미국에서 기존 고금리 부채가 있어 저금리로 전환하고 싶은 사람을 대상으로 판매하는 상품이다. 온라인에서 다양한 옵션을 선택할 수 있다. 최소한 세 가지 종류는 확인하고 선택하자. 당신이 원하는 것은 이자율이 가장 낮고, 수수료가 없거나 가장 적은 카드일 것이다. 간혹 잔액이체 신용카드는 홍보 목적으로 이자 0퍼센트를 제공할 때가 있는데, 이때 선택하는 것이 가장 이상적이다. 그러나 기존보다 이자율이 낮은 카드를 발견했다면 빨리 해당 카드로 옮겨라. 이렇게 하면 빚을 더 빨리 갚을 수 있다! 잔액이체 목적으로 카드를 사용하려면 어떤 단계를 거쳐야 하는지 새 대출기관에 문의해라. 특정 절차가 있는 경우가 많다.

7. 여러 건의 부채를 한 건으로 묶어 더 낮은 금리로 바꿀 수 있는 채무 통합이 가능한지 확인해 봐라. 잔액이체 신용카드와 마찬가지로 온라인에서 찾아볼 수 있다. 최소한 세 가지 옵션은 찾아보는 게 좋다. 기존보다 이자율이 낮은 대출 상품을 찾았다면 기존 부채를 해당 대출로 옮겨라. 당신의 목표는 '적색' 부채를 '주황색' 더 나아가 '황색' 부채로 전환해 상환 속도를 높이는 것이다!

8. 고금리 부채를 저금리 부채로 전환했다면 이제는 상환 전략을 세워야 할 때다. 부채 탕감, 구제 및 신용 회복 서비스 같은 건 이용하지 마라. 사기당하기 너무 쉽다! 모든 것은 스스로 해결해야 한다. 상환 계획에는 '부채 눈덩이'와 '부채 눈사태'라는 두 가지 전략이 널리 사용된다. 부채 눈덩이 전략은 잔금이 가장 적은 부채부터 갚는 것이다. 부채 눈사태 전략은 이자율이 가장 높은 부채부터 갚는 것이다. 부채 눈사태 전략이 결과적으로 가장 돈이 절약되지만, 부채 눈덩이 전략은 인간의 심리를 활용해서 목표 지향적이고 계획적인 생활을 유지하는 데 더 효과적일 수 있다! 가장 적은 부채부터 갚아나가면 더 빨리 갚을 수 있어서 "됐어!"라는 느낌을 받아 상환 계획에 더욱 전념하게 된다. 어떤 전략이 적합한지는 당신만이 결정할 수 있다! 나는 부채 눈사태 전략을 선택했는데, 다른 사람에게는 부채 눈덩이 전략을 추천하고 싶다. 어떤 전략을 선택하든 우선순위가 가장 높은 부채가 무엇인지 파악하고(이를 '목표 부채'라고 부른다) 그 부채에 모든 관심을 집중해라.

9. 목표 부채를 상환하는 동안에도 아직 갚지 못한 부채에 대한 월별 최소 상환액을 계속 납부해라. 하지만 목표 부채를 갚을 수 있는 추가 자금을 마련하기 위한 노력은 별도로 한다. 예산에서 여분의 돈을 확보하거나, 부업 및 잡동사니를 판매하는 방법을 생각해 볼 수 있다. 이상적인 건 두 가지를 혼합하는 것이다. 어쨌든 예산에서 남는 돈은 모두 부채를 갚는 데 사용해야 한다는 사실을 명심해라! 그러니까 거의 다 말이다. 너무 낙담해서 전부 포기하지 않도록 예산에서 아주 약간의 여유는 남겨 둬라. 계획은 현실적일 때만 효과가 있다는 사실을 기억해라!

10. 공개적으로 빚을 갚고 있다고 말해라! 이상하게 여기지 마라. 친구들이 돈이 많이 드는 일을 함께하자고 하거나 누군가 다른 사람에게 값비싼 선물을 하라고 압력을 준다면, 재정적 제약에 대해 분명하게 말해야 한다. "정말 그러고 싶지만 지금은 빚을 갚는 데 집중하고 있어서 여윳돈이 없어. 내년에는 재정 상태가 더 나아졌으면 좋겠네!"라고 말해라. 이렇게 빚을 갚고 있음을 다른 사람들에게 알리는 것은 세 가지 긍정적인 효과가 있다.

    a. 공동체에 재정적 투명성을 장려하고 돈과 건전한 관계를 구축하게 한다.
    b. 초과 지출이나 계획에서 벗어나는 것에 대한 압박감을 느끼지 않게 해준다.
    c. 주변 사람들에게 공언했기 때문에 책임감이 커지고 동기부여를

받아 상환 계획을 꾸준히 실천할 수 있다! 사람들은 거짓말쟁이를 싫어한다.

11. 부채 하나를 전액 상환했다면 다음 목표 부채를 선택해라. 이전 부채에 상환하던 금액을 새 목표 부채의 월별 상환액에 더해라. 예를 들어 부채 A에 매달 100달러를 상환하고 있었는데 이제 모두 갚았다면 부채 B로 넘어간다. 부채 B에 대한 월 최소 상환액이 50달러였다면, 이제 월 예산에서 100달러가 추가 확보되었으니 150달러를 상환하면 된다.

12. 부채를 모두 갚을 때까지 '11번'을 반복해라.

13. 채무가 이미 추심기관으로 보내졌는데 저축액이 약간 생겼다면, 추심기관에 연락해서 일부 빚을 한꺼번에 상환하는 대가로 신용평가서에 채무 기록을 제거하는 협상을 시도해 봐라. 하지만 추심기관은 부도덕하기로 악명이 높다. 그들은 거짓말을 할 수도 있다. 그들에게 당좌예금계좌나 은행 정보에 대한 접근권을 절대 허용하지 마라. 온라인에서 그냥 결제도 마라. 합의에 도달했다면 돈을 상환하기 전에 서면으로 내용을 받아라. 채권 추심기관은 일반적으로 이익을 얻기 위해 회원의 부채를 달러당 몇 센트로 매입하기 때문에 당신과 기꺼이 협상을 벌일 것이다. 그들은 강경한 태도를 취하고 빚진 금액에 대해 절대 양보하지 않을 것처럼 굴지만, 대부분 결국에는 거래를 성사시키고 싶어 한다. 협상하려면 당신이 많은 사람에게 빚지고 있어서 오래된 빚을 청산하기에는

돈이 한정되어 있다고 말해라. 그러니 먼저 빚진 금액의 5분의 1을 상환하겠다고 제안하는 것이다. 거절하면 전화를 끊고 다음 채권자에게 전화해서 동일한 거래를 제안하면 된다. 그들이 제안을 받지 않으면 다시 전화하겠다고 말해라. 부채의 5분의 1 상환 제의를 모두 거절하면 두 번째 통화를 시도해라. 이제 빚의 절반을 갚겠다고 제안하는 것이다. 이 과정을 반복한다. 전부 거절당하고, 당신의 계좌에 돈이 있으면 빚진 금액의 75퍼센트를 갚겠다고 다시 제안해라. 받아들이는 사람이 아무도 없다면 일단은 포기하고 나중에 다시 시도해도 괜찮다.

14. 실패해도 괜찮다는 것을 기억해라. 당신도 인간이고 최선을 다하고 있을 뿐이다. 미국에서 부채는 대체로 상환을 중단하고 채권자와의 연락을 완전히 끊으면 7년 후에는 신용점수에 악영향을 미치지 않는다. 즉 부채를 갚을 수 없는 상황이라면 신용이 저절로 회복될 때까지 7년을 기다려도 괜찮다는 뜻이다. 다만 이것은 당신의 재정 상황과 부채 종류에 따라 달라진다. 채권자가 미지급금을 회수하기 위해 당신을 고소할 수도 있다. 채권자가 소송을 제기하면 대부분 승소할 가능성이 크다. 그러나 은행에 저축한 돈도 없고, 자동차나 집 같은 소유하고 있는 자산도 없다면 '집행 불능' 대상으로 간주될 수 있다. 갚을 능력이 없으므로 법령에 의해 채무 변제를 면제받는 것이다. 즉 채권자가 승소하더라도 가져갈 것이 아무것도 없는 것이다. 빈털터리를 위한 이상한 특권이다. 그러나 급여는 압류할 수는 있어서, 빚을 갚을 때까지 급여에서 자동으로 돈이 조금씩 공제될 수 있다. 채권자가 언제까지 법적 조치를 취해

야 하는지를 결정하는 시효는 주마다 다르니 당신이 거주하는 주는 어떤지 알아봐라. 대부분의 주에서 원칙적으로는 계속 채권자에게 돈을 갚아야 하지만, 시효가 지나면 더 이상 신용평가서에 영향을 미치지 않는다.

CHAPTER
13

마음이 머무는 곳?
살 수 있는 곳이 집!

I Survived
Capitalism
and All
I Got Was
This Lousy
T-Shirt

13

2019년 9월, 예금계좌 잔고를 확인해 보니 1만 5000달러가 있었다.

"맙소사." 나는 헉 하고 숨을 쉬었다.

"무슨 일인데?" 남자친구인 크리스가 걱정스런 표정으로 물었다.

"아무것도 아니야." 나는 살포시 웃으며 말했다. "1만 5000달러를 모았지 뭐야."

"그렇구나." 그는 태연하게 말했다. "나도야."

"정말?!" 나는 눈을 크게 뜨고 물었다.

"그래." 그가 말했다. "네가 카밀라와 돈을 그렇게 모을 때 '어, 똑똑한데'라고 생각했거든. 나도 따라 해봤어."

크리스도 나처럼 넉넉하지 않은 환경에서 자랐다. 하지만 그의 부모님은 맞벌이에 집을 소유한 데다가 은퇴계좌에 우선순위를 두고 투자하고 있었다. 크리스는 빚이 거의 없는 상태로 인생의 재정적 길을 시작했기에 나보다 돈 모으는 것이 쉬웠을 것이다. 반면 나는 빚에서 벗어나는 게 첫 번째 목표였다. 자동화된 예산 계획을 세운 후 나는 전과는 전혀 다른 방식으로 빚을 갚을 수 있었다. 2018년 12월까지만 해도 나는 학자금 대출로 14만 7달러 20센트, 자동차 할부금으로 16만 660달러 84센트의 빚이 있었다. 하지만 개인 대출과 신용카드 빚은 전부 갚았다. 물론 차의 경우는 내가 생각한 가격대에서 조금 벗어난 데다 현실적으로 좀 더 저렴한 차종으로 바꿔야 했지만. 중고 기아 니로 하이브리드는 사치스러운 차가 아니었다. 마음에 들었고 연비도 좋을뿐더러 믿을 수 있었다.

일반적인 부채 상환 방식이라면, 개인 대출과 신용카드 빚이 해결되면 학자금 대출과 자동차 할부금을 집중적으로 갚아야 한다. 그런데 나는 부채 상환을 중단하고 집 계약금을 모으기 시작했다. 금융 전문가들이 권하는 방식은 아니었지만, 집세를 내고 있는 형편에 가능한 한 빨리 집을 장만하고 그에 대한 담보대출 상환으로 전환하는 편이 더 현명하다고 판단했다. 임대료 통제는 다세대 주택에만 적용되었고, 우리 집처럼 단독주택에는 적용되지 않았다. 그 말은 언제든지 집주인이 원하는 만큼 집세를 올릴 수 있다는 의미였다. 나는 우편으로 수백 달러에 달하는 임대료 인상 통지서를 받게 될까 봐 매달 겁이 났다. 게다가 집값은 매년 점점 더 비싸지기만 했다. 곧 매달 개인 대출과 신용카드 빚을 갚는 데 쓰던 550달러를 저축계좌에 넣었다. 이렇게 하면 3년 후에 집 계약금으로 2만 달러를 모으게 될 거라고 계산했다.

그런데 국세청에서 세금을 환급받고 부업을 한 덕분에 1년 뒤에 이미

1만 5000달러를 모으게 되었다. 그날 크리스를 보면서 우리의 목표가 생각보다 가까워졌다는 것을 깨달았다. 우리는 어떻게든 집을 살 준비가 되어 있었다.

드루가 죽던 날, 그의 가장 친한 친구인 폴이 찾아왔다. 처음 보는 새 여자친구와 함께. 그녀는 내 옆에 앉아서 하루 내내 나와 이야기를 나누었다. 어느 순간 그녀는 내게 이야기 하나를 들려주었다.

"제가 대학에 다닐 때 가장 친한 친구가 죽었어요. 그 애 남자친구는 정신이 나갔죠. 그 사람도 당신처럼 괴로워하고 겁에 질렸어요. 내 친구는 그의 전부였고, 두 사람은 결혼해서 평생을 함께 보내려고 했거든요. 그런데 친구가 죽자 그는 막막해졌어요. 슬픔에 압도되어 앞으로 나아가는 것이 친구를 배신하는 것 같다고 느꼈죠. 그래서 그는 앞으로 나아가지 않았어요. 거부했어요. 그냥 머물러 있었어요. 몇 년 동안 슬픔 속에 갇혀만 있었죠. 다른 사람과 데이트한 적도 없고, 삶을 온전히 살지 못했어요. 그의 삶이 그냥 내 친구를 위한 헌사가 돼버렸어요."

그녀가 이야기를 하는 동안 나는 듣는 둥 마는 둥 그저 멍하니 앞만 바라보았다. 그래도 그녀는 계속해서 말을 이어나갔다.

"당신은 그러고 싶지 않을 거예요." 그녀가 부드럽게 말했다. "이 일에 갇히면 안 돼요. 지금은 이해하지 못하겠지만, 언젠가, 몇 달 후, 아니 몇 년 후에 기억해 주면 좋겠어요. 여기에 갇히지 마세요."

드루가 죽은 지 1년쯤 후, 확실히 임대료가 너무 비쌌던 작은 아파트의 오븐에서 배송 물품을 정리하던 중, 냉장고와 조리대 사이에 떨어져 있던 작은 시가 상자를 발견했다. 나는 바로 알아보았다. 드루가 냅킨이나 종이에 긍정적인 말이나 목표, 때로는 하루 종일 떠올랐던 생각을 적어둔 것을 보관한 상자였다. 그가 죽기 몇 달 전에 사무실 서랍을 비우며 거기 있던 메모를 함께 읽었다. 한 메모에 이렇게 적혀 있었다.

이커머스에서 하루에 3000달러만 팔면 행복할 것 같다.

나는 드루에게 큰 소리로 읽어주었다.

"정말 그렇게 적혀 있어?!" 그는 충격을 받고 웃으며 말했다.

"그래." 나는 그가 읽을 수 있도록 종이를 이리저리 돌려가며 말했다. "바로 여기에. 왜?"

"지금 우리가 파는 게 바로 그렇잖아!" 그는 종이를 집어 들며 말했다.

"만족해?" 나는 물었다.

"아니!" 그는 여전히 웃으며 외쳤다. "이젠 하루에 만 달러만 팔았으면 좋겠어!"

"아하." 나는 고개를 끄덕이며 말했다. "끊임없이 움직이는 골대네. 인생이란 그런 거지."

드루가 죽은 후, 그의 집 빈방에서 시가 상자를 발견했다. 거기에 그가 목에 걸고 다니던 캔 따개, 열쇠, 서로 찍어준 폴라로이드 사진, 그리고 함께 지낸 2년 동안 그가 집 안 곳곳에 남긴 작은 메모 등 내가 아끼던 그의 물건들을 채워 넣었다. 그날 나는 부엌 바닥에 앉아 시가 상자에서 보물을 꺼내듯 하나하나 끄집어냈다. 나는 괴로워서 울부짖었다.

마치 슬픔이라는 내 안의 괴물이 풀어달라고 애원하는 것 같았다.

문득 폴과 함께 왔던 그 여자가 생각났다. 대학 시절 가장 친한 친구와 그녀를 사랑했던 남자, 슬픔에 갇혀 다시는 다른 사람을 사랑할 수 없게 된 남자의 이야기가 떠올랐다. 나는 똑바로 앉아서 얼굴에 흐르는 눈물을 닦았다. 나는 그녀가 했던 막막하다는 말이 무슨 뜻인지 이해했다. 부엌 바닥에 앉아 죽은 남자친구의 열쇠를 움켜쥐고 울면서 제대로 정신을 차리지 않으면 영원히 이렇게 살아가겠구나 하는 생각이 들었다. 10년, 20년, 30년 후에도 여전히 드루라는 마법 같은 존재의 평범한 유물을 붙잡고, 시간을 거슬러 올라가 그의 얼굴을 한 번만 더 보기를, 햇볕을 받으며 앉아 그와 함께 1초만 더 있기를, 뒷마당에서 죽어가는 고목을 올려다보며 하루만 더 그와 함께 그 나무를 어떻게 교체할지 고민하기를 바랄지 몰랐다. 그동안 내 주변의 삶은 계속 흘러갈 것이다. 나는 갇혀가던 중이었다.

나는 조심스럽게 드루의 물건을 작은 시가 상자에 다시 넣고 냉장고 위에 올려놓았다. 그리고 휴대폰을 꺼내 데이트 앱인 틴더를 다운로드했다. 아직 연애할 준비가 되지 않았지만, 최소한 데이트는 하고자 했다. 그렇지 않으면 결국 '갇히게' 될 것 같았다. 틴더에서 적어도 평범한 사람처럼 사람들과 대화하는 연습이라도 하자고 생각했다.

그 후 6개월 동안 나는 데이트에 전념했다. 술집에서 아무나 만나 의무적으로 술잔을 기울이고 어색한 잡담을 나누다가, 결국 술에 취한 채 차를 타고 집에 돌아와 울면서 잠들었다. 내 삶은 스트레스와 고통의 악순환이었고, 낮에는 일하고 밤에는 데이트하며 각각의 시간이 서로에게 탈출구 역할을 했다. 그러던 어느 날 크리스를 만났다.

빅풋 로지라는 동네 테마 바에서 처음 만났다. 어둡고 조용한 내부에 사람도 붐비지 않아 첫 데이트를 하기에 이상적인 장소였다. 친분이 있던 경호원 커트는 내가 인터넷에서 만난 낯선 남자와 함께 나타나면 항상 고개를 끄덕여주었다. 이날도 다르지 않았다. 바 밖에서 크리스를 만나서 안으로 들어서자 문 앞에서 커트가 고개를 살짝 끄덕이곤 내 이름을 부르며 인사했다.

"여기 자주 오시나요?" 크리스가 물었다.

"그런 편이죠." 나는 어색하게 대답했다.

우리는 구석진 어두운 부스에 앉아 서로의 삶에 대해 소소한 이야기를 나눴다. 크리스는 조용하고 수줍음이 많았지만 재미있었다. 그가 나를 볼 때면 내가 겪은 끔찍한 상실의 트라우마가 아닌 누군가가 진심으로 나를 바라보는 것 같았다. 나는 1년 동안 내 자신이 아닌 것처럼 느껴졌는데, 마치 크리스가 내 안에 있던 슬픔의 찌꺼기와 진흙탕 속으로 손을 뻗어 구타당하고 더러워진 매들린을 꺼내주는 것 같았다. 그건 여전히 나였다. 그날 밤 바에서 집으로 돌아오는 길에 나는 몇 달 만에 처음으로 미소를 지었다. 그리고 4년이 지난 지금 우리는 함께 집을 사기로 했다.

집을 사는 일이 정확히 어떻게 이루어지는지는 잘 몰랐다. 하지만 집을 사기 위해서는 대출이 필요하다는 것은 알았기에, 은행에 전화를 걸어 주택담보대출에 대해 상담했다. 수화기 너머의 남자는 마치 고함을 지르며 장사하는 벌목꾼처럼 퉁명스럽고 강압적이었다. 그는 'PMI', '마감 비용.'* 같은 내가 이해하지 못하는 단어와 숫자를 마구 쏟아냈다. 결국 그는 우리가 대출 자격은 되지만, 8만 달러짜리 주택만 가능하다는 이메일을 보내왔다. 나는 낙담했다. 2019년 로스앤젤레스의 중간 주택 가격은 64만 1340달러였고, 50만 달러 미만의 매물은 찾기가 어려웠다. 어떤 방법이라도 찾기 위해 인터넷을 검색했다. 게시판을 뒤지다가 나와 비슷한 처지에 놓인 누군가의 사연을 발견했다. 그들은 은행에서 그다지 좋은 제안을 받지 못했고, 결국 모기지 브로커를 찾아가 두 번째 평가를 받아보았다. 나는 모기지 브로커란 말을 들어본 적이 없어서 구글에서 검색했다.

'모기지 브로커란?'

자동 고침 기능이 알아서 찾아낼 것이다. 나는 어깨를 으쓱하며 엔터 키를 눌렀다. 컴퓨터 화면에 결과가 한가득 나왔다.

모기지 브로커: 정의, 업무수행 방식 및 책임

첫 번째 링크인 인베스토피디아의 기사를 클릭했다.

모기지 브로커란 모기지 대출자와 모기지 대출기관을 연결해

---

* PMI, 즉 Private Mortgage Insurance는 민간주택융자보험, 마감 비용(closing costs)은 부동산 거래가 종료될 때 붙는 수수료를 말한다.

주는 중개인이다.[6] (중략) 대출자와 대출기관의 연결을 돕고 대출자의 재정 상황과 이자율 요구 사항에 맞춰 가장 적합한 대출을 찾아준다. (중략) 브로커는 거래 종결 시 대출자, 대출기관, 또는 양쪽 모두로부터 수수료를 받는다.

설명을 읽고 또 읽었다. 알 것 같았다. 모기지 브로커는 주택 융자를 위한 퍼스널 쇼퍼와 같으며, 때로는 차용인으로서 내가 그들에게 돈을 내지 않아도 되었다(은행이 낸다). 나는 지역 검색 서비스인 옐프를 열고 근처에 있는 모기지 브로커를 검색했다. 가장 먼저 나타난 사람은 자신을 '친절한 대출기관'이라고 칭했다. 그는 80개의 리뷰에 평점이 별 다섯 개였다. 공개된 사진에는 카메라를 정면으로 응시하며 웃고 있는 친근한 얼굴이 담겨 있었다. 전화 한 통 해봐도 나쁠 건 없다고 생각했다. 긴장된 마음으로 화면에 나온 번호로 전화를 걸었다. 전화 반대편에서 '친절한 대출기관'이라는 경쾌한 남자의 목소리가 들렸다.

"아, 안녕하세요." 나는 어색하게 말했다. "제가, 어, 집을 사는 데 관심이 있는데 아직은 준비가 덜 된 것 같아요. 음, 제가 무엇을 해야 하는지 알려주실 수 있나 해서요. 아무래도 준비가 필요할 것 같거든요."

"네, 물론이죠." 전화 반대편에 있는 남자가 말했다. "근데 왜 지금은 준비가 덜 됐다고 생각하시는지 여쭤봐도 될까요?"

"음. 남자친구와 저는 돈이 별로 없어요. 저소득층이거든요. 로스앤젤레스 주택도시개발부 기준에 따르면 매우 소득이 낮은 편이고, 저축한 돈도 얼마 없어요."

"흠. 몇 가지 정보를 이메일로 보내주시면 저희가 할 수 있는 일을 알아보겠습니다"라고 그는 말했다. 나는 그의 목소리에서 미소를 들을 수 있었다.

전화를 끊은 후 나는 그가 요청한 내용을 이메일로 보냈다.

1. 나와 크리스의 전년도 급여명세서
2. 신용점수 스크린샷
3. 저축계좌 스크린샷
4. 남은 부채에 대한 월별 최소 상환액에 대한 요약

몇 분 후 다시 전화가 왔다.

"상황이 그리 나쁘지 않으시네요." 그는 말했다. "지금 집을 매매하기 원하시면 최대 50만 달러까지 대출을 찾아드릴 수 있을 것 같아요. 이자율이 낮으니 아주 도움이 될 것 같은데요."

충격에 입이 떡 벌어졌다. *50만 달러요?* 나는 전화기에 대고 비명을 질렀다.

"네." 모기지 브로커가 대답했다. "로스앤젤레스에서는 그리 많은 금액이 아니지만 처음 집을 사기에는 충분할 겁니다."

내가 상상한 것보다 훨씬 많은 액수였다. 하지만 월별 상환액도 생각해야 했다. 50만 달러를 대출받으면 보험료와 세금을 포함해 월 지급액은 3000달러 정도였다. 우리의 빠듯한 예산으로는 감당하기 벅찼다. 결국 우리는 42만 달러로 예산을 맞췄다. 계약금을 3.5퍼센트까지 낮출 수 있는 정부보증융자인 연방주택관리청 대출을 이용하면 계약금이 총 1만 4700달러(각 7350달러)에 불과해서 저축한 1만 5000달러로 계약금과 부동산 매매 수수료를 충분히 감당할 수 있을 것 같았다. 나는 부동산 체인 레드핀과 질로우에 우리가 정한 가격대의 새 매물 알림을 설정하고 본격적으로 집 구하기에 들어갔다.

불과 한 달 만에 나는 낙담했다. 로스앤젤레스에서 우리가 정한 가격대의 매물은 아파트가 아닌 콘도미니엄뿐이었고, 불행히도 우리가 받을 수 있는 대출 유형은 콘도미니엄에는 해당되지 않았다. 사업을 위해서는 단독주택이어야 했고, 게다가 (공용 부지와 일부 공과금을 포함하는) 콘도미니엄의 주택소유자협회 수수료가 꽤 커서 월 주거비에 500달러가 더 추가되기도 했다. 나는 롤러코스터를 타고 부동산 구매를 위한 대출의 사전승인이라는 고점을 찍었지만, 50만 달러가 있어도 살 집이 없다는 사실을 깨달으며 저점을 찍었다.

"시 외곽은 찾아봤어?" 어느 날 친구가 나에게 물었다.

찾아보았다. 로스앤젤레스 외곽에는 많은 교외 지역사회가 있는데, 대부분 유색인종이나 최근 이민자들이 거주하는 공동체였다. 그곳의 주택은 우리 예산 안에 들었지만, 기존 거주자들과 의사소통도 어렵다는 점에서 마치 무단 침입자가 된 느낌이었다. 크리스와 나는 스페인어 간판들이 늘어선 전통적인 동네의 최근 리모델링한 주택의 오픈 하우스에 갔다. 우리는 수많은 젊은 백인들이 집값이 저렴한 곳이면 어디든 들어가고 싶어 안달이 난 듯 몰려드는 모습을 지켜보았다. 동네 사람들은 앞마당에 서서 "동네가 망해간다"는 듯 얼굴을 찡그리고 있었다.

몇 년 전 멕시코에서 미국으로 이주한 할머니를 둔 크리스는 한 오픈 하우스에서 입꼬리가 턱까지 내려간 채 실망스러운 표정으로 나를 바라보았다. "내가 스페인어를 더 잘했다면 좋았을 텐데"라고 그는 말했다. "그런데 이건 아닌 것 같아. 여기는 우리가 있을 곳이 아니야."

나는 동의했다. 결국 우리는 젠트리피케이션의 선구자였다. 그렇다면 우리가 있어야 할 곳은 어디일까? 정답은 세대 간의 유대감이 있는 곳이었다. 하지만 할머니가 살던 이글록은 이제 우리 예산에 비해 너무 비쌌다. 낙담한 나는 케네디에게 전화를 걸어 이야기를 나눴다.

"나도 집 사고 싶어." 케네디는 말했다.

"꼭 그래야 해." 내가 말했다.

드루가 죽고 나서 케네디는 메이크업 아티스트로서 경력을 시작했다. 이제는 전 세계를 돌며 고급 패션 관련 일을 하고 있었다.

"아니." 그녀가 말했다. "너 이해 못했구나. 나도 집을 사고 싶기는 해. 하지만 돈을 많이 쓰고 싶지는 않아. 나 알지? 난 돈 벌어서 재미있게 놀고 싶어. 우리가 같이 집을 사면 어떨까? 듀플렉스 구조로 한 채는 너, 한 채는 내가 쓰는 거지. 그러면 우리가 가까이 살 수도 있고 좋잖아!"

누군가와 함께 살기 위해 듀플렉스 주택을 산다는 이야기는 들어본 적이 없었다. 세를 주려는 사람들이나 구매할 거라고 생각했다. 연방주택관리청 대출로 듀플렉스를 매입할 수 있는지도 확신할 수 없었다. 나는 노트북을 열고 케네디가 말하는 동안 두 가지를 검색했다.

연방주택관리청 대출도 듀플렉스에 적용되나요?

로스앤젤레스 다가구 주택 매물

검색 결과가 나오자 눈이 휘둥그레졌다. 이게 실제로 가능할지도 모르겠다는 생각이 들었다. 우선, 정부보증융자가 듀플렉스 주택에 적용되었다. 그리고 로스앤젤레스의 듀플렉스 주택은 단독주택보다 훨씬 낮은 가격에 판매되고 있어서 한 채 가격으로 두 채를 사는 것이나 다름없었다. 이글록에는 듀플렉스 주택이 없었지만, 어느 방향으로든 한 동네만 지나면 몇 곳 있었다. 가능성이 보였다. 하루가 끝날 무렵, '친절한 대출기관'은 우리 셋이 합쳐서 100만 달러의 대출을 승인했다.

케네디가 비명을 지르며 전화를 걸었다. ***"100만 달러라고?"*** 그녀는 전화기에 대고 소리쳤다.

"그런데 나하고 크리스는 50만 달러는 부담스러워." 내가 그녀에게 말했다. "우리 80만 달러 정도에서 구하자. 안 그러면 월 지급액이 너무 많아."

80만 달러짜리 주택이면 모기지, 이자, 계약금을 낮추는 데 필요한 PMI, 재산세, 주택 소유자 보험을 포함해 월 지급액이 한 채당 약 2500달러 정도였다. 항상 내던 월세보다 훨씬 많은 금액이지만 30년 후에는 집값이 전혀 들지 않을 것이다. 게다가 은퇴 저축을 한 푼도 하지 못해도 노후에 역모기지(집을 은행에 되팔아 노후에 안락하게 살 돈을 마련하는 것이다)를 할 수 있는 집이 하나쯤은 생기는 것이다. 그렇게 되면 집을 상속자에게 물려줄 수 없어서 '세대 간 부의 대물림'은 없겠지만, 내가 앞으로 아이를 갖고 싶은지도 모르겠고, 최소한 가족에게 재정적 부담은 주지 않을 것 같았다. 이것으로 주택에 대한 투자와 은퇴를 위한 투자가 한 번에 이뤄졌다.

크리스와 난 동네의 부동산 중개인을 찾아 할머니가 살던 동네 반경에 나온 집 세 채에 대한 정보를 얻어 케네디에게 보냈다. 한 달도 채 지나지 않아 우리는 가장 저렴한 가격인 83만 달러에 '분리형 듀플렉스', 즉 한 구획의 토지에 두 채의 집이 있고 그 사이에 차고가 있는 집을 구매하겠다고 제안서를 냈다. 집은 지은 지 100년이 넘었지만 원래의 나무 바닥을(비록 상태는 엉망이었지만) 그대로 유지하고 있었다. 집 모서리는 다소 거칠었지만 아름다웠다. 우리는 부동산 개발자나 투자자가 아니라는 사실을 강조하며 판매자에게 진심 어린 편지를 썼다. 기존 부동산 시장의 가격은 감당할 수 없고, 단호한 개인주의에 실패한 우리는 작은 공동체로서 함께 힘을 모아 집을 사려는 사람들이라고 호소했다. 개개별로 우리 모두는 가난했다. 그러나 함께라면 더 많은 힘을 가질 수 있었다. 많은 것을 살 수는 없겠지만, 적어도 집 한 채는 살 수 있었다.

편지는 통했다. 우리의 구매 제안이 다른 두 건을 제치고 받아들여졌고, 30일 동안 제3자가 모든 대출 세부 사항을 확정하고 주택 검사와 나머지 협상을 진행하는 '부동산 신탁 거래Escrow' 기간에 들어갔다. 첫 번째 검사에서 파이프가 새고 지반이 흔들리는 문제를 발견했고, 판매자가 가격을 3만 달러 낮춰 결국 집값은 80만 달러가 되었다. 부동산 신탁 거래가 마무리되었을 때 내 저축계좌에는 5000달러가 남아 있었다.

크리스와 내가 이사한 집은 93제곱미터로, 침실 세 개와 욕실 두 개가 있었다. 2019년에 이 집을 샀을 때 로스앤젤레스 중심부에 있는 비슷한 규모의 주택의 월 임대료는 2400달러 미만으로 우리가 내는 월 지급액과 거의 비슷했다. 하지만 2022년에는 같은 집의 임대료가 모기지 지급액보다 1000달러 더 높아졌다. 불과 3년 늦게 이 집을 샀더라면 거의 두 배에 가까운 150만 달러를 내야 했을 것이다. 집값만 오른 게 아니라 이자율도 상승했다. 집을 사는 게 좋은 투자 전략이라는 것은 알았지만, 막상 집을 사고 결과적으로 얼마나 많은 돈이 절약되는지 체감하고는 놀랐다. 주택 매매로 인해 우리는 일종의 '임대료 통제' 보호를 받게 된 셈이었다. 아무리 인플레이션이 발생하더라도 우리가 30년 후 대출금을 갚을 때까지 집에 드는 지급액은 상대적으로 동일하게 유지될 것이기 때문이다.

나는 왜 대부분의 미국인이 주택 소유를 기준으로 생활의 안정성을 가늠하는지 이제 경험으로 알게 되었다. 단독주택 소유자는 10년 동안 주택 자산만으로 평균 22만 5000달러의 부를 축적하는데, 이는 주택 소유자의 평균 자산이 임차인 평균 자산의 40배에 달하는 이유를 설명해 준다. 집을 구매하고 불과 3년 만에 부동산에 대한 나의 개인 지분은 12만 5000달러가 되었다. 이미 가족 중 누군가가 집세를 내고 있다면, 그 비용을 가치가 상승하는 자산으로 대체하는 것이 소득이 적은 사람들이 부를 축적할 수 있는 가장 쉬운 방법 중 하나다. 이를 위해서는 주택 매매 계약금을 저축하고 대출 자격을 얻는 방법을 알아내면 되는데, 이게 말처럼 쉽지 않다. 하지만 방법을 찾아내서 모기지 비용을 제때 납부한다면 당신의 인생은 더 나아질 것이다.

상식적인 관점에서 볼 때 소유하는 것보다 임대하는 것이 더 비싸다. 집주인은 공공 서비스를 제공하는 게 아니라 모기지 비용보다 더 비싼 임대료를 받고 집을 빌려줘서 수익을 창출하기 때문이다. 2021년에는 전국 대도시 절반 정도가 임대하는 것보다 사는 것이 더 저렴했다. 나머지 절반 지역에서도 비슷한 주택의 임대료보다 월 모기지 지급액이 더 저렴해지는 것은 시간문제에 불과할 것이다.

평균적으로 미국의 임대료는 매년 5.77퍼센트씩 올라간다. 2019년에 집을 사지 않고 대신 월세(2372달러)를 계속 낸다고 치면, 2049년에는 월 1만 2764달러 9센트를 지불하게 될 것이다. 부동산 투자자들은 세입자 국가를 만들고 싶어 하며, 그 이유는 간단하다. 임대료 폭등으로 막대한 이윤을 남길 수 있기 때문이다. 엄청나게 비싸도 집세를 내지 않으면 살던 집에서 쫓겨나기에 대부분의 사람은 집세를 마련하기 위해 최선을 다할 수밖에 없다.

주택의 상품화는 내가 결코 이해할 수 없는 사회악이다. 지금까지 우리가 어떻게 탐욕에 방관했길래, 생존을 위해 꼭 필요한 주거지와 같은 것들이 부자들이 이익을 취하는 상품으로 전락하고 가난한 사람들은 어려움을 겪게 된 것일까? 기업이 노동자의 실질임금은 낮추고 손에 넣을 수 있는 한 많은 주택을 사들인 다음 임대료를 엄청나게 올리는 상황에서, 일반 개인은 어떻게 해야 이 착취의 악순환에서 벗어날 수 있을까? 이 둘은 떼려야 뗄 수 없는 관계처럼 보인다. 인생 대부분이 그런 것처럼, 혼자서 싸우는 것은 어렵지만 여럿이 싸우면 보다 쉬워진다. 나 혼자서 집을 사는 것은 불가능해 보였다. 하지만 나와 가장 가까운 사람들의 도움 덕분에 불가능했던 그 일이 내 인생에서 최고로 잘한 결정 중 하나로 바뀌었다.

우리는 2020년 2월에 우리 집으로 이사했다. 우리가 '우리 집'이라고 부르는 집은 부지의 진입로 깊숙한 곳에 있는 뒷집이다. 이 동네는 로스앤젤레스에서 가장 오래된 동네 중 하나로 인근에 승마 클럽과 도시 건물들이 모여 있으며, 동네의 모든 집마다 뒷집이 있는 것 같다. 우리 동네에는 특별한 무언가가 있다. 이곳은 정착하고 뿌리를 내릴 수 있는 곳이다. 예전에는 농촌이었다. 오래된 강이 범람하는 평야에 있어서 토양이 풍부하고 비옥해 식량 재배에 최적의 조건을 갖추고 있었다. 1800년대에는 대규모 개인 소유 목장의 일부였으나 1868년에 목장의 일부가 개인 부동산 개발업체에 매각되었다. 1902년에는 더 작은 구획으로 세분화되어 장래의 주택 개발업자에게 판매되었다. 우리 땅도 그중 하나였는데, 앞집은 1916년에 지어졌고, 작은 뒷집은 1922년에 추가 건축되었다. 집을 샀을 때 시에서 제공한 건축허가서의 사본을 받았는데, 반은 타이핑되고 반은 수기로 작성되어 있었다. "공공사업 위원회, 건축부: 골조 건물 건립 신청, D등급."

동네의 일부 노인들은 동네의 절반 정도가 아직 농지였고 부모님이 전차를 이용해 매일 장을 보러 가던 시절을 기억한다. 가끔 간식을 사러 걸어서 모퉁이에 있는 주류 판매점에 가면, 거기 모여 있던 어르신들이 그들이 어렸을 때의 동네 사진을 보여주곤 한다. 한 할아버지는 어린 시절 울타리 위에 앉아 있는 사진을 보여줬는데, 그 뒤에는 말 외에는 아무엇도 없었다. 할아버지의 아버지는 우리가 서 있는 바로 그 자리에 있던 대규모 기업 농장에서 카우보이(진짜 카우보이)로 일했다고 한다. 하지만 이제 농장은 사라진 지 오래고, 눈에 보이는 것은 집들뿐이다.

모퉁이에 모여 있는 남자들은 친절하다. 지금은 아버지와 할아버지 나이가 되었지만, 젊었을 때는 마약, 총기, 안 해본 것 없이 동네를 주름잡았다고 말한다. 그들은 웃으며 그들의 영광스러운 시절을 회상한다. 경찰을 피해 도망치면서 뛰어넘었던 울타리, 마약 거래하다가 걸려서 웅크리고 숨어 있던 뒷마당, 친구들이 죽는 걸 목격한 장소를 내게 손가락으로 가리키며 알려준다. 나는 눈이 커지면서 입술을 삐죽 내민다.

"살벌하네요." 나는 부드럽게 말한다. "안됐어요."

"그게 일이었는걸." 그들은 이렇게 말하며 트라우마를 털어내는 듯 어깨를 으쓱하고 만다.

거리의 남자들은 이제 우리를 지켜준다. 남자애들이 우리 집에 낙서하지 않도록 막아주고, 내가 밤늦게 산책할 때도 지켜봐 준다. 지갑을 잊고 나오면 대신 스낵을 사주기도 한다. 그들은 자신들을 무서워하지 말라고, 자신들은 동네를 안전하게 지키기 위해 있는 것뿐이라고 말한다. 나는 그 말을 믿는다. 그리고 나도 어떻게든 받은 만큼 돌려주려 노력한다. 차 안에 열쇠를 두고 잠그면 열쇠 수리공에게 연락한다. 가게에서 그들을 마주치면 맥주를 사주기도 한다. 항상 멈춰 서서 옛 시절 이야기를 함께 떠든다. 론은 브레이크 댄서였다고 한다. 찰스는 미인을 좋아하고 약자를 괴롭히는 건 싫어한다고 말한다. 그들은 내가 다가오는 걸 보면, 집에 온 손님처럼 환영하고 농담을 건네며 미소를 짓는다. 나는 이곳의 손님이다. 여기는 그들의 동네다. 굳이 소리 내 말할 필요도 없다. 우리 모두 알고 있기 때문이다.

여름철 7월 4일이 되면, 동네 주민들은 일상을 멈추고 모두 길거리로 나와 불법 불꽃놀이를 구경한다. 파란 머리의 나, 〈트랜스포머〉의 블루 스트릭 로켓을 든 론, 빠진 이를 보이며 활짝 웃는 찰스. 모두 나란히 서서 하늘을 올려다보며 폭죽이 터지는 것을 지켜본다. 아이들이 비공식적으로 폐쇄된 도로 한가운데서 폭죽을 터뜨리며 노는 동안 우리는 서로 웃고 포옹하며 미소 짓는다. 이것이 바로 내가 생각하는 공동체의 모습이다. 내 집은 가치가 올라가는 나의 소중한 자산일 수 있다. 하지만 그보다 더 중요한 건 그것이 내 집이라는 사실이다. 여기서 평생 살 수도 있는 내 집 말이다.

우리 집은 볼 게 별로 없다. 미국 보통 주택에 비해 크기도 작다. 전선과 전등 스위치 박스가 벽 바깥쪽으로 튀어나와 있다. 마루판은 걸을 때마다 삐걱거리는 소리를 낸다. 조각이 떨어져 나간 부분도 있고, 표면은 형체를 알아볼 수 없을 정도로 긁혀 있다. 그것을 감추기 위해 진한 갈색으로 덧칠되어 있다. 그 나무 바닥은 100년도 넘었다. 바닥은 우리가 오직 상상으로만 알 수 있는 것을 알고 있다. 그들은 우리에게 완벽할 필요가 없다. 집에 있는 어떤 것도 완벽할 필요는 없다. 나는 거실 벽을 진한 파란색으로 칠하고, 중고품 가게와 크라이그리스트에서 구한 중고 소품으로 공간을 꾸몄다. 엄마는 값싼 집을 집답게 만드는 법을 나에게 가르쳐주었다. 크리스는 현관 주변과 집 안 곳곳에 거의 50개에 달하는 화분을 놓고 싱싱하게 식물을 키운다. 나는 50퍼센트 할인된 가격으로 산 타일로 부엌 바닥을 깔고, 쓰레기 매립지에서 찾은 반쯤 찌그러진 오븐 레인지를 설치해서 돈을 절약했다. 제대로 작동하지 않아 고무 패킹을 다시 부착해야 했지만, 요리도 잘 되고 보기에도 근사하다. 언젠가는 집의 모든 방을 리모델링할 것이다. 그러면 모든 방에는 전기코드가 걸레받이를 따라 놓이지 않고 벽 안쪽으로 연결될 것이다. 하지만 그날이 올 때까지 페인트를 새로 칠하고 중고 미술품을 벽에 걸어두는 것으로 만족해야 한다.

집은 우리에게 무언가를 상징한다. 그것은 미래에 대한 투자이기도 하지만 충분함의 기준이기도 하다. 그것은 과하지도, 화려하지도 않으며, 어떤 지위의 상징도 아니다. 그보다 더 좋은 것이다. 안정, 편안함, 평화다. 가끔 부엌에서 저녁 요리(여전히 애초에 이런 집을 살 계약금을 마련할 수 있게 도와준 저렴한 렌틸콩과 옥수수죽 요리지만)를 할 때면, 나는 주위를 둘러보며 자못 궁금해진다. 누가 처음 집이라는 개념에 가격을 매기기로 했는지. 사실 이해되지는 않는다. 집 가격은 너무 주관적이어서 계산하기 어렵기 때문이다. 이곳도 멀리서 스크린으로만 보는 투자자에게는 150만 달러의 가치가 있는 곳이다. 그들은 가끔 전화를 걸어 팔 생각이 있냐고 물어본다. 그러면 그냥 전화를 끊는다. 이 느낌, 내가 원하면 평생 머물 수 있는 안전한 곳에 마침내 도착했다는 이 느낌은 값으로 매길 수 없다. 그것이 바로 집이라는 의미다.

집을 사는 방법

집을 사는 게 해마다 점점 더 어려워진다. 여기 내가 집을 사며 배운 모든 것과 당신이 주택 구입에 성공하기 위해 알아야 할 사항을 소개한다.

1. 모기지 제공업체는 주택 구입에 돈을 얼마나 대출해 줄지 결정하기 위해 몇 가지 사항을 살펴본다.

a. 신용점수: 미국에서는 620점 이상이 가장 이상적이다. (일부 대출기관에서는 이보다 낮은 신용점수로도 가능하다.)

b. 소득 대비 부채 비율: 월 부채 상환 의무(즉 모든 부채에 대한 최소 월 상환액)를 모두 합산하여 총 소득(세전)으로 나눠 36퍼센트 이하가 되어야 대출기관에서 안정적으로 모기지를 받을 수 있다.

c. 저축: '일반' 대출의 경우 대출기관은 주택 가격의 20퍼센트를 계약금으로 가지고 있는 것을 선호하지만, 일부 일반 대출은 10퍼센트나 5퍼센트까지 낮은 계약금으로도 대출받을 수 있다. 계약금이

그보다 적다면 연방주택관리청 대출도 괜찮다. 주택이 특정 요건을 충족해야 하고 PMI를 위해 매달 추가 금액을 내야 하지만, 계약금이 구매 가격의 3.5퍼센트까지 낮아진다. 주요 대도시 지역 밖에 거주한다면 계약금이 전혀 필요하지 않을 정도로 계약금 지원을 제공하는 미국 농무부 농촌 개발 대출을 알아봐라. 어느 쪽을 택하든 '부동산 매매 수수료'로 대출 금액의 3~5퍼센트 정도는 있어야 한다. 또한 대출기관은 계약금 지급 후에도 당신의 저축예금통장에 여전히 어느 정도는 잔액이 남아 있는 것을 선호한다. 따라서 자격 요건도 충족하고 마음의 평화를 위해서도 '비상 저축' 같은 추가 저축이 있으면 좋다.

d. 소득: 대출기관은 매년 국세청에 보고되는 소득을 따져 당신의 구매 가능 금액을 결정한다. 자영업자에게는 정규 W-2 직업을 가진 경우보다 더 많은 자료를 요구한다. 결국 대출기관은 부채와 청구서 등을 지불한 후의 소득을 기준으로 월 예산에서 모기지 상환에 현실적으로 사용할 수 있는 추가 자금이 얼마나 되는지 계산한다. 이 모든 것이 반영되어 당신의 대출 금액이 결정된다.

2. 변동금리 모기지에 유의해라. 이러한 모기지는 시간이 지남에 따라 이자율이 변경된다. 일부 데이터에 의하면, 장기적으로 많은 대출자에게 궁극적으로 더 저렴하지만, 저소득 대출자에게는 감당하기 어려운 재정적 불안정을 초래할 수 있다.

3. 변동금리에 대해 알아두거나 일반 은행이나 대출기관 말고도 모기지 브로커에게 연락해서 개별 상황에 맞는 모기지 상품이 더 있는지 더 알아봐라. 모기지 브로커에게 거짓말은 하지 마라. 그들은 당신 편이다! 당신의 예산에 맞는 대출을 찾아주는 것이 그들의 임무다.

4. 모기지 브로커나 대출기관에 문의하면, 대출 가능 금액을 보여주는 '사전승인서' 또는 '사전자격심사'를 준비해 줄 것이다. 해당 서류를 받아 부동산 중개인에게 가져가 집을 구하는 데 도움을 요청하면 된다. 부동산 중개업자 대부분이 이 서류를 받기 전에는 도움을 주려 하지 않을 것이다.

5. 당신이 원하는 지역의 집값이 비싸다면 친구나 가족과 함께 다세대 주택을 사는 것도 고려해 봐라. 모기지를 함께 받는 사람 수에는 제한이 없으며, 많은 지역에서 구매 후 '콘도 전환'* 을 통해 각 채를 법적으로 자체 재산으로 분리해 주택협동조합처럼 만들 수 있다.

---

* Condo Conversion, 미국식 재건축으로, 통으로 사서 개조해 되파는 형식이다.

와, 우리 같이 성장했어

I Survived
Capitalism
and All
I Got Was
This Lousy
T-Shirt

우리 집으로 이사하면서 터널비전은 마당이 내다보이는 큰 창문 세 개가 달린 작은 홈오피스를 갖게 되었다. 아주 작은 공간이었는데, 배송 물품을 오븐에 보관했던 로스펠리즈의 아파트에 이어 두 번째로 작은 공간이었다. 나는 방은 물론 책상과 선반들까지 크기를 꼼꼼하게 측정해서 파일로 축소 모형을 만들어 컴퓨터에 저장해 놓고 물건을 어디에 두어야 하는지 파악했다. 번거로운 일이었지만 어쩔 수 없었다. 나는 카밀라에게 벽에 칠할 페인트 색상으로 진한 자두색을 권했다. 그리고 중고 가게에서 찾은 패치워크 벨벳 커튼을 걸어 집처럼 편안하게 보이게 하고, 이케아에서 산 5달러짜리 전등갓을 달았다. 그런데 너무 낮게 걸어서 카밀라가 책상에서 일어날 때마다 머리에 부딪혔다.

사업은 여전히 나와 카밀라만으로 운영되었고, 임금은 세금을 제하고 하루에 150달러 정도였다. 나는 세후 수입으로 계산하는 걸 좋아한다. 그것이 실제 우리 주머니로 들어오는 금액이니 가장 현실적으로 느껴지기 때문이다. 덕분에 예산 책정이 쉽고 명확해졌다. 카밀라는 여전히 주 4일 일했고 나는 주 5일 일했다. 카밀라가 주문을 확인하고 고객 서비스 이메일에 응답하는 일을 담당했다. 나는 거실 소파에 앉아 웹사이트에 빈티지 목록을 업데이트하면서 주로 싸구려 공포 영화를 감상했다. 영화는 일에 집중하는 데 도움이 됐다. 나중에 알게 된 사실이지만, 이는 ADHD 환자의 전형적인 증상으로 다른 것을 찾지 않을 만큼의 주의 분산이 필요하다고 한다.

새집으로 이사한 지 한 달이 지났을 때, 코로나19라는 심각한 병증을 일으키는 신종 바이러스가 출현했다는 소문이 들려왔다. 결국 이사 후 두 달이 조금 안 된 3월 19일에 캘리포니아주는 봉쇄되었다. 카밀라와 나는 대체 무슨 일이 벌어질지 궁금해하며 잠자코 재택업무에 돌입했다. 대침체 때와 비슷하거나, 보다 심하면 세계 시장의 기능이 멈출 거라고 예상했다. 몇 달만 지나면 나는 실업자 신세가 되어 집에서 데이터를 입력하는 최저임금 업무를 놓고 다른 실업자들과 치열하게 경쟁하게 되리라. 그렇게 상상했다. 그런데 며칠이 지나고, 또 몇 주가 지나자 매출이 꾸준히 증가하기 시작했고 심지어 상승 궤도에 올랐다. 집 밖으로 나갈 수 없는 사람들이 인터넷으로 시선을 돌리면서 전자상거래가 호황을 누리기 시작한 것이다.

봉쇄 기간 동안 전자상거래 웹사이트를 운영하면서 가장 큰 문제는 재고를 확보하는 것이었다. 기업들은 저마다 코로나19에 안전한 방식으로 운영하기 위해 최선을 다했고, 성공의 정도는 다양했다. 래그 하우스가 문을 닫으면서 우리도 빈티지 의류 사업을 이어갈 옷을 확보하기 힘들어졌다. 우리의 정규 재봉사였던 소피아는 팬데믹 기간에 크게 성장한 딸의 의류 라인으로 바빠져서 더 이상 우리의 주문제작 의류를 만들 수 없었다. 물론 내가 바느질하면 되었지만 재료를 구할 수가 없었다. 시내 원단 시장은 유령도시나 다름없었는데, 글로벌 팬데믹이 발생하지 않았을 때도 중고 원단은 구하기가 거의 불가능했다.

그러다가 동부 해안 쪽에서 우편으로 대량 주문을 받는 래그 하우스를 찾아냈다. 개인이 혼자 운영하는 곳이었는데, 무작위지만 고객의 요청에 최대한 맞춰서 기존의 재고를 묶음 단위로 판매했다. 나는 월간 단위로 주문을 넣기 시작했고, 어떤 재고가 들어오는지 선물처럼 뜯어보았다. 하지만 몇 달이 지나자 거기도 재고가 바닥나는 게 느껴졌다. 우편물로 도착한 상자는 점점 더 빈약해지고 옷도 이상해져 갔다.

3월 27일부터 미국 정부는 팬데믹으로 인해 해고된 사람들에게 실업수당을 지급하기 시작했다. 하지만 자영업을 했던 많은 친구들이 자격 문제로 실업수당을 받는 데 어려움을 겪었다. 사람들은 현금이 절실했다. 그리고 나는 재고가 절실했다. 친구들이 내게 옷장에 있는 옷들을 팔고 싶다고 메시지를 보내왔다. 서로 좋은 일이었다. 나는 친구들 집으로 차를 몰고 가서 현관에 놓인 상자를 비대면으로 수거한 후, 친구들이 2미터 정도 떨어진 곳에서 손을 흔드는 동안 차 안에서 돈을 이체했다. 그런데 피팅 모델은 구할 수가 없었다. 하는 수 없이 우리는 직접 옷을 착용하고 맞지 않는 부분은 핀으로 고정해서 사진을 찍은 후 양해의 글을 달았다. "매들린은 이 옷을 핀으로 고정해서 입었습니다. 매들린이 아닌 사람에게는 더 잘 맞을 겁니다. 죄송합니다."

결국 친구들의 빈티지 옷 공급마저 말라가는 듯했다. 물론 로스앤젤레스 남부의 래그 하우스에 있는 거대한 창고 셔터 뒤에는 그것들이 꾸러미로 단단히 포장되어 있거나 방수포로 덮여 있겠지만 말이다. 하지만 그걸 파는 사람은 아무도 없었다. 이런 걸 두고 '공급망 문제'라고 하는 것 같았다.

친구들은 내게 전화를 걸어 대침체를 떠올리게 하는 겁에 질린 목소리로 말했다. "우린 어떻게 되는 걸까? 청구서는 어떻게 내야 하지?"

"곧 직장으로 복귀할 수 있을 거야." 나는 안심시키기보다는 짜증이 섞인 목소리로 말했다. "정부는 우리에게 관심이 없어. 경제를 위해 사람들이 죽거나 말거나 다시 일터로 내보낼 거야."

나는 내 말이 틀리기를 바랐지만, 몇 달이 지나자 내가 맞았다는 것이 증명되었다. 정부는 '경제 활성화'를 위해 할 수 있는 모든 조치를 취했지만 공공 안전을 우선시하는 경우는 거의 없었다. 우리의 작은 사업체는 우리보다 먼저 지나간 다른 배들의 잔해를 헤치며 나아가는 유령선 위에 올라탄 것 같았다. 매출은 꾸준히 상승했다. 우리는 가슴 졸이며 올 것이 오기를 기다리는 심정이었다.

올 것이 왔지만 우리의 예상과는 달랐다. 어느 날 카밀라가 집에서 손목을 다친 것이다. 손목은 좀처럼 낫지 않았다. 카밀라는 차를 운전하고 접시를 들고 밥을 먹고 TV 리모컨을 사용하는 등의 일상적인 일을 하는 데 어려움을 겪었다. 의사와 물리치료사에게 상담받았지만, 그들은 명확하게 진단을 내리지 못했다. 확실한 건 휴식이 필요하다는 것뿐.

"얼마나 쉬어야 하죠?" 그녀는 당황해하며 물었다. "생계를 위해 일해야 하거든요."

"여력이 되시는 만큼만요." 그들은 어색하게 대답했다. 우리의 영리 의료 시스템과 사회 안전망의 부재가 얼마나 심각한지 여실히 보여주는 대답이었다. 차라리 "제발 죽지 마세요!"라고 말하고 그냥 넘어가는 편이 나았을지도 모른다.

"봐, 매출은 좋아." 나는 기분이 상하지 않도록 작게 말했다. "집에서 한두 달 정도 쉬는 게 어때? 터널비전이 감당할 수 있는 한 급여는 원래대로 계속 줄게. 그때그때 상황에 따라 처리하자."

카밀라는 다음 몇 달 동안 집에서 음성으로 안부를 묻는 문자 메시지를 보내며 시간을 보냈다. 하지만 나아질 기미는 보이지 않았다. 그녀가 없는 동안 빈자리를 채워줄 사람이 필요했다. 나는 소셜 미디어에 공고를 올렸다. "부업 찾고 계신 분? 코로나에서 안전한 환경(저는 집 밖으로 나가지 않아요). 주 5일, 하루 150달러, LA 중부, 연락 바람."

얼마 지나지 않아 빈티지 업계에서 알던 사람에게 문자 메시지를 받았다. 주말에 벼룩시장에서 자신의 빈티지 제품을 판매하던 케나라는 여자였다.

"안녕하세요! 방금 포스팅을 봤어요! 일자리를 찾고 있어요. 벼룩시장은 전부 문을 닫았고, 면역력이 약해 집에만 갇혀 있어서 미칠 것 같아요. 저는 어떤지 생각해 보시고 연락주세요!"

나는 바로 답장을 보냈다. "내일부터 나올 수 있나요?"

30초도 안 돼서 빈자리가 채워졌다. 인스타그램에서 게시물을 삭제하려는데 벌써 10명 정도 댓글을 단 것을 보고 깜짝 놀랐다.

'이렇게나 빨리?' 나는 놀랐다. 사람들이 정말 힘들어하고 있었다. 나는 운이 좋았다.

희망찬 냉소주의자, 케나

빈티지 수집가들이 '쓰레기통'이라고 부르는 곳에서 케나를 처음 만났다. 그곳은 중고 의류 대기업이 소유한 공공 매장으로, 자사 매장에서 판매되지 않는 물건들을 사람들이 골라갈 수 있도록 거대한 파란색 쓰레기통에 버려둔다. 대부분 옷을 무게로 측정해서 판매하는데, 대체로 옷 하나당 1~2달러 정도로 가격이 저렴하다. '쓰레기통'에는 재판매 라이선스가 없거나 대형 래그 하우스의 최소 구매 금액을 감당할 수 없는 빈티지 판매자들로 북적인다. 다들 경쟁적이고 치열해서 종일 있다 보면 누가 먼저 티셔츠를 가져가느냐를 두고 주먹다짐이 벌어지는 장면을 목격하기도 한다.

혼란스러운 '쓰레기통' 속에서 케나는 수수께끼 같은 존재였다. 긴 금발 머리에 염색한 청바지를 입고 언제나 헤드폰을 끼고 다녔다. 때로는 그녀가 물건을 고르는 동안 옆에 서서 공중에 집어 던지는 옷들을 지켜보기도 했다.

"난 보는 눈이 별론데." 내가 웃으며 그녀에게 말했다. "눈썰미가 정말 좋네요."

"그럼 저한테서 도매로 사시면 되겠네요." 그녀는 괜찮지 않냐고 말하는 듯 눈썹을 치켜올리며 말했다.

그래서 코로나19 봉쇄로 인해 그녀가 일할 수 없게 될 때까지 한동안 케나로부터 옷을 도매로 구입했다. 면역력이 약한 케나가 코로나에 걸린다면 그건 사형 선고나 다름없었다. 그녀는 종일 원룸 아파트에 갇혀 있으면서 봉쇄 기간 동안 서서히 미쳐갔다. 정부는 케나 같은 사람들에게 무슨 일이 일어나는지 신경 쓰지도 않았고 케나도 그걸 알았다. 헌팅턴비치 같은 보수적인 마을에서 시위대가 마스크 착용 의무화에 반대하며 거리로 나섰을 때 케나는 고개를 절레절레 흔들었다.

"일반인들이 내 생명을 위협하더라도 그들을 비난할 수는 없지. 사람들이 나쁜 게 아니야. 이런 일을 대처할 준비가 되어 있지 않은 것뿐이지. 이건 정부의 엄청난 실패라고. 개개인이 나를 안전하게 지킬 의무는 없어. 대신 나는 정부에 돈을 내잖아. 그런데 정부는 내 돈으로 백만 명이 코로나로 죽게 내버려두고, 더 많은 사람을 죽이기 위해 군사 예산을 늘렸다니까."

케나는 특이한 사람이었다. 그녀는 희망찬 냉소주의자였다. 세상을 있는 그대로 보면서도 우리가 더 잘할 수 있다는 생각을 멈추지 않았다. 케나는 봉쇄 기간에 '쓰레기통'에 갈 수도 없고 위험을 무릅쓰고 정규직으로 일할 수도 없었지만, 나의 작은 홈오피스에 와서 주문과 배송은 도울 수 있었다. 정말 뭔가 있는 듯했다.

케나는 업무를 금방 익혔다. 나만큼이나 오랫동안 빈티지 관련 일을 해왔고, 주말에 벼룩시장을 여는 것 외에도 자신만의 빈티지 매장을 운영한 경험이 있어서 그런지 자신이 무슨 일을 하는지 잘 알았다. 카밀라처럼 근면하고 일하는 요령을 알았다. 우리는 손이 척척 맞았다.

"온라인은 여전히 잘되는 것 같아." 케나가 말했다.

"그렇긴 해." 나는 대답했다. "판매는 잘되는데 재고 찾는 게 너무 힘들어. 전부 다 닫았으니까."

"새로운 디자인을 더 만들어볼 생각은 없어? 주문제작이 아니라 대량 생산 같은 거 말이야. 일부 공장은 코로나 안전 수칙을 지키면서 여전히 일하고 있으니까."

전에도 생각해 본 적 있던 일이었다. 예전에 한 번 베스트셀러 반바지를 스웨트샵 프리Sweatshop-free 공장에서 소량 생산한 적이 있었다. 스웨트샵 프리 공장은 노동자에게 공정한 보상을 하는 곳이다. 그런 만큼 비용이 많이 들고 생산 의뢰 전에 현금도 많이 확보해야 했는데, 몇 달 동안 돈이 회수가 잘 안됐다. 물론 열악한 스웨트샵 공장*에서 값싸게 만들 수도 있지만, 2달러짜리 셔츠를 인권의 관점에서 보면 끔찍한 2달러로 느껴졌다. 스웨트샵 프리 시설에서는 품목에 따라 10에서 100달러 사이로 프리미엄이 붙는다. 노동의 대가를 공정하게 지불하면 비용이 더 많이 들긴 하지만 나는 그렇게 하고 싶었다.

"돈이 많이 들어서." 나는 케나에게 말했다. "하지만…… 생산량을 적

---

* 스웨트샵 프리와 반대되는 개념으로 생산성 확보가 우선이며, 저임금에 환경도 열악하다.

게 하면 남거나 낭비가 없을 것 같고, 특히 코로나 안전 규칙을 준수하고 시설이 잘 갖춰져 있다면 그만한 돈은 낼 수 있지 않을까?"

"중소기업 대출을 신청하는 건 어때?" 그녀가 물었다. "중소기업청이 기업 생존을 위해 융자 지원을 많이 하고 있어. 내가 대출받은 사람들을 많이 알아."

신청해서 나쁠 건 없었다. 나는 중소기업청 홈페이지에 가서 양식을 작성했다. 화면에서 '희망 대출 금액'이 깜박였다. 얼마가 필요할까? 나는 불쑥 6만 5000달러라고 입력했다. 곧장 이메일로 답장이 날아왔다. 승인되었단다. 이틀 후 자금이 입금되었다.

나는 경악하며 은행계좌를 쳐다보았다. 6만 5000달러? 화면에 나오는 숫자일 뿐인데도 내가 평생 본 것보다 더 많은 돈이었다.

"이 돈으로 뭘 할 거야?" 케나가 물었다.

"소중하게 써야지." 나 자신도 잘 모르면서 대답했다.

나는 이 자금으로 제작할 수 있는 작은 컬렉션 초안을 작성했다.

자수 아트워크가 돋보이는 리브 니트 탱크톱 두 벌

인조 모피 팬츠 두 벌

인조 모피 리버시블 코트 한 벌

다음으로 제조업체 조사에 들어갔는데, 가상 투어와 영상 통화에 몇 시간을 투자하며 작업장 안전 규정이나 급여 구조와 같은 타사 인증을 샅샅이 확인했다. 3개월이 안 되어서 우리가 개발한 새 디자인 의류가 속속 도착하기 시작했다. 케나와 나는 선반과 벽 사이의 좁은 틈으로 탱크톱을 밀어 넣으며 작은 사무실 구석구석에 재고를 채워 넣었다. 재고가 쌓이는 속도만큼이나 빠르게 옷이 팔려나갔다.

크리스는 2020년 1월에 일하던 서핑 가게에서 해고되었다. 7월이 되자 그의 실업수당도 만료되었다. 우리는 주문 및 배송 업무에 크리스를 고용하고 케나와 나와 똑같이 하루 150달러를 주었다. 우리 셋은 사무실이라고 불리는 작은 방에서 복작대며 일했고, 모독은 발밑에서 불편하게 잠을 잤다. 발송할 품목과 사진 찍을 품목을 찾을 때면 서로가 몸을 이리저리 피해 가며 움직여야 했다. 9월에 코트가 도착했을 때 사무실은 꽉 차서 혼란 그 자체였다. 케나는 격앙된 표정으로 나를 바라보았다.

"이 코트들은 어디에 둬야 할까?" 그녀는 얌전하게 물었다.

코트는 거대한 상자에 최대한 꽉 차게 포장되어 있었는데 부피가 워낙 커서 다시 담을 수가 없었다.

"차고에 보관할까?" 나는 자진해서 말했다.

우리는 복도와 거실, 현관과 차고 등 가능한 모든 곳에 재고를 쌓아두었다. 10월이 되자 크리스와 케나는 이 작은 홈오피스에서 사업을 계속하는 것에 회의적인 반응을 보였다.

"블랙 프라이데이에는 어떻게 하지?" 두 사람은 곁눈질로 서로를 바라보며 물었다.

"사무실 임대를 고려할 때인 것 같아." 크리스가 단호하게 말했다.

"매출이 줄어들면 어쩌라고?" 나는 겁이 나서 물었다.

"그렇지 않으면 어쩔건데?" 케나가 물었다.

나는 방을 둘러보았다. 사방에 재킷들이 널브러져 있었다. 배송 용품들은 프린터 위에 아슬아슬하게 걸쳐져 있었다. 5초마다 케나와 크리스는 천장에 매달린 이케아 조명에 머리를 부딪혔다. 이때 이것은 안전 문제라는 것을 깨달았다. 이들이 옳았다. 사무실을 빌려야 했다.

그 주에 나는 집 건너편에 있는 28평 규모의 사무실 임대계약을 체결했다. 낡고 이상한 건물이었다. 주인은 너무 시선을 끌지 않는 인테리어를 하길 원했다. 앞 창문도 판자로 덮여 있었다. 당시에는 그 공간이 너무 커서 채우기 버거워 보였다. 임대료도 한 달에 2000달러나 됐다.

10월이 되자, 코로나19 관련 실업수당의 1차 지급이 만료되기 시작했다. 실업수당은 6개월 단위로 들어왔기에 사람들이 점점 불안해했다. 친구들과 옛 터널비전 직원들은 거의 매일 같은 내용의 문자 메시지를 보내왔다. "안녕, 네 생각만 하고 있어! 새 상품 멋지더라. 블랙 프라이데이에 도움이 필요하면 알려줘!"

11월에는 켈시와 스토리라는 두 사람이 팀에 새로 들어왔다.

밝은 에너지의
켈시

켈시를 만난 건 립 서비스에서 일할 때였다. 그녀는 탈색한 머리에 패치와 핀으로 장식한 집에서 만든 옷을 입은 샌 페르난도 밸리 출신의 펑크 소녀였다. 립 서비스 1층에서 샘플 매장을 운영할 때 그녀는 드루를 멘토로 여겼다. 드루가 죽던 날 켈시가 우리 집에 왔다. 우리는 멍하니 벽을 바라보며 같이 울었다. 켈시는 터널비전 일을 도와주기도 했는데, 일정한 업무가 아니라 필요에 따라 이것저것 돕고는 했다. 그녀는 선의 힘을 진정으로 믿는 사람이었고, 전염성이 강한 밝은 에너지를 가지고 있었다. 켈시를 처음 만난 날, 그녀는 그저 좋은 삶을 살고 싶다고 말했다. 당시에는 그 말이 무슨 뜻인지 잘 몰랐다. 하지만 나이가 들수록 켈시의 마음을 이해하게 되었다. 켈시는 화려하거나 특별한 것을 원하지 않았다. 단지 행복하고 싶을 뿐이었다. 그저 충분히 갖고 싶을 뿐이었다. 이 '충분함'의 의미를 정확히 이해하기 위한 여정에서 켈시의 말은 마치 길을 알려주는 나침반처럼 내 마음속에서 울려 퍼졌다.

　드루가 죽고 나서 켈시는 진보적이고 노동자 중심적이라고 홍보하는 로스앤젤레스의 유명한 중고품 매매 상점에 취직했다. 하지만 막상 코로나19가 닥쳤을 때 회사는 직원의 안전과 복지 따위에는 관심도 없고 어떻게든 이익을 유지하는 데만 혈안이 되었다. 경영진은 직원들에게 코로나19 양성 판정을 받은 사실을 동료에게 공개하지 말라고 종용했다. 켈시는 면역 체계가 손상될 수 있는 고령의 어머니와 함께 살고 있었다. 그녀는 어머니의 안전이 걱정되었고, 시간당 16달러에 어떻게 어머니의 생명을 위험에 빠뜨릴 수 있는지 양심의 가책을 느꼈다. 블랙 프라이데이가 다가오자 켈시는 내게 문자 메시지를 보냈다.

　블랙 프라이데이에 도움이 필요하시면 언제든지 연락 주세요! 😊

케나와 크리스도 그렇게 하자는 데 기꺼이 동의해서 켈시에게 전화를 걸었다.

"도움이 필요할 것 같아. 매출은…… 아주 좋아. 하지만 그게 얼마나 지속될지는 모르겠어. 괜찮다면 블랙 프라이데이에만 일해 볼래? 급여는 하루 150달러고, 재택업무 수당에 코로나 검사 비용을 주고, 점심은 우리가 살 거야. 하지만 일시적인 거야."

"당연히 좋죠." 그녀가 웃으며 말했다.

"뭐가 그렇게 재밌어?"

"일시적인 게 아닐 것 같거든요."

켈시는 터널비전을 믿었고, 또 그 이상으로 나를 믿었다.

"두고 봐야지." 내가 말했다. 하지만 나는 그녀의 말이 옳기를 바랐다. 켈시, 케나, 크리스 모두 일이 필요했으니까. 나는 그들이 의지할 수 있는 사람이 되어야 했다.

사슴 같은 눈망울의 투사, 스토리

블랙 프라이데이가 가까워져 오고 매출은 떨어질 기미가 보이지 않았다. 불과 몇 달 만에 초기 중소기업 대출금을 갚았고, 두 번째 주문제작 디자인인 베이비 티셔츠 네 벌과 슬립 드레스 네 벌을 입고했다. 나는 걱정스러운 표정으로 케나를 바라보았다.

"블랙 프라이데이 때 사람이 더 필요할 것 같은데. 카밀라 상태가 어떤지 알아보고 도와달라고 해야 할 것 같아. 켈시도 올 거야. 그런데도 일손이 더 필요할 수도 있겠어."

"내 친구가 괜찮을 것 같은데." 케나가 말했다. "정말 열심히 하는 친구야. 억척스럽고. 벼룩시장에서 나를 도와주곤 했어. 가정 형편이 어려운데다 힘든 한 해를 보냈지. 일을 주면 고맙게 여길 거야."

며칠 후 스토리가 사무실에 나타났다. 사슴 같은 눈망울에 체구는 작고 목부터 손까지 문신으로 덮여 있었다. 그녀는 묵묵히 열심히 일하면서도 일을 완수하기 위해 무엇이든 하려는 의지가 있었다.

"이 일이 정말 저를 살렸어요." 그녀가 말했다. "짐작도 못하실 거예요."

스토리는 과거의 다른 직장에서 곤란을 겪었다. 우리 둘 다 동의했던 대로 그녀가 남자였다면 문제되지 않았을 '태도'나 '강렬함'을 둘러싸고 과거 직장은 모호하게 불만을 가졌다. 스토리를 보면 내 모습이 보였다. 그녀도 '투사'였지만 그럴 필요가 없기를 바랐다. 우리 둘 다 역경에 맞서서 터벅터벅 걸어온 것은 도전이 좋아서가 아니라 단순히 선택의 여지가 없었기 때문이다.

블랙 프라이데이가 지나갔다. 카밀라는 다시 파트타임으로 손목에 힘을 빼고 일하기 시작했다. 하지만 불과 몇 달 만에 돌아온 직장은 이전 직장과 매우 달라져 있었다. 제대로 된 사무실이 생겼고, 몇 년 만에 처음으로 동료라는 존재가 생겼다. 점심 제공은 계속되었고 판매는 꾸준히 올라갔다. 날이 갈수록 우리가 만든 제품의 판매가 적어도 조금은 더 오래 지속될 수 있다는 생각에 마음이 편안해졌다. 켈시의 말이 맞았다. 일자리는 영구적이 되었다.

"모든 사람이 주 4일 일하고, 세후 금액으로 한 달에 3000달러를 가져가면 어떨까?" 어느 날 내가 물었다. 2021년 1월이었다.

"많지 않다는 걸 알아." 나는 말했다. "많지 않지. 그래도 언젠가 모두가 로스앤젤레스에서 중산층이 되면 좋겠어. 이 정도면 충분할 것 같은 느낌이 드는 때 말이야. 그렇게 되려면 주택도시개발부 데이터 기준으로 연간 최소 6만 5000달러는 벌어야 해. 그런데 우리는 1인당 세전 5만 달러가 조금 넘으니까 이제 시작이라고 생각해."

"굉장한데." 스토리가 말했다. "평생 그렇게 많이 벌어본 적이 없어."

"좋아." 나는 말했다. "그냥 해보자. 어떻게 되는지 한번 지켜보자고."

이로써 모든 정규직 노동자를 대상으로 보편적 임금Universal Wage과 주 4일 업무가 공식화되었다. 사람들은 가끔 어떻게 주 4일제를 결정하게 되었는지 묻곤 한다. 한마디로 대답하기는 힘들다. 한동안은 이것이 회사가 해줄 수 있는 최선이었다. 나는 주 5일 일했고, 다른 직원들은 모두 주 4일 일했다. 결국 나도 더 이상 5일 일할 필요가 없을 만큼 보편적 임금이 충분해졌다. 회사가 직원들에게 급여를 더 줄 수 있을 만큼 커졌을 때, 나와 같은 수준으로 업무 시간을 늘리는 것보다 급여를 인상하는 것이 더 합리적이라고 생각했다. 모두가 회사에 있는 동안은 생산적으로 일했고, 일은 제때 완료되었다. 모두가 주당 8시간을 추가로 일한다고 해서 생산량이 크게 달라질 것 같지는 않았다. 오히려 피곤이 가중돼 생산성을 떨어뜨릴 수 있었다.

나는 직관적으로 알게 된 이 사실을 데이터로 정량화한 기업들이 있다. 2019년 일본 마이크로소프트는 직원들의 급여를 삭감하지 않고 주 4일제를 시행했다. 결과는 어땠을까? 생산성이 40퍼센트 증가했다. 그 전년도에 뉴질랜드의 한 신탁 관리 회사도 주 4일제를 시도했고, 그 결과 생산성이 20퍼센트 증가했다. 1974년 영국 정부는 업무 시간을 주당 3일로 제한했는데 전체 생산성은 6퍼센트 하락하는 데 그쳤다. 세계에서 가장 생산적인 국가로 꼽히는 노르웨이, 덴마크, 독일, 네덜란드 같은 국가들은 주당 업무 시간이 평균 27시간에 불과하다.

이해하기 어렵겠지만 이런 결과가 나온 이유는 타당하다. 일을 많이 할수록 정확도가 떨어지기 때문이다. 업무량이 너무 많아서 숙면을 취하지 못할 정도라면 정확도는 더욱 떨어진다. 예를 들어 17시간 연속 깨어 있는 사람은 혈중 알코올 농도가 0.05퍼센트인 사람과 같은 일 수행 능력을 보인다. 이 수치는 미국 대부분 지역에서 법적으로 볼 때 취한 상태에 해당한다. 실제로 과로는 건강에 전반적으로 부정적인 영향을 미친다. 유니버시티 칼리지 런던의 한 연구에 따르면 주당 55시간 일하는 직원은 주 35~40시간만 일하는 직원에 비해 뇌졸중 위험이 33퍼센트 더 높은 것으로 나타났다. 미국 질병통제예방센터는 주당 61~70시간 일하면 심장병 위험이 42퍼센트 증가하고, 주당 71~80시간 일하면 63퍼센트 증가한다는 연구 결과를 발표했다.

사실 주 40시간 근무제의 기원은 과학과는 거의 관련이 없다. 산업혁명 이후 노동자들은 주당 평균 70~100시간 일했는데, 이는 안전하지 않은 작업 환경과 맞물려 1900년까지 연간 3만 5000명이 공장에서 사망한 원인[7]이 되었다. 당시 미국 공장의 표준 노동 시간은 주 6일에 하루 10~16시간이었다. 1818년 공장주이자 사회 개혁가인 로버트 오웬은 표준 노동 시간을 50퍼센트 단축한 하루 8시간 노동을 주장하기 시작했다. 1800년대 자본가 계급은 이것이 터무니없는 소리라고 생각했다. 1926년 5월 1일, 헨리 포드가 포드자동차 회사에서 공장 노동자들에게 하루 8시간 노동을 의무화하면서 민간 부문에서 1일 8시간 업무 개념이 뿌리내리기 시작했고, 기업들은 이것이 가능할 뿐만 아니라 실제로 생산성 향상으로 이어진다는 사실을 알게 되었다.

100여 년이 지난 지금, 1일 8시간이라는 근로 시간 개념이 굳어진 것처럼 보인다. 하지만 이러한 선례가 오히려 노동자의 생산성을 궁극적으로 떨어뜨리는 건 아닌지 생각해 봐야 한다. 실제로 오늘날 노동자의 52퍼센트가 번아웃 상태라고 답했으며, 60퍼센트는 일과 삶의 균형이 '좋지 않다'고 답했다. 과학자들은 이상적인 노동 시간이 주에 40시간 미만이어야 한다는 점에는 동의하지만, 이상적인 생산성 지점이 정확히 어디인지에 대해서는 의견이 엇갈린다. 우리가 아는 바는 인간의 평균적인 뇌는 한 번에 20~90분, 하루 중 네다섯 시간 정도만 집중할 수 있다는 것이다. 즉 평균적인 직장인은 일주일에 20~25시간 정도만 업무에 집중하고 있다는 말이 된다.

2021년까지 터널비전의 표준 정규 근무 시간은 월요일부터 목요일까지, 오전 10시부터 오후 6시까지 32시간이었다. 유급 점심시간과 점심 식대도 포함이었다. 2022년에는 근무 시간을 더욱 단축해서 월요일부터 목요일까지, 오전 10시부터 오후 5시까지 28시간 업무에 유급 점심시간으로 변경했다. 주 32시간에서 주 28시간 근무로 전환한 1분기에 매출은 전년도보다 52퍼센트나 증가했다. 매출 증가에 힘입어 회사는 직원들을 위한 최고 수준의 의료보험을 전액 부담했다.

2021년 9월이 되자 실업수당 형태의 팬데믹 구제가 거의 끝나갔다. 주변 사람들은 다시 한번 당황하기 시작했다. 많은 기업이 완전히 문을 닫았다. 우리 회사의 매출은 전년도에 비해 774퍼센트 증가해, 공식적으로 수백만 달러 규모의 사업체가 되었다. 임금은 월 4000달러, 총수입으로 환산하면 연간 7만 2000달러로 인상됐다. 임금 인상은 동등하게 이뤄졌고, 우리는 모두 같은 금액을 벌었다.

우리는 지금까지는 불가능하다고 생각했던 로스앤젤레스의 공식적인 중산층이 되었다. 우리 모두 그때까지 인생에서 가장 많은 돈을 벌었다. 매출이 증가하면서 사업체에 필요한 것도 함께 늘어나기 시작했다. 곧 전담 고객 서비스 담당자(마르첼라), 전담 이미지 리터처(리지), 전담 사진작가(리애나), 전담 비디오그래퍼(베이비링스), 두 번째 전담 빈티지 구매자(페르난다), 새로운 디자인 전담 생산 관리자(사라), 새로운 피팅 모델(아야), 사진 촬영 보조(리아)가 필요해졌다. 우리가 아는 사람들은 실업수당이 바닥나자 일자리를 구하기 위해 거리로 쏟아져나왔다. 우리는 도움이 필요한 사람들을 그에 맞는 직책에 배치하기 위해 최선을 다했다. 다른 데서 일자리를 구하지 못했던 사람들이 모여 이뤄진 우리의 오합지졸 팀은 그렇게 커갔다.

자유의 여신상은 "지치고, 가난하고, 숨을 쉬고 싶어 모인 사람들에게 자유를 주라"고 선언했다. 터널비전은 그것을 행동으로 실천해 보였다. 우리가 새로 고용한 사람들은 만성적인 정신적·육체적 질병이 있는 사람, 신경발달장애 때문에 비정상적 업무 일정을 가진 사람, 기술 산업에서 여성혐오에 지친 유색인종 여성, 수감자였던 사람, 중독에서 회복 중인 사람, 성노동자였던 사람, 전통적인 환경에서는 보통 '고용 불가' 대상인 문신을 가진 사람이었다. 우리 회사는 더 이상 일하러 갈 곳이 없을 때 찾는 곳이 되었다.

우리는 완벽하지는 않았지만 완벽하기 위해 노력했다. 우리의 목표는 사람들에게 거처가 되어주는 것이었다. 어디에 있든 터널비전은 언제나 그 자리에 있으려고 노력했다. 그 결과, 헌신적이고 충성스러운 직원들이 회사를 자신의 사업처럼 아끼는 그룹이 탄생했다. 팀이 성장하면서 우리의 직장이 제대로 작동하려면, 다른 직장에서 이론상으로 자주 주장하지만 실제로는 거의 시행하지 않는 무제한 유급휴가라는 것이 필요하다는 사실도 명확해졌다.

무제한 유급휴가는 최근 몇 년간 화제의 용어였다. 기술 기업 등이 무제한 유급휴가를 제공하면서도 직원들이 이를 적극적으로 사용하지 못하게 방해하는 직장 문화를 조성해 비난을 받아왔다. 이 떠오르는 새 직장 문화는 우리 회사 직원들의 필요성에 따른 것이었다. 회사에는 단순한 규칙 하나가 비공식적으로 생겨났다. 바로 필요한 만큼 무조건 개인 시간을 가져야 한다는 것이었다. 작업량을 관리할 수 있는 한 문제가 되지는 않았다. 부재 시에 작업을 처리할 사람이 필요한 경우 알려주면 인원을 채워주면 된다. 남은 직원들이 작업 부하가 심하다는 생각이 들기 시작했다면 거기서부터 문제를 해결하면 된다. 비공식적인 시스템이었지만 우리 사무실에서는 원활히 작동했다. 만성적으로 신체적, 정신적 건강 문제가 있는 사람들은 자신의 부재로 인한 여파의 두려움 없이 필요한 시간을 가질 수 있었다.

유급휴가에는 아픈 날, 정신 건강일, 응급 상황일, 휴가일 등이 모두 혼합되어 있었다. 직원들은 몸이 좋지 않으면 그 이유를 굳이 분석하거나 보고서를 제출할 필요 없이 자리에서 일어날 수 있었다. 때때로 직원들은 몇 주, 심지어 몇 달을 쉬기도 했다. 우리는 모두 이해했다. 누군가와 비교했을 때 자신의 생산성이 떨어지는 것 같아 불안하다면 우리는 그것을 휴식이 필요하다는 신호로 받아들였다. 누군가 짜증을 내면 우리는 서로 집에 가서 쉬라고 강요하기 시작했다. 근무 시간 단축처럼, 단지 기분이 안 좋다는 이유로 유급휴가를 강요하는 것은 언뜻 이해가 가지 않을 것이다. 하지만 해보면 실제로는 전반적으로 생산성이 높아진다. 이런 분위기를 신입사원들은 적응하기 힘들어했다. 그래서 나는 이렇게 설명했다.

오늘 직장을 쉬고 집에 있으면 팀에서 한 사람의 생산성이 떨어질 것이다. 바람직하지 않지만 그리 큰 문제도 아니다. 하지만 기분이 안 좋은 상태로 출근해서 사무실에 이상한 분위기를 조성하면 가까이에서 일하는 여덟 명의 생산성이 25퍼센트 정도 감소할 수 있다. 우리는 모두 직관적이고 서로의 경험에 민감하다. 그렇지 않은가? 누군가가 기분이 안 좋은 하루를 보내고 있다면,

아무리 무시하려고 애써도 업무에 집중하는 데 조금이라도 영향을 미치게 된다. 직원 여덟 명의 25퍼센트는 두 사람의 하루 전체 생산성을 잃는 것과 같고, 본인의 생산성 또한 분명 타격을 입을 것이다. 사실상 한 명의 직원을 잃는 대신 두 명의 직원을 잃는 셈이다. '버티는 것'만이 능수는 아니다. 생산성 관점에서 볼 때 기분이 안 좋을 사람이 할 수 있는 최고의 선택은 사무실에 있는 직원들이 최상의 환경에서 일할 수 있도록 집에 머무르는 것이다. 사무실은 업무 공간이다. 업무할 기분이 아니라면 집에 머무르는 것이 맞다.

충분히 합리적이지 않은가. 생산성도 전염된다고 입증된 마당에 생산성 부족이나 일반적으로 나쁜 태도도 전염될 수 있다. 워싱턴대학교의 연구원들은 《조직 행동 연구Research in Organizational Behavior》 저널에 부정적인 직원이 팀 전체의 분위기를 떨어뜨리는 촉매제가 될 수 있다는 연구 결과를 발표했다. 전통적인 기업 모델에서는 채용 과정에서 '나쁜 사과'를 걸러낼 것을 권장하지만, 우리는 다른 모델을 채택했다.

우리는 모두가 때때로 나쁜 사과가 될 수 있다고 가정한다. 삶은 고단하고, 스트레스를 다루는 것이 누구에게나 부담이 될 수 있기 때문이다. 모두가 가끔은 힘든 시기가 있다고 가정하고, 특히 부정적인 기분이 드는 날에는 집에 머물 수 있는 여유를 마련한 것이다. 부족한 인력을 보강하기 위해 우리는 대략 두 명 정도 인력을 과잉 배치하고 교차 훈련을 철저히 시킨다. 이렇게 하면 남은 인력이 항상 준비되어 결원이 발생한

팀의 업무량을 처리할 수 있다. 우리는 다음에 어떤 이유로든 휴식이 필요할 때 팀원들이 도와줄 거라는 믿음으로 서로의 업무를 기꺼이 맡아준다. 서로를 배려하는 직장 문화가 형성된 것이다.

어떻게 정규직 인원을 두 명이나 초과해서 뽑을 수 있었을까? 그건 아주 쉽다. 공식 사업주인 나는 터무니없이 많은 급여를 받지 않는다. 회사의 다른 모든 직원과 똑같은 급여를 받는다. 한 사람이 꼭대기에 돈을 쌓아두지 않을 때 추가적인 현금 흐름이 얼마나 많이 확보되는지 알면 놀랄 것이다.

불평등한 임금 분배의 영향을 실제로 이해하기 위해서는 다른 모든 노동자에게 최저임금을 지급할 경우 회사 소유자로서 내가 얼마나 벌수 있는지를 알아보면 된다. 2022년 로스앤젤레스에서 우리와 비슷한 규모의 한 사업체 임금은 시간당 14달러에 불과했다. 같은 해 우리 회사의 총 급여지급 의무금액은 80만 7300달러였다. 만약 내가 터널비전 직원들에게 최저임금을 지급한다면 직원 한 명당 연간 2만 384달러를 주면 끝이므로 회사의 *어떤 비용 증가 없이*도 내가 받을 수 있는 연봉은 60만 1276달러가 된다는 의미다.

이것이 대부분의 사업주가 하는 행태다. 직원의 급여 수준을 가능한 한 최소화하고 자신의 수입을 최대화한다. 그 대신 ('충분함'에 초점을 맞춰) 모든 노동자에게 같은 급여를 지급하기로 선택하면 더 많은 노동자를 채용할 여유를 확보할 수 있고, 지역사회에 '좋은 일자리'를 더 많이 창출할 수 있다. 2022년 미국 CEO의 평균 급여는 80만 5107달러였던 데 비해 노동자의 평균 급여는 5만 7043달러였다. 즉 CEO의 급여가 직원 열네 명의 급여와 맞먹으며, 앞서 언급한 시나리오에서 내가 버는 것 보다도 무려 20만 달러 이상 더 번다는 뜻이다.

가끔 사람들은 급여를 균등하게 분배하는 것이 어떻게 우리 사업에서 지속 가능한지 묻는다. 나의 대답은 항상 같다. 사업은 언제든지 실패할 수 있는데(기업은 실패하기 쉽다), 실패하더라도 그 이유가 직원들에게 급여를 너무 많이 줘서는 아닐 것이기 때문이다. 평균적인 미국 CEO의 높은 급여를 고려하면, 기업의 실제 총 급여 비용은 이런 방식으로 지급할 때가 더 낮다.

나는 이런 식으로 급여를 분배하기로 한 결정을 선택이라고 생각하지 않는다. 내가 사업을 운영할 수 있는 유일한 방법이라고 생각한다. 작은 홈오피스에서 카밀라와 단둘이 일할 때, 착취적인 기업가들이 카밀라의 급여를 삭감하고 남은 이익은 내가 챙기라고 조언했던 것이 떠오른다. 그때는 그럴 수 없었다. 어떻게 그렇게 할 수 있겠는가? 어떻게 사람의 눈을 똑바로 바라보며 당신은 나보다 못한 삶을 살아야 한다고 말할 수 있겠는가? 내게는 다른 선택의 여지가 없었다. 우리는 모두 함께 올라가야 한다. 펑크록이 내게 그렇게 하라고 가르쳐줬다. 지금의 사업은 우리가 함께 성장할 수 있는 수단이다. 앞으로 사업이 계속 성장한다면 더 많은 사람들을 더 많이 성장시키는 것이 유일한 목표가 될 것이다.

공정한 사업체를 운영하는 법

공정한 사업체를 운영한다는 것은 직장에 있는 사람들의 인간성을 본다는 의미다. 이론적으로는 쉬운 것 같지만 꽤 까다로운 일이다. 그 과정에서 내가 배운 몇 가지 팁과 요령을 공개한다.

　1. 관리자처럼 행동하지 마라. 직장 내 직원들 사이에서 누군가가 자기 역할을 다하지 못한다고 느끼는 경우, 인간 관계의 갈등을 해결해 주는 중재자처럼 행동해라. 외교관 역할을 하는 것이다. 감정노동도 노동의 일부니 이런 마인드를 관리 스타일에 반영해라.

　2. 직장에서 뭔가 불공평해 보일 때는 빼앗기보다는 주는 방향으로 균형을 맞춰라. 예를 들어 누군가가 다른 사람의 휴가가 길어져서 화가 난 경우, 다른 사람의 휴가를 제한하기보다는 화난 당사자가 휴가를 더 늘려서 문제를 해결해라.

3. 누구에게나 힘든 날이 있다고 가정해라. 직장의 모든 사람이 서로를 사랑할 필요는 없다는 점을 기억해라. 모두가 월급을 받을 만큼만 서로 너무 오랫동안 미워하지만 않으면 된다! '단계적 축소De-escalation'가 이 게임의 핵심이다.

4. 재정에 관한 것은 근본적으로 전부 투명하게 공개해라. 직원들에게 회사 재정에 대해 얼마나 알고 싶은지 물어봐라. 자금에 대해 알고 싶은 사람들이 핵심적인 세부 내용을 들을 수 있는 좌담회(의무 참석은 아니다)를 열어봐라. 모든 사람이 다 알고 싶어 하지 않아도 그건 그것대로 받아들여라. 어떤 사람은 그냥 출근해서 월급만 받고 집에 가는 걸 더 좋아하니까.

5. 직장 내 민주주의를 실천하되 충분한 정보에 근거하지 않은 결정을 강요해서는 안 된다. 특정 분야에 대한 특정인의 전문성을 인정해야 한다. 중요한 결정은 투표를 시행하고, 작은 결정은 위임자를 지정해 봐라. 가장 효과적인 방법은 직장마다 다를 수 있기 때문에 새로운 민주주의나 그룹 의사 결정 시스템을 시도하는 데 열린 자세를 가져야 한다. 경직되지 말고 유연하게 대처하면 모든 사람의 필요에 맞게 업무 환경을 조정할 수 있다.

6. 모든 사람에게 노동의 대가를 균등하게 지급해라. 이것은 매우 당연한 원칙이지만, 어떤 이유에선지 대부분의 기업이 가장 이해하기 어

려워한다! 대학 학위를 취득한 직원이 있는 직장이라면 모든 직원에게 동일한 급여를 지급하되, 기업이 직원의 학자금 대출을 상환해 주는 방법을 시도해 봐라. 사업의 주요 투자자이기도 한 사업주가 있는 경우, 모든 사람이 보고 이해할 수 있는 방식으로 초기 투자금을 급여와 별도로 명확하게 상환해라. 마찬가지로 사업체가 모든 직원에게 임금을 지급할 수 있는 수준에 오르기 전에 사업주인 노동자에게 임금 체납이 생긴 경우, 그가 임금을 받지 못한 업무 시간에 대해 가시적인 상환 구조를 설정해라. 이런 일이 발생하는 이유와 부채가 전액 상환되기까지 걸리는 기간에 관해서도 모든 직원에게 투명하게 밝혀라.

7. 사업체를 합법적인 협동조합으로 구성하지 않기로 한 경우, 사업체를 매각했을 때 모든 노동자를 위한 지분계약서를 체결해라. 노동자마다 어떤 이유로 완전한 법적 소유자가 되기를 원하지 않을 수도 있다 (우리 직장에서는 정신 건강에 악영향을 준다고 생각하는 직원도 있다). 그러나 직원들은 지분 계약을 통해 소유권의 혜택을 누릴 수 있다. 사업체가 매각되면 노동자와 사업주 모두 동일하게 수익금을 얻게 된다.

그러면 돈은 굴러들어올지니

I Survived Capitalism and All I Got Was This Lousy T-Shirt

어느 날 할 일이 있어 사무실에 들어갔다.

"모두 집을 갖게 될 거야!" 나는 현관문 옆 옷걸이에 재킷을 걸면서 소리쳤다. 옷걸이는 흔들거리며 간신히 버티고 있었다. 직원이 세 명밖에 없었을 때 임대해서 들어간 첫 주에 내가 직접 설치한 옷걸이였다. 이걸로는 이제 역부족이었다. 하루에 열 명에서 열세 명 정도가 늘 사무실에 출근했다. 켈시와 내가 동시에 무거운 가죽 재킷이라도 입고 출근하는 날에는 옷걸이가 벽에서 튀어나오는 것이 바로 느껴졌다.

일제히 컴퓨터에서 눈을 떼고 나를 쳐다보며 의아한 표정을 지었다.

"언젠가는?" 스토리가 웃으며 말했다.

"오늘일걸." 나는 책상으로 걸어가 노트북을 책상 위에 내려놓으며 말했다.

전날 밤에 웹브라우저에서 열어둔 매물 목록이 떠 있는 노트북을 열었다. 두 개의 불타버린 구조물 옆으로 스프레이 페인트로 뒤덮인 이상하고 작은 집이 서 있었다. 공업용 단지에 있는 유일한 주거용 땅 세 필지였다. 매매가는 42만 9000달러로, 미국의 평균 주택 가격이 최대 99만 9000달러인 걸 고려하면 로스앤젤레스에서는 전례 없이 낮은 가격이었다. 매물 링크를 복사해서 그룹 채팅으로 보냈다. 모두가 휴대폰을 들여다보았다.

"이게 뭐야?" 스토리가 물었다.

"집이지." 나는 진지하게 대답했다.

"뭔지 모르겠는데." 케나가 매물 목록을 보며 말했다. "우리가 이걸 살 수 있을까?"

"응. 잘 봐." 나는 웃으며 말했다.

온라인 주택구입 능력계산기라는 새 탭을 열었다. 가장 먼저 입력해야 하는 건 소득이었다. 현재 우리의 연간 총수입은 각각 7만 3060달러였다. 나는 이 숫자를 화면에 입력했다. 다음으로 월별 부채를 물었다. 우리 중 학자금 대출을 받은 사람은 극소수였다. 나머지는 대학에 가지 않았다. 그들이 현명했다고 생각한다. 올해 초, 모든 직원이 밀린 신용카드 청구서, 의료비 대출금, 그리고 어려운 시절에 친구와 가족에게 빚진 돈을 전부 갚았다. 그 외에 사람들이 가장 흔하게 가진 부채가 무엇일까? 아마도 자동차 할부금일 것이다.

몇 달 전, 회사에 정규직 직원이 여덟 명, 파트타임 직원이 두 명밖에 없었을 때 거의 모든 직원의 차가 같은 주에 한꺼번에 고장이 나버렸다. 나는 흥정을 해서 좋은 가격으로 산 기아차가 있었다. 빨간색이었고,

3년밖에 안 된 것에 비하면 주행거리가 많은 차였다. 누구도 빨간색 차, 특히 3년 만에 16만 킬로미터를 탄 자동차를 원하지 않는다. 그래도 가격을 협상하는 데 온종일 걸렸다. 사무실의 다른 직원들도 수년 동안 운전해 온 낡고 형편없는 차를 가지고 있었다. 어떤 차는 내 나이보다도 오래되었고, 솔직히 말해 여전히 움직인다는 사실이 놀라울 따름이었다. 사라의 차는 다리 한가운데서 고장이 난 적도 있다. 스토리의 차는 손잡이에 열쇠 구멍이 뚫려 있어 절도범의 표적이 되었다. 페르난다도 종종 차를 타는데, 천장 안감 전체가 차 안으로 처져서 운전하는 동안 뭘 보기가 힘들었다. 케나는 남자친구의 죽은 할아버지의 차를 운전하고 다녔는데, 그 차는 케나의 명의로 등록되지도 않았다. 등록이 만료되었을 때 그것을 다시 등록하는 방법을 아는 사람이 아무도 없었던 탓이다. 어쨌든 그 차는 사이드미러도 사라졌다.

어느 날 사무실에서 한자리에 둘러앉아 서로의 차 상태를 비교하며 이야기를 나누던 중에 그들의 자동차 상태를 알게 되었다. "잠깐, 잠깐, 잠깐만." 나는 당황해서 말했다. "자기 차를 믿고 타는 사람 손 들어봐." 켈시와 내가 손을 들고 주위를 둘러보았다. 켈시는 자신이 좋아하는 중고 프리우스를 몰았고, 나는 내 빨간 기아차에 불만이 없었다. 우리 둘뿐이었다.

"좋아." 나는 말했다. "잠깐만."

나는 컴퓨터 검색 엔진을 열고, '회사에서 직원에게 자동차를 사 줄 수 있나요?'라고 입력했다. 나는 수많은 인터넷 검색 결과를 샅샅이 뒤졌다. 세금에 대한 몇 가지 규정이 있었지만 '그렇다'라는 것이 보편적

의견이었다. '좋았어. 내년에 세무 담당자가 이 일을 처리하면 좋아하겠네'라고 나는 생각했다. 매년 새로운 도전이 생긴다.

"좋아, 여러분, 여기 보세요." 나는 직원들을 향해 말했다. "방금 판매 하나를 성공적으로 마쳐서 이익이 좀 생겼어. 이걸로 전 직원에게 새 차를 사 주면 어떨까? 투표해 줘."

대답은 압도적인 '예'였다. 인터넷에서 무작위로 찾은 세금 안내문을 바탕으로 예산을 설정하고 차 쇼핑에 들어갔다. 그리고 두 달 만에 차 일곱 대를 샀다. 자동차 영업사원들이 사무실에 와서 153센티미터 키에 파란 머리를 하고 찢어진 청바지와 낡은 부츠를 신은 내게 굽신거렸다. 나는 테이블 위에 아멕스 플래티넘 카드를 내려놓으며 희열을 느꼈다. 카드가 참 묵직했다. 금속으로 만들어졌으니까.

"와우!" 자동차 영업사원들은 모두 놀란 표정으로 감탄했다. 때로는 신용카드를 받지 않아서 직불카드를 내놓기도 했다. 그러면 "은행에 전화해서 승인되는지 확인해야 할까요?"라는 질문이 돌아왔다. "아니요." 나는 웃으며 대답했다. "그냥 결제하세요." 나는 왜 사람들이 돈을 좋아하는지 이해한다. 가끔은 힘이 느껴지기도 하기 때문이다. 우리는 그야말로 '프리티 우먼'이었다. 우리에게 무례하게 구는 건 큰 실수였다. 그것도 아주 큰 실수.

직원들에게 차를 사주고 켈시에게는 프리우스 대출금을 모두 갚아주었다. 파트타임 직원 중 한 명은 운전을 하지 않아서 대신 아파트에서 사용할 가구를 사주었다. 그녀는 우리 회사에 오기 전까지 몇 년 동안이나 바닥에 매트를 깔고 잤다.

다시 사무실로 돌아와서, 나는 주택구입 능력계산기에 있는 '월 부채' 란을 바라보며 미소 지었다. '0'을 입력할 때마다 즐거웠다. 다음은 계약금이었다.

"모두 저축한 거 있지?" 나는 방에 있는 모두를 향해 소리쳤다.

"응." 모두 혼란스러운 표정으로 반신반의하며 긍정적인 대답을 합창했다.

나는 휴대폰에 있는 계산기를 꺼내 방정식을 입력했다.

$$429,000 \times 0.035$$

엔터키를 누르자 15,015라는 숫자가 나왔다. 연방주택관리청 대출을 받으면 42만 9000달러짜리 주택에 대한 계약금은 3.5퍼센트로 낮아지는데 그 금액이었다.

"저축액이 1만 5000달러 미만인 사람이 누구지?" 나는 큰 소리로 물었다. 다른 직장에서라면 이런 질문이 불쾌하게 느껴질 수도 있다. 하지만 재정이 투명하게 공개되는 우리 회사에서는 그저 일상적인 일이었다. 아무도 대답하지 않았다. 노트북에서 고개를 들어보니 몇몇이 "나는 아니야"라고 말하는 듯 고개를 가로저었다.

계약금으로 2만 달러를 주택구입 능력계산기에 입력했다. 이자율이 2.5퍼센트 정도로 낮게 나왔다. 이 정도면 괜찮을 것 같았다. 엔터키를 누르자 결과가 나왔다.

"최대 43만 6535달러짜리 주택을 살 수 있네." 결과를 캡처해서 그룹 채팅으로 보냈다.

"자, 누가 이 집을 살 거야?" 내가 웃으며 물었다.

"이거 진짜야?" 스토리가 주위를 둘러보며 물었다. "우리가 집을 살 수 있다고?"

"컴퓨터가 그렇다고 하잖아." 내가 대답했다. "보러 갈 사람? 내가 운전할게."

스토리, 케나와 나는 차를 타고 15분 정도 길을 따라 사진 속 집이 있는 곳까지 운전해서 갔다. 판금과 벽돌 건물이 가득한 낯선 거리가 나왔다. 도로 끝자락에 있는 세 곳의 주거용 부지는 몇 달 동안 대중에게 공개되지 않은 큰 공원 근처에 있었다. 그중 집 두 채는 완전히 불에 타버린 상태였다. 우리가 볼 집은 거의 손상되지 않은 채 맨 끝에 서 있었다. 그래도 건물 한구석은 치장 벽토가 모두 떨어져 나갔고, 아래쪽 배관을 위한 좁은 공간에는 썩은 나무가 드러나 보였다. 창문에는 부러진 나무가 덜렁거리고, 이상한 전기선들이 여기저기 널브러져 있었다.

"볼품없네." 나는 인정했다. "그래도 집이잖아."

스토리와 케나가 서로를 바라보다가 나를 바라보았다. 표정이 회의적이었다. 집을 살 수 있다는 것 자체가 거짓말처럼 느껴졌고, 이 집은 전혀 집처럼 보이지 않았다. 우리는 사무실로 돌아왔다. 그들은 깊은 생각에 잠겼고, 나는 결연해졌다.

다음 날 카밀라가 사무실에 출근했다. 아마도 정신 건강의 날로 전날 휴가를 냈던 것 같은데, 우리는 누군가 결근해도 캐묻지 않으려고 노력한다. 모두가 잘 지내기를 바랄 뿐이다. 사람들이 일하고 싶은 회사가 아니라면 사업을 한다는 게 무슨 의미가 있는지 종종 생각해 본다.

카밀라가 허름한 옷걸이에 가방을 거는 동안 스토리가 "올해는 집을 살 때가 아닌 것 같아. 내년쯤에 생각할래. 정리할 시간이 조금 필요해"라고 말했다.

"나도." 케나가 말했다. "나도 집을 살 준비가 되었는지 아직은 잘 모르겠어."

사무실에서는 "아", "그래"라는 말이 들려왔지만 나는 은근히 마음이 좋지 않았다.

"잠깐만." 카밀라가 책상에 앉으며 말했다. "우리가 집을 살 수 있다고?"

우리가 모두 같은 임금을 받는다는 것은 우리가 모두 같은 배를 탔다는 의미다. 그러니까 우리 중 한 사람이 감당할 수 있으면 우리 모두가 감당할 수 있다는 걸 서로 잘 알았다.

나는 카밀라를 보고 미소를 지었다. "드라이브 갈래?" 내가 물었다.

15분 후, 카밀라와 나는 부러진 창살이 바람에 살랑살랑 흔들리는 이상한 작은 집 앞에 섰다.

"형편없지." 나는 그녀의 걱정을 미리 차단하려고 선수를 쳤다.

"그래도 집이잖아!" 카밀라가 대답했다.

카밀라와 나는 수년 동안 돈의 여정을 함께해 왔다. 이 시점에서 그녀는 그 집이 보장된 피난처일 뿐만 아니라 재정적으로 안정된 미래로 가는 관문이 될 소중한 자산으로 인식했다. 나는 카밀라인 척하면서 간판에 적힌 번호로 전화를 걸었다. 카밀라는 떨려서 직접 전화를 할 수가 없었다.

휴대폰 반대편에 있는 남자가 "저 바로 길 아래에 있어요. 지금 근처에 계신가요?"라고 말했다.

우리는 기다렸다.

상장 대리인인 부동산 중개인이 도착했다. 이 동네에서 자랐다는 중개인은 웃는 상의 덩치 큰 남자였다. 연달아 있는 세 채의 집은 모두 그의 친구가 오랫동안 소유하고 있었다.

"저도 로스앤젤레스 출신이에요." 카밀라가 중개인에게 말했다.

"그래요?" 그는 믿을 수 없다는 듯 그녀를 바라보며 물었다.

"네, 여기에서 태어나고 자랐어요." 그녀가 대답했다. "여기서 집을 살 수 있을 거라고는 꿈에도 생각하지 못했어요."

"이 집은 이 가격이 딱 맞아요. 수리를 좀 해야 하거든요."

"저 일하는 거 좋아해요." 카밀라가 말했다.

맞는 말이었다. 몇 년 전, 카밀라는 전날 밤 마신 술에 여전히 취한 채 우리 집으로 출근했다. 심지어 몇 시간이나 일찍 도착했다. 초인종 소리를 들었을 때 나는 아직 잠옷 차림이었다. 눈을 비비며 문을 여니 카밀라가 전날 밤에 입었던 외출복 차림 그대로 일할 준비를 하고 있었다. 눈에는 커다란 검은색 아이라이너가 그려져 있고 뺨에는 글리터가 번들 거렸다.

"안녕." 그녀가 웃으며 인사했다. "일찍 온 거 알아. 그래도 지금 일을 시작해도 괜찮을까? 뒤풀이가 끝나고 집에 가는 것보다 여기로 오는 게 더 편할 것 같아서 바로 왔어."

그녀는 그때쯤에 자신이 아직 술에 취해 있다는 걸 깨달은 듯했다. 다음에 화장실에 가서 토해도 되냐고 물었던 걸 보면 말이다. 나는 샤워도 하라고 말하며 갈아입을 깨끗한 옷을 주었다. 하지만 카밀라에게 맞는 옷은 허리에 주름이 달린 원피스 수영복뿐이었다. 그녀는 샤워를 마치고 수영복을 입고 나와서 남은 업무 시간 동안 낮잠을 잤다. 그날은 회사도 그냥 쉬었다.

"지독하게 취한 와중에도 '일하러 가야 한다'는 생각뿐이었나 봐." 나는 나중에 케네디에게 말했다. "그게 바로 헌신이지. 이제 터널비전에서 평생 일하게 될 거야."

케네디는 회의적인 표정을 지었지만, 카밀라는 터널비전에서 일한지 8년 정도 되었고, 나는 직불카드, 집 열쇠, 그리고 내 인생을 그녀에게 믿고 맡겼다.

차로 돌아와서 우리 집을 살 때 상담했던 모기지 브로커의 전화번호를 카밀라에게 알려주었다. 24시간도 채 지나지 않아 그녀가 구매제안서를 넣었고 바로 수락되었다. 다음 날 사무실에서 우리 모두는 주목했다. 카밀라가 전화를 받으려고 밖으로 나갈 때 우리는 그녀가 '부동산 신탁 거래'라는 단어를 뱉는 것을 우연히 듣게 되었다. 그녀는 다시 들어와 멍한 표정으로 전화를 끊었다.

"우리 부동산 신탁 거래 기간이래?" 내가 물었다.

"그렇대!" 그녀는 자신도 믿을 수 없다는 듯이 소리를 질렀다. 사무실 전체가 펄쩍펄쩍 뛰며 비명을 지르고 난리였다.

물론 실제로는 '우리'가 아니었다. 하지만 카밀라가 부동산 신탁 거래 기간에 들어갔을 때 그것은 우리가 이룬 노력의 결과물처럼 느껴졌다. 카밀라의 성공은 사무실 전체의 성공이었다. 그 안에 있는 누구든지 집을 살 수 있다는 의미였다. 헛된 꿈이 아닐 수도 있었다.

나는 항상 돈이 사람을 더 좋은 모습으로 만든다고 생각해 왔다. 그런데 나쁜 놈한테 돈을 준들 그 사람이 갑자기 좋은 사람이 될까? 절대 아닐 것이다. 더 나쁜 놈이 되는 데 그 돈을 다 쓸 것이다. 그 돈으로 경제가 무너질 때 압류된 주택을 싼 가격으로 사들인 다음, 원래 소유자였던 사람들에게 비싼 값에 세를 줘서 다시는 일어설 수 없도록 하우스 푸어로 만들어버릴 것이다. 그 돈으로 거대한 로켓 우주선을 만들어 우주로 쏘아 올린 다음, 달을 식민지화하려 들 것이다. 지구에는 더 이상 약탈할 곳이 없고, 인권 단체들이 지구의 공장과 창고의 상태를 수년 동안 감시해 왔기 때문이다(우주에는 인권 단체가 없다). 최소한 그 돈으로 더 귀엽고 앙증맞은 요트를 사려 들 것이다. 어쨌든 내 생각에는 그렇다. 요트에 대해서는 잘 모르지만, 마치 기니피그를 키우는 것과 비슷할 거라고 짐작한다. 처음 산 한 마리가 우울하지 않도록 한 마리를 더 사는 것과 같지 않을까?

만약 당신이 프레즈노 출신의 빈털터리에 산만하고 시끄러운 펑크족 아이에게 돈을 준다면, 그 아이는 분명 그 돈으로 안정적인 주택을 마련하는 등 가능한 모든 방법으로 지역사회를 돌보고 싶어 할 것이다. 이것이 충격적이지 말아야 하는데, 어떤 이유에서인지 충격적이다. 나는 빨리 부자가 되려고 사업을 하는 게 아니다. 천천히 부자가 되려는 계획도 아니다. 사업은 여전히 나와 내 친구들이 생계를 유지하는 방법일 뿐이다. 임금노동은 결국 모두 착취다. 일하지 않으면 죽기 때문에 억지로 취업하는 것이다. 거기에는 선택의 여지가 없다. 선택의 환상조차 거의 없다.

이윤이란 재밌는 것이다. 이윤은 기업이 청구서를 모두 지불하고, 모두에게 월급을 지급하고, 사업에 대한 모든 재투자가 이루어진 후에 남은 여분 덩어리다. 수익에서 추첨이나 배당을 통해 소유 계층이 돈을 지불받는 방식이기도 하다. 이것은 정기적인 급여와 다르며, 일부 사업주는 실제로 일하지 않으므로 급여를 받을 자격이 없다. 창업 자본이나 투자금 상환과는 다르며, 사업 운영 비용에 해당한다. 사업주가 재미로 작게 챙겨갈 수 있는 보너스로 여분의 돈일 뿐이다. 그러나 내게는 사악하게 느껴지는 돈이다. 그 돈은 노동자의 것이어야 한다. 그들의 노동이 만들어낸 것이기 때문이다. 그들이 이윤을 내기 위해 일했고, 그들이 이윤을 벌었다.

우리 터널비전은 손익분기점에 맞춰서 우리 자신에게 줄 임금과 운영비를 충당하고 하루를 마무리 지으려고 노력한다. 그렇지만 남는 게 있으면 모두에게 분배한다. 모두에게 자동차를 사준 것이 바로 그 이익을 공유한 방식이다. 그렇다면 집을 산다는 것은 어떤 의미일까? 그건 직원들이 실제로 생활하기에 충분한 돈을 받은 결과일 것이다. 혁명적인 것처럼 느껴지지만 그건 그 자체로 슬픈 일이다. 일하는 사람들에게 집을 마련할 수 있을 만큼 충분한 급여를 지급하는 것이 혁명으로 느껴져서는 안 된다.

밤에 퇴근 후 사라와 나는 외출 계획을 세웠다. 그녀는 직원이 되기 오래전부터 내 친구였다. 우리는 거의 10년 넘게 다니는 단골 바에서 주로 만나는데, 이를 우리의 소소한 행복으로 여긴다. 어느 날 밤, 사라의 새로운 친구도 거기에 왔다. 그는 나를 어떻게 대해야 할지 고민하는 듯 눈을 가늘게 뜨며 쳐다봤다.

"당신이 누군지 알아요." 마침내 그가 나에게 말했다. "직원들에게 당신과 똑같은 급여를 주는 그 여자죠! 정말 미쳤어!" 그는 내게 하이파이브를 했다.

"맞아요." 나는 웃었다. "잠깐만요, 사라가 우리 직원이란 걸 몰랐어요?"

그는 충격을 받은 채 사라를 바라보았고, 사라는 고개를 끄덕였다.

"말도 안 돼!" 그가 외쳤다.

내가 예상하지도 못한 방식으로 소문이 퍼진 것 같았다. 그만큼 참신한 개념이라고 사람들이 말했다.

"우리는 하루에 같은 시간을 일하니까요. 그게 공평하다 여겼어요." 내가 말하자 그도 동의했다.

우리는 모두 옳고 그름의 차이와 나눔의 원리를 배우는 유치원 시절부터 그것이 공평하다는 것을 알았지만, 그렇다고 해서 충격이 덜어지는 건 아니었다. 그래서 사람들은 고통을 합리화하기 위해 스스로 조용히 거짓말을 한다. 일부 계산에 따르면, 오늘날 미국의 소득 불평등은 1789년의 프랑스보다 더 심각하다. 프랑스 국민은 소득 평등화를 위해 목숨을 바쳤다.

바에서 나와 우리는 하우스 파티로 향했다. 내가 사라와 이야기하고 있는데 한 남자가 우리 말을 엿듣고 끼어들었다.

"사업체를 운영하시나요?" 그는 내 대답을 기다리지 않고 말을 이었다. "그렇다면 법인으로 만들어야 해요."

나는 눈을 동그랗게 떴다. 10년 전에도 그랬다.

"그쪽도 사업을 하시나요?" 나는 술을 한 모금 마시고 물었다. 술은 독했고 나는 술에 약했다. 좀 취하니 난폭한 기분이 들었다. 어쩌면 싸움거리를 찾는지도 몰랐다. 프레즈노에서 소녀를 빼낼 수는 있어도, 그 소녀에게서 프레즈노를 빼낼 수는 없는 모양이었다.

"네." 그가 말했다. "조경 회사를 운영하고 있어요."

"아, 그럼 조경 일을 하시나요?"

"글쎄요, 개인적으로 하는 게 아니어서요. 저는 회사를 소유하고 있습니다. 조경은 직원들이 맡고 있죠."

나는 한 잔 더 마셨다. "그럼 당신은 무슨 일을 하시나요? 사무실 관리? 일정 짜기?"

그가 웃었다. "아니요, 그건 접수 담당자가 하죠. 저는 단지 회사를 소유했을 따름입니다."

"아하." 나는 못 들은 척 대답했다. "그럼 마케팅을 하시나요? 고객도 유치하시고요?"

"아니요." 그는 고개를 저었다. 한 사업주가 다른 사업주에게 노동 착취에 관해 이야기하는 모습이 자연스럽고 편안해 보였다. "저는 주로 직원들이 일을 잘하고 있는지 확인하러 가끔 방문합니다. 저는 시간이 많거든요. 불로소득에 가깝죠."

"아, 당신이 없으면 직원들이 일을 안 하나요? 이상하네요. 월급을 충분히 주지 않나요?" 나는 반박하기 시작했다.

"글쎄요, 뭐 일을 하기야 하죠. 하지만 게을러요." 그는 약간 불편한 표정을 지으며 대답했다.

"흠. 직원들에게 얼마를 지급하나요? 어쩌면 충분하지 않을 수도 있잖아요."

그는 내 질문에 당황한 듯 잠시 말을 멈췄다. "상황에 따라 다르겠죠." 그가 마침내 말했다.

"최저임금 같은 건 안 주시는 거죠?" 나는 물은 다음 웃으며 술을 한 잔 더 마셨다. 그의 몸짓은 이제 방어적인 태도를 취했다. 나는 모른 척했다.

"어떻게 해야 하는지 아세요?" 나는 말을 이어갔다. "당신이 버는 걸 직원들에게 주세요. 그게 제가 하는 일이에요. 우리 회사는 아주 잘 굴러간답니다. 누구도 세세하게 관리할 필요가 없어요. 돈을 잘 주면 직원들이 알아서 자기 사업처럼 대할 거예요."

"뭘 하라고요?" 그는 충격을 받아 물었다. "농담하지 마세요."

"진심인데요." 나는 그에게 말했다. "보편적 임금이 필요하다고 생각해요. 같은 시간을 일한 만큼 같은 임금을 줘야죠."

"하지만 모든 일이 똑같지는 않잖아요. 어떤 일은 다른 일보다 더 중요해요."

"모든 일은 똑같이 중요해요. 그 일이 중요하지 않다면 그 일이 있을 필요도 없겠죠. 왜 중요하지도 않은 일을 하라고 돈을 주나요? 그 일을 할 필요가 없다면 직원들을 해고하고 돈을 아껴서 자신한테 쓰면 될 텐데요?"

"정확히 짚고 넘어가죠. 맥도날드에서 일하는 사람이 대통령만큼 돈을 벌어야 한다고 생각하시나요?"

나는 어깨를 으쓱했다. "글쎄요, 진지하게 묻는다면 맥도날드도, 돈도, 대통령도 존재해서는 안 된다고 생각해요."

그는 내 말을 어떻게 받아들여야 할지 난감해했다. "내가 왜 열심히 일해서 번 돈을 직원들에게 줘야 하죠?" 그는 다시 정신을 차리고 말했다.

"당신이 했다고요? 아까는 시간이 많다고 했던 것 같은데요? 불로소득이라고, 맞죠?"

"네, 그래요." 그는 말끝을 흐리며 말했다. "하지만 제 일은 더 힘들어요. 정신적인 일이죠. 직원들은 제가 하는 일을 할 수 없어요."

"당신도 직원들이 하는 일을 할 수 없을 것 같은데요. 당신은 조경사가 아니죠?"

"아니죠. 하지만 제 일이 더 중요해요. 조경사가 되는 법은 누구라도 배울 수 있어요. 하지만 모든 사람이 사업 운영을 배울 수 있는 것은 아니에요."

"아, 그렇다면 서로가 필요하단 말이네요. 직원들은 일하고, 당신은 돈을 관리하거나 뭐 그런 일을 하는 거겠죠? 실제로 하는 일이 무엇이든 간에요. 그런 걸 공생 관계라고 하는데, 당신은 직원들에게 필요한 만큼 돈을 주지 않고, 그들이 당신을 필요로 하는 것보다 당신이 그들을 훨씬 더 필요로 하는 것처럼 들리네요. 직원들이 고되게 오랜 시간 노동해서 당신이 생활을 영위하는 데 드는 자금을 지원하는 셈이죠. 직원들이 왜 그렇게 일하고 싶어 하지 않는지, 당신이 왜 그렇게까지 직원들을 감시해야 하는지 알 것 같군요.”

"직원들을 관리하는 게 사업주의 역할이에요.” 그가 보기에 우리는 정말 싸우고 있었다.

"이상하네요.” 나는 차분하게 말했다. "저는 안 그렇거든요. 직원들이 알아서 관리하니까요. 우리 사무실에 상사가 있다면 아마도 켈시일걸요.” 나는 웃었다. "어쩌면 당신은 고용에 소질이 없나 봐요. 팁 하나 줄까요?”

"글쎄요, 사업주로서 모든 위험을 감수하고 있으니 더 많은 돈을 벌 자격이 있는 거죠"라고 그가 말했다. 그는 말을 돌리고 있었다.

"무슨 위험이요?” 내가 물었다.

"창업 자금과 시간이요.” 그가 대답했다.

"당신은 어떨지 모르겠지만, 저는 창업 자금으로 이미 200달러를 상환 받았어요. 그리고 어쨌든 그건 사업주의 임금으로 지급되는 것이 아니라 대출금을 갚는 것처럼 지급돼요. 그렇지 않으면 회사는 정당한 이유 없이 추가 급여를 지급하는 거니까요. 사업을 시작했을 때 무급으로 일한 시간에 관해서요? 네, 그건 밀린 임금이에요. 물론 스스로 지급하기는 하지만 영원히 기하급수적으로 갚을 수는 없죠. 그건 말이 안 돼요. 원래 지급하지 않았던 시간만큼만 지급하면 끝나는 거예요.”

"그럼 회사가 파산하면 어떻게 합니까?” 그가 물었다. "당신 자산이 위험에 처하면요."

"제가 개인적으로 빚 보증을 서지 않거나, 불법적이거나 수상한 짓을 하지 않는 한 그렇게 되지는 않을 거예요. 그건 아셔야 해요. 사업을 법인화하라고 한 건 당신 아니었나요? 사업체를 법인화하는 목적이 그런 거잖아요? 사업주를 회사로부터 법적으로 분리해서 별도의 독립체로 설립하는 거요. 회사가 진 빚을 사업주에게 떠넘기는 건 불법이에요."

남자는 짜증이 난 표정으로 나를 쳐다보더니 파티에 있는 다른 사람에게 자신의 불로소득 이야기를 들려주러 가버렸다. 최선의 결과였다. 내 주장을 증명하기 위해 내 몸집의 두 배나 되는 남자와 주먹다짐하는 상황은 원치 않았으니까.

그때 또 다른 남자가 다가왔다. "저기요, 저 친구랑 하는 대화를 우연히 들었는데요." 그가 말했다. "당신이 하는 일, 당신의 사업이니 뭐니 하는 것도 멋지지만, 엄밀히 따지면 당신이 여전히 사업주 아닌가요? 그들의 노동으로 이익을 얻는 거잖아요, 그렇죠?" 이 남자는 마르크스 책을 좀 읽은 듯 싶었다.

"우리는 이익을 추구하지 않아요." 나는 그에게 대답했다. "그보다는…… 손익분기점을 추구하죠. 이익이 생기면 모두에게 나눠주면 돼요."

"하지만 사업이잖아요. 자본과 가치가 있고, 사업주인 당신이 있잖아요."

"기업은 보통 순이익으로 가치를 평가하죠. 우리는 큰 이익을 내지 않기 때문에, 우리 외에는 누구에게도 가치가 없는 사업이에요."

한 번은 변덕이 나서 사업체를 팔려고 했었다. 운영이 과중했다. 처음에는 직원에게 얼른 소유권을 넘기려고 했다.

"이제부터 사장이 되고 싶은 사람?" 나는 물었다.

"싫어." 모두 역겨운 목소리로 나에게 소리쳤다. 너무 쉽게 여긴 것 같기도 했다. 켈시는 실제로 사타구니에 손을 대고 '빨아'라는 동작을 취하면서 "난 사업체를 소유하고 싶지 않아!"라고 소리쳤다.

"파는 건 어때?" 나는 물었다. "우리가 여기서 일한 총 시간을 기준으로 해서 매각한 가격을 우리 모두 나누는 거야."

모두가 공평해 보인다는 데 동의했다.

"하지만 우리 모두가 은퇴할 수 있을 만큼 충분한 매각금이어야 할 거야!" 스토리가 말했다.

나는 그 주에 몇몇 중개인에게 매각 제안을 했다. 소규모 기업을 사고파는 중개인들이 있었다. 그렇지만 이 이상한 작은 사업은 나 외에는 누구에게도 가치가 없다는 단호한 대답만이 돌아왔다.

"당신 수익이 없네요." 한 남자는 이렇게 말했다. "회사에서 돈을 더 받으세요. 1년에 100만 달러 정도 받으면 그때 얘기하죠."

기업가들은 사람에게는 관심이 없고 단지 돈에만 관심이 있다. 모두가 불로소득을 원한다. 나한테는 됐다.

파티의 남자는 혼란스러워 보였다. "글쎄, 그래도 법인이 좋죠. 마지막에는 뛰어들어서 제대로 해보는 게 어때요?"

"켈시가 그거나 빨라는 동작을 하면서 '난 사업체를 소유하고 싶지 않아'라고 외치는 걸 눈으로 직접 보고 싶다면 우리 사무실로 언제든 오세요." 나는 어깨를 으쓱하며 말했다.

사무실의 모든 사람이 사업체를 소유하고 싶어 하지는 않는다. 밀레니얼 시대의 걸보스와 허슬 문화는 우리 세대를 파괴했다. 게다가 우리는 이런 일을 하기에는 정신적으로 너무 병들어 있다.

"언젠가는 협동조합이 되어야 할 거야." 하지만 나는 개인적으로 직원들에게 이렇게 말했다. 그게 현실이니까. "그렇게 되기 전에 내가 죽으면 다 여러분 몫이 될 거고, 알아서들 해."

내가 이렇게 말하면 그들은 스트레스 받는 소리를 낸다.

"그때쯤이면 다들 준비가 되어 있을 거야." 나는 다시 안심시키려고 그렇게 말한다.

다음 날, 직장으로 돌아온 카밀라는 자기 집에 대해 우리에게 보고했다. 서로 검사와 평가의 말이 오갔다.

"내가 좀 쉬면서 집을 더 찾아봐도 될까?" 내가 직원들에게 말하자 "그럼!" 하며 열정적으로 소리를 질렀다.

"모두 집을 갖게 될 거야." 이제 직원들은 이 말을 믿었다.

우리의 이상하고 작은 사무실에서는 바깥세상이 마치 악몽처럼 느껴진다. 우리는 믿을 수 있는 자동차를 몰고 직장으로 온다. 우리는 아이스커피를 마신다. 우리는 같은 시간 동안 일하고 같은 월급을 받는다. 우리는 이익을 나눈다. 주 5일 대신 주 4일 일한다. 우리는 정신 건강의 날을 갖는다. 우리는 401(k)를 설정한다. 우리는 집을 사기 위해 계약금을 저축하고 퇴직계좌에 돈을 넣어둔다. 우리는 인생에서 처음으로 지금이 얼마나 좋은지, 얼마나 평안한지를 이야기한다. 하지만 이 모든 것이 사라질 수 있다는 불안함도 느낀다. 예상치 못한 일이 일어날 수도 있다. 어쩌면 일순간에 다 무너질 수도 있다.

"그냥 다른 사업을 시작하면 돼." 내가 말하자 모두가 동의했다.

다음에는 정말 켈시가 사장이 될 수도 있다. 케나나 페르난다가 될 수도 있고. 우리는 이제 어떻게 해야 하는지, 즉 모든 것이 공정하다고 느끼는 방식으로 사업을 운영하는 방법을 안다. 필요하다면 다시 시작할 수도 있다.

1990년대에 케이크라는 밴드가 부른 노래가 있다. 그 밴드는 단조로운 목소리에 직접 경험하지 않으면 잘 모를 만한 농담을 가지고 노래를 했다. 어쨌든 한 노래의 가사에 '과잉은 반항이 아니다'라는 구절이 있다. '불로소득' 사업주들과 기업 CEO들은 엄청난 월급과 평생 다 쓰지도 못할 만큼의 돈을 쌓아두는데, 그건 모두 과잉이다. 그들은 비용을 절감하고, 가격을 올리고, 생산성을 극대화하고, 수익을 높인 다음, 그 수익을 이용해 새 별장을 사들이는 것 같은 행위를 계속해서 반복한다. 그런데 그들이 삭감한 비용은 대개 직원들의 임금, 직원들의 시간, 직원들의 직업, 직원들의 생계다. 그들은 이들에게서 비용을 절감하고 남은 엄청난 '이윤'을 자신에게 주면서 '사업'을 잘한다고 스스로 칭찬한다. 그들이 실제로 잘하는 것은 '빼앗기'다. 언젠가는 "모든 사람이 한 접시를 다 먹을 때까지 아무도 두 번째 접시를 먹을 수 없다"라고 말해야 한다. '충분함'이 느껴지는 때를 알아야 한다.

철물점의 '할인' 코너에서 산 초록색 페인트로 침실 벽을 칠하고, 이빨이 4분의 1은 빠진 늙은 개와 안락사 예정일에 구조한 또 다른 개와 함께 작고 오래된 집에 사는 지금. 청구서를 모두 지불하고, 신용카드 빚이 사라지고, 저축계좌가 천천히 그러나 확실하게 노후를 위한 작지만 멋진 둥지로 성장하고 있는 지금. 마침내 나는 충분함을 찾았다는 생각이 든다. 우리 대부분이 많은 것을 요구하지 않고, 그저 이 정도만 요구한다는 사실이 놀라울 따름이다. 안전하게 집이라고 부를 수 있는 장소, 안심하고 먹을 수 있는 음식, 믿을 수 있는 의료 서비스, 일할 수 없을 때 돌봐줄 사람, 서로 같이 보낼 수 있는 자유 시간. 즉 좋은 삶을 사는 데 필요한 단순한 것들이다.

검은 타일로 마감된 사무실 벽 밖에서 이웃인 이 빠진 찰스가 술에 취해 문가에 앉아 농담을 건넨다. 그는 내게 높은 플랫폼 슈즈를 신을 필요가 없다고 말한다.

"항상 우뚝 설 수 있게 내가 플랫폼을 만들어주지." 찰스가 말한다.

"이미 그렇게 하셨잖아요." 나는 웃으며 말한다. 이 동네, 내 주변 사람들, 내가 속한 지역사회로부터 받는 지원. 이것이 바로 내가 서 있는 플랫폼이니까.

사무실 안에서는 크라스의 음악이 흘러나온다. 1980년대의 무정부주의 펑크 밴드로 드루가 가장 좋아했던 밴드 중 하나다. 드루는 자신의 펑크 밴드가 영국 순회공연 중일 때 크라스의 농장(실제 코뮌*이었다)에 머문 적이 있다. 수십 년이 지난 지금, 이 밴드의 노래는 우리의 일상적인 노동요가 되었다. 펑크는 죽었을지도 모른다. 아니면 자본주의 체제

---

* Commune. 함께 살면서 책무, 재산 등을 공유하는 집단.

에서 살아남기 위해 고군분투하는 우리의 일상인 콘크리트 틈새에서 잡초처럼 자라며 그 어느 때보다 살아 있을지도 모른다.

"그들이 우리에게 빚을 지고 있나요?" 스피커에서 흘러나오는 노래가 묻는다. "물론이죠, 물론이죠!" 켈시, 케나, 스토리, 크리스, 그리고 나까지 모두 노래에 맞춰서 외친다.

"당연히 그렇죠."

더 나은 세상을 만들기

1. 가장 먼저 혁신적인 낙관주의를 가져라. 더 나은 세상이 가능하다고 믿는 것이다. 그것이 더 나은 세상으로 가는 첫걸음이다.

2. 상상하는 것을 두려워하지 마라. 창의력은 보다 공평하고, 정의롭고, 공정한 미래를 상상하는 데 필수적인 요소다.

3. 신념을 위해 싸워라. 세상에는 더 많은 투사가 필요하다.

4. 완벽이 아닌 발전을 목표로 해라. 현재 위치에서 가지고 있는 것을 활용하여 시작해라.

5. 각자도생이라는 말은 귀담아듣지 마라. 우리는 함께할 때 더 강해진다.

나는 늘 인터넷에서 활동해 왔다. 전화로 접속하던 초기에는 게시판이나 크라이그리스트의 차량 공유 섹션에서 시간을 보냈다. 베이커스필드나 비살리아 같은 인근 마을에서 온 낯선 사람들을 만나, 우리가 좋아하는 밴드의 공연을 보기 위해 로스앤젤레스까지 미니 로드 트립을 떠나기도 했다. 자동차에 더 많은 사람을 태울수록 휘발유 값은 더 저렴해졌다. 우리는 맥도날드 주차장에서 만나서 서로를 재면서 상대방이 우리를 강탈하거나, 더 안 좋게는 세 시간 동안 별로인 음악을 듣게 하지 않기를 바랐다. 망가진 괴짜들에게 인터넷은 실제 커뮤니티를 찾을 수 있는 장소였다.

기술이 발전함에 따라 나는 메이크 아웃 클럽, 립스틱 파티, 매드 레드 헤어 같은 독특한 이름을 지닌 초기 하위문화 기반 소셜 미디어 웹사이트에 가입하게 되었다. 마이스페이스에 가입했고, 장가에서 온라인

일기를 썼다. 시간이 지남에 따라 일상의 의상을 기록하는 패션 블로그를 갖게 되었고, 결국에는 셀카와 밈(몇 개는 내가 직접 만들기도 했다)을 올리는 인스타그램을 하게 되었다. 틱톡이 대세 플랫폼이 되었을 때 나도 거기에 합류했고 팔로워도 어느 정도 모았다.

틱톡에서 나는 대학 교육의 비용 대비 효과에 대한 생각부터 슬픔과 상실에 대처하는 법까지 내 인생에 관한 이야기를 낯선 사람들에게 주절거렸다. 아빠와 함께 보낸 어린 시절 이야기와 끔찍한 최저임금 일자리에서 일했던 시절 이야기를 들려주었다. 정규직을 구하지 못했을 때는 임시직으로 빨리 취업할 수 있는 팁과 요령, 집세가 부족할 경우 집에 있는 물건을 전당포에 맡기는 방법도 알려주었다. 내 플랫폼에 모인 사람들은 나와 같이 자본주의와 노동 착취의 쓰레기통 속에서 나은 삶을 꾸리기 위해 애쓰는 Z세대나 밀레니얼 세대인 것 같았다. 우리 중 많은 사람이 가난하고 지쳐 있었고, 내 계정은 서로의 어려움을 위로할 수 있는 공간이었다.

인터넷은 항상 사람들을 덜 외롭게 해주는 곳이었던 것 같다. 오늘날 알고리즘은 우리 자신보다 우리를 더 잘 알고 있으며, 같은 생각을 가진 다른 사람들 사이로 우리를 빛처럼 빠른 속도로 밀어 넣어 피드백 루프와 고립된 커뮤니티를 만들어 편안함과 안정감을 주는 동시에 나와 의견이 100퍼센트 공유하지 않는 사람들과는 점점 더 관계를 맺기 어렵게 만든다. 인터넷의 내 작은 구석에서는 우리의 일상을 통제하는 정치와 경제 시스템을 혐오하는 것이 당연한 일이었다. 그렇지 않았다면? 글쎄, 아마도 당신은 알고리즘의 '잘못된 쪽'을 우연히 발견한 인터넷 트롤이 아니었을까?

그런데 어느 날 나는 인터넷 트랙의 잘못된 쪽에서 길을 잃은 트롤도 아니고 피드백 루프에서 같은 생각을 하는 사람도 아닌 낯선 사람으로부터 댓글을 받았다. 댓글 작성자는 나를 반자본주의의 화신이 아닌 한 사람으로 인식하는 것 같았다. 그건 인터넷에서 기대하기 힘든 이상하고 인간적인 경험이었다. 댓글에는 "저는 자본주의를 싫어하지는 않지만, 당신의 삶에 대해 알면 알수록 왜 그렇게 생각하는지 이해가 됩니다"라고 적혀 있었다.

그것은 내게 큰 충격을 안겼다. 물론 자본주의에 대한 나의 이념적 논쟁은 내가 살아오면서 겪은 경험에 뿌리를 두었다는 것을 잘 알았다. 그렇지만 그 댓글을 읽고 나서야 인과관계가 실제로 얼마나 직접적인지 뼈저리게 이해하게 되었다.

그리고 1년 동안 이 책을 집필하면서 그 경험을 되새기다 보니, 자본주의 자체에 대한 불만이 이토록 커질 수밖에 없던 이유를 깨닫게 되었다. 가난하고 고생하는 부모 밑에서 보낸 혼란스러운 어린 시절, 억만장자를 더욱 부자로 만들기 위해 내 안전까지 위태롭게 했던 일련의 일들, 사랑하는 연인을 잃은 끔찍한 트라우마, 성인기에 겪은 두 차례의 대재앙이라 할 만한 경제 붕괴까지. 아무리 자본주의 지지자라고 해도 이 시스템이 내게는 얼마나 실패한 것이었는지 느껴질 것이다.

자본주의의 특징은 지독하게 개인주의적이라는 것이다. 거기에는 승자와 패자가 있고, 내가 보기에는 승자보다 패자가 훨씬 더 많다. 가난이 미국의 네 번째 주요 사망 원인이 된 2023년 현재,[8] 전국적인 경기 침체가 임박했다는 소식이 끊임없이 들려오고 있다. 우리는 또다시 빈곤의 한가운데에 와 있다. 터널비전에서는 아무도 일자리를 잃지 않도록 주의 깊게 대비책을 마련했다. 우리는 전체 투표로 회사가 후원하는 헬스클럽 멤버십과 무료 점심 식사를 일시적으로 중단하기로 결정했다. 실직으로 어려움을 겪는 직원의 모습을 보느니 차라리 점심을 싸서 오는 게 나으니까. 우리는 호황기에는 전리품을 공유하고, 불황기에는 함께 극복하기 위해 노력한다.

내 인생과 내가 시작한 이상한 작은 사업에 관한 이야기는 동화가 아니다. 이것은 현실이고, 현실 세계에는 완벽한 결말이란 존재하지 않는다. 다른 사업과 마찬가지로 우리에게도 좋은 달이 있고 나쁜 달이 있다. 스프레드시트에 자산과 부채를 입력하며 자금 조달과 재고 관리를 최대한 효율적으로 하기 위해 이리저리 계산한다. 정부 웹사이트와 기관, 새로운 규정을 찾아보며 머리 아파한다. 끊임없이 변화하는 알고리즘과 유기적인 마케팅 기법을 최신 상태로 유지하기 위해 고군분투한다. 사업이 완벽하지는 않지만, 중소기업의 65퍼센트가 처음 10년 이내에 실패하는 나라에서 11년이 지난 지금도 여전히 건재하다. 자본주의에서 벗어날 수는 없었지만, 온갖 역경에도 불구하고 어떻게든 그 안에서 살아남았다. 나는 세상에 존재했으면 하는 직업을 만드는 것이 쉽다고 말하려는 게 아니다. 자본주의에서 쉬운 일은 하나도 없다. 하지만 한 가지는 말할 수 있다. 모든 직원을 회사의 필수적인 자산으로 보고 그에 따른 보상을 제공하는 사업을 운영하는 것이 전통적인 방식으로 사업을 운영하는 것보다 어렵지는 않다는 것.

내 삶을 온라인에 공유한 지 수년이 지난 지금, 인터넷에서 내 일에 관해 이야기할 때 여기저기서 특정 유형의 댓글이 조금씩 나타나기 시작했다. 바로, 크진 않지만 앞으로 더 많을 것이라는 약속의 메시지다. 때때로 이런 글들이 올라온다. "저도 사업을 시작해서 당신 회사처럼 운영하고 있어요. 다음 달이면 2년 차가 된답니다." "당신은 제가 운영하는 중소기업에서 급여를 재조정하도록 영감을 줬어요! 이제 모두가 같은 급여를 받아요." 미소가 지어지는 글들이다. 나는 어떤 사회운동을 펼치려는 게 아니다. 그러기엔 나는 너무 체계적이지 못하다. 단지 당신이 뭔가 다르게 하고 싶다면 그렇게 할 수 있다고 말하는 인터넷상의 파란 머리 소녀에 불과하다. 어쨌든 당분간은 내가 그 발상의 증거다.

하지만 당신이 내가 하는 일을 좋아하고, 우리가 같은 가치를 공유하고, 덜 개인주의적이고 덜 탐욕스러운 세상을 만들기 위해 함께하고 싶다면, 알고리즘은 당신을 내 소셜 미디어 계정으로 데려갈 것이다. 그곳에서 나의 이상한 작은 집과 이상한 작은 직장에 관한 이야기를 듣게 될 것이다. 언젠가 당신도 댓글을 달게 될지도 모른다. 나를 찾으면 친절하게 대해주길 바란다. 꼭! 세상은 스트레스가 많은 곳이고, 나는 여전히 살아남기 위해 노력하고 있기 때문이다.

2024년
매들린 팬들턴

감사의 글

몇 년 전에 이 이상한 작은 사업을 시작할 수 있도록 도움을 준 브릿에게 고맙다는 말을 전하고 싶습니다. 그리고 내가 가장 필요할 때 찾아갈 수 있는 장소를 제공해 준 '뚱보' 제리에게도 감사합니다. 편히 잠들기를……. 당신이 없는 타워 지구는 예전과 같지 않을 거예요. 내 10대 시절을 최대한 정확하게 기억할 수 있도록 도와준 친구 데이비드에게도 감사의 말을 전하고 싶습니다. 어떻게 그리 기억력이 좋은지, 아직도 이해가 안 되지만, 어쨌든 고맙게 생각해요(그리고 나에 대한 기억이 그렇게 많으면서도 여전히 내 친구인 게 고맙다). 마지막으로 끝없는 영감의 원천이 되어준 드루에게 감사의 말을 전하고 싶습니다. 매일 당신이 그리워. 다른 우주 어딘가의 이 순간, 햇볕이 내리쬐는 해변에서 우리가 함께 있기를 바랄게.

1. 우울증의 주요 예측 인자

: Joseph D. Wolfe, Elizabeth H. Baker, Jalal Uddin, Stephanie Kirkland, "재정적 스트레스 요인 및 중년 건강 문제의 다양성, 1996~2016" 〈Journals of Gerontology〉, 시리즈 B, 77, no. 1(2022년 1월): 149-59.

2. 실제로 보호소에도 들어가지 못하는 노숙자는 일반인보다 평균 수명이 17.5년 짧다

: Jerzy Romaszko, Iwona Cymes, Ewa Dragańska, Robert Kuchta, Katarzyna Glińska-Lewczuk, "노숙자의 사망률: 원인 및 기상학상의 관계", 〈PLoS One〉 12, no. 12 (2017), https://www.ncbi.nlm.nih.gov/pmc/articles/PMC5739436/.

3. 겉으로 드러난 노숙자의 약 40퍼센트가 직업을 가지고 있다

: Bruce Meyer, Angela Wyse, Alexa Grunwaldt, Carla Medalia, Derek Wu, "연결된 설문조사 및 행정 데이터를 통해 노숙자에 대해 알아보기", BFI 작업 보고서(2021년 6월 1일),
https://bfi.uchicago.edu/working-paper/learning-about-homelessness-using-linked-survey-and-administrative-data/.

4. 불황기에 졸업한 사람들

: Hannes Schwandt, "불황 졸업생: 불운한 제비뽑기의 장기적 영향", 스탠포드 경제정책연구소, 2019년 4월,
https://siepr.stanford.edu/publications/policy-brief/recession-graduates-long-lasting-effects-unlucky-draw.

5. 미국에서 굶주림을 경험한 사람의 43퍼센트

: Mary Babic, Theresa DelVecchio Dys, Monica Hake, Meghan O'Leary, Elaine Waxman, Andrew Yarrow, "급여에서 식료품 저장실까지: 미국 노동자의 기아", Oxfam, 2014년 11월 18일,

https://www.oxfamamerica.org/explore/research-publications/from-paycheck-to-pantry-hunger-in-working-america.

6. 모기지 브로커란 모기지 대출자와 모기지 대출기관을 연결해 주는 중개자이다

: '모기지 브로커는 모기지 대출자와 모기지 대출기관을 연결해 주는 중개인이지만 자신의 자금으로 모기지를 발행하지는 않는다. 모기지 브로커는 대출자와 대출기관의 연결을 돕고 대출자의 재정 상황과 이자율 요구 사항에 맞춰 가장 적합한 대출을 찾아준다. 모기지 브로커는 또한 대출자로부터 서류를 수집하여 인수 및 승인 목적으로 해당 서류를 모기지 대출기관에 전달한다. 브로커는 거래 종결 시 대출자, 대출기관, 또는 양쪽 모두로부터 수수료를 받는다', Julia Kagan, "모기지 브로커: 정의, 업무수행 방식 및 책임", Investopedia, https://www.investopedia.com/terms/m/mortgagebroker.asp.

7. 1900년까지 연간 3만 5,000명의 사람이 공장에서 사망한 원인

: Robert Samuelson, "직업윤리 대 재미 윤리", 〈워싱턴 포스트〉, 2001년 9월 3일.

8. 가난이 미국의 네 번째 주요 사망 원인이 된 2023년 현재

: David Danelski, "가난은 미국의 네 번째 주요 사망 원인이다", 〈UC 리버사이드 뉴스〉, 2023년 4월 17일, https://news.ucr.edu/articles/2023/04/17/poverty-4th-greatest-cause-us-deaths.

자본주의에서 살아남기

초판 1쇄 인쇄 2024년 7월 11일 | 초판 1쇄 발행 2024년 7월 25일

지은이 매들린 펜들턴 | 옮긴이 김미란

펴낸이 신광수
CS본부장 강윤구 | 출판개발실장 위귀영 | 디자인실장 손현지
단행본개발팀 김혜연, 조문채, 정혜리
출판디자인팀 최진아, 당승근 | 저작권 김마이, 이아람
출판사업팀 이용복, 민현기, 우광일, 김선영, 신지애, 허성배, 이강원, 정유, 설유상, 정슬기, 정재욱,
　　　　　박세화, 김종민, 정영묵, 전지현
영업관리파트 홍주희, 이은비, 정은정
CS지원팀 강승훈, 봉대중, 이주연, 이형배, 전효정, 이우성, 장현우, 정보길

펴낸곳 (주)미래엔 | 등록 1950년 11월 1일(제16-67호)
주소 06532 서울시 서초구 신반포로 321
미래엔 고객센터 1800-8890
팩스 (02)541-8249 | 이메일 bookfolio@mirae-n.com
홈페이지 www.mirae-n.com

ISBN 979-11-6841-861-5 (03320)